FERNANDO NAVARRO GARCÍA

ESTRATEGIAS DE MARKETING FERIAL

ESIC EDITORIAL

Madrid 2001

Avda. de Valdenigrales, s/n. 28223 Pozuelo de Alarcón (Madrid)
Tel.: 91 452 41 00 - Fax: 91 352 85 34

ISBN: 84-7356-270-4
Depósito Legal: M. 9.875-2001
Portada: Carla Esteban
Fotocomposición y Fotomecánica: ANORMI, S.L.
Doña Mencía, 39
28011 Madrid

Imprime: Gráficas Dehon
La Morera, 23-25
28850 Torrejón de Ardoz (Madrid)

Impreso en España

Índice

A Victoria.

Prólogo

Resulta paradójico que, siendo las ferias una importantísima herramienta del Plan de Marketing de las empresas, haya tan escasa literatura publicada en español acerca de cómo enfrentarse a ellas desde un punto de vista práctico y metódico.

Las ferias son un instrumento indispensable, aunque no el único, para la penetración, investigación o asentamiento en los mercados, de ahí la importancia que tiene saber organizar correctamente la participación en alguno de los innumerables certámenes que a diario se ofrecen al empresario español.

La globalización de la economía y el consiguiente auge del comercio internacional son la causa directa de que en estos momentos la oferta ferial empiece a verse saturada y, precisamente por ello, cobra mayor importancia la aplicación de estrategias de marketing ferial durante el largo y apasionante proceso de participación en una feria.

El responsable del programa ferial debe decidir acerca de un amplio abanico de factores (selección de la feria, superficie a contratar, tipo de decoración, promoción, imagen corporativa que se pretende transmitir, público objetivo, etc.); fijar unos objetivos y aplicar unas estrategias para alcanzarlos, que en su conjunto conforman lo que el autor de este libro denomina «marketing ferial».

Muchas de las ideas recogidas en este manual son fruto del sentido común y otras proceden de la experiencia personal del autor durante más de una década dedicado al marketing ferial. Fernando Navarro ha podido analizar directamente las técnicas empleadas por pequeñas, medianas y grandes empresas en muy diversos mercados, los problemas a los que se han enfrentado y las soluciones encontradas; para extraer ciertas reglas comunes que son desarrolladas a lo largo de este libro.

Este libro no pretende ser un compendio definitivo de Marketing ferial, pues eso sería tan ambicioso como ingenuo si consideramos la velocidad con que mutan las técnicas de marketing e incluso las propias ferias, sino más bien apor-

tar la dilatada experiencia del autor en este campo, estructurada metódicamente y desde el punto de vista del expositor.

El manual que tiene en sus manos le resultará igualmente válido si es usted un responsable de exportación y marketing que se enfrenta por vez primera a una feria, como si es usted un profesional con experiencia en este campo. En el primer caso podrá usted acceder a una visión de conjunto, clara y esquematizada, del proceso y estrategias a seguir antes, durante y después de participar en una feria; mientras que en el segundo supuesto tendrá la opción de profundizar en aquellos aspectos que, eventualmente, puedan resultarle menos conocidos. En cualquiera de los casos «Estrategias de Marketing Ferial» *le resultará un completo y útil manual de consulta.*

Está claro que la participación en una feria no es una panacea que garantiza el éxito en un mercado concreto, pero es evidente que su correcta planificación ayuda mucho a alcanzar las metas que el expositor se ha fijado.

Como profesional del marketing y de la exportación agradezco esta publicación pues, no solamente completa la sorprendente escasez de bibliografía en español sobre el tema sino que, su enfoque didáctico, la claridad de su exposición y su orientación eminentemente práctica la hacen altamente recomendable.

Creo que la lectura de este libro, riguroso y al mismo tiempo ameno, servirá de apoyo a todos aquellos profesionales que actúen en el ámbito del marketing ferial, e interesará a cualquiera que quiera profundizar en las innumerables y apasionantes posibilidades que el marketing ferial ofrece.

RAMÓN BELLMUNT RUBERT
Director de Exportación de PORCELANOSA

Agradecimientos

Son muchas las personas que me han ayudado a elaborar esté libro y, sin duda, me dejaré en el tintero a más de una. Alguna de ellas sabe que ciertas ausencias son sólo aparentes. Discretamente y sin grandes efusiones, han aportado ideas, datos, sugerencias y observaciones que, en definitiva, me han servido para conformar esta obra. En algún caso han sido el motor, silente y enérgico, que me ha permitido avanzar. A ellas, especialmente, debo mi gratitud.

Dado que la enumeración exhaustiva no es posible, realizaré un breve repaso de aquellos que han tenido una intervención más significativa.

En primer lugar, Siegfried Dörr, mi amigo y colega de trabajo durante más de una década, recientemente desaparecido, pues con su ilusión por el trabajo, con su vitalidad contagiosa, con sus siempre innovadoras ideas y con su gran conocimiento de la promoción ferial supo animarme –incluso cuando ya no estaba entre nosotros– a llevar a buen puerto este proyecto editorial. Gracias, amigo Siegfried.

Agradezco a la industria de baldosas cerámicas española en su conjunto, el haber sido la escuela de lujo en la que he aprendido todo lo que sé sobre marketing ferial. No es posible reseñar aquí todos los nombres pues han sido cientos las personas de las que, directa o indirectamente, he aprendido a lo largo de los años: carpinteros, decoradores, diseñadores, electricistas, responsables de exportación y de marketing, administrativos, contables, gerentes...

Algunas personas me han facilitado el acceso a fuentes de información, gráficas y documentales, que sin su colaboración me habrían resultado difíciles de obtener: Marina Sandoval (Oficina Comercial de Miami), Olga Pons (GPE-Miller Freeman), Martina Claus (Feria de Münich), Christine Michels de Echániz (Feria de Frankfurt), Britta Seligman (Brifer Servicios- Feria de Berlín), Betty Morido (ERSI-Reed Exhibitions), Anthony Gayoso (I.T.E.), Magdalena Szoefer (Poznan International Fair), Jorge Gimeno (Decoexpo), Jordi Font De Mora (Plató; Bambalina), Iñaki Díez (Transnatur), Cristobal Cascante (Schenker Barcelona), Santiago García y Pedro Puertas (Travill). También a mis alumnos de ESIC por cuestionarlo todo.

A Federico Ruiz de la Torre y Carmen Lucía Navarro les agradezco su asesoramiento en los aspectos jurídicos.

A Juan Carlos Burruezo debo agradecer que fuera el primero en animarme a que me embarcara en la apasionante aventura de escribir este libro.

También a José Mª Bonastre, cuya dilatada experiencia empresarial y aliento permanente me han aportado en todo momento la energía y el optimismo que necesitaba.

A mi madre que, como suele ser habitual en ella, no se ha limitado a ser espectadora pasiva y con cuyos apuntes socio-psicológicos he ilustrado algún capítulo de este libro.

Finalmente, agradezco a mi esposa Victoria las altas dosis derrochadas de paciencia pues ambos sabemos todas las cosas a las que hemos tenido que renunciar para que este manual pudiera llegar a ser...

FERNANDO NAVARRO GARCÍA
Madrid, 19 de septiembre de 2000

Capítulo 1

El Marketing Ferial como herramienta de promoción

«Ninguna nación se ha arruinado por comerciar»

B. Franklin, Thoughts on Commercial subjects

1. Evolución Histórica de la Actividad ferial
2. El Concepto de Feria y sus Características
   2.1. Multiplicidad
   2.2. Especialización
   2.3. Profesionalidad
3. La Fijación de Objetivos
   3.1. Métodos para la Fijación de Objetivos
   3.2. Tipos de Objetivos
4. Tipos de Ferias
   4.1. Por el Tipo de Producto
   4.2. Por el Tipo de Visitantes
   4.3. Por su Ámbito Geográfico
   4.4. Por su Tamaño
   4.5. Por su Periodicidad
   4.6. Por el Tipo de Participación
   4.7. Otros Tipos de Ferias

1. EVOLUCIÓN HISTÓRICA DE LA ACTIVIDAD FERIAL

Nadie duda hoy en día de la importancia de las ferias comerciales como herramienta de marketing de la empresa, pero probablemente no se tenga tan claro su peso específico en tiempos pasados.

No hay duda de que las ferias representaron un papel importantísimo en el proceso de intercambio comercial a lo largo de los siglos. Para Walford[1] (1968), por ejemplo, las ferias fueron un factor esencial para la expansión comercial europea en países remotos durante la Edad Media.

Históricamente las ferias surgieron para solventar los primeros problemas de distribución ya que brindaban la oportunidad de realizar demostraciones y de intercambiar ideas y productos mediante la concentración de la oferta y la demanda en determinadas poblaciones y durante ciertas épocas.

Se conocen ferias durante los primeros siglos de nuestra era, en tiempos del Imperio Romano. Esas ferias se celebraban en el norte de Europa, próximas al *limes*, con el objeto de promover el comercio en aquellas distantes provincias en las que imperaba la *Pax Romana*. Cuando a finales del siglo V d.C., el Imperio Romano de Occidente se desintegró, toda la actividad comercial en Europa desapareció por completo hasta bien entrado el siglo VII.

El comercio renació en tiempos del emperador Carlomagno, durante el Sacro Imperio Romano-Germánico, y las ferias volvieron a surgir en aquellas poblaciones en las que se cruzaban las principales rutas comerciales de caravanas o en las que numerosas personas se congregaban para celebrar sus actos religiosos.

Las prácticas y hábitos comerciales consolidados en esas ferias se extendieron rápidamente por Europa y, finalmente, llegaron a convertirse en una especie de ley consuetudinaria europea para la práctica de los negocios.

Las ferias más grandes de aquella época, se convirtieron en las más importantes durante el siglo XI. Por ejemplo, la feria de Saint-Denis, próxima a París, había adquirido una gran prominencia en el siglo VII. Otras ferias más orientales como la de Colonia (Alemania) tampoco iban a la zaga.

---

[1] WALFORD, C. (1968): «Fairs Past and Present: A Chapter in the History of Commerce» (reimpresión de Economics Classics, N.Y.; Eugene M. Kelley Publishers).

Desde mediados del siglo XII y hasta varios siglos después, las ferias de Champagne (Francia), Leipzig (Alemania, desde el año 1165 d.C.) y Frankfurt (Alemania, desde el año 1240 d.C.) se contaron entre las más importantes de Europa. En ellas se comercializaban productos de todo tipo: pieles de Rusia, drogas y especias de oriente, tejidos de Flandes, lino del sur de Alemania...

Simultáneamente fueron surgiendo en Europa otras ferias importantes tales como la de Lyon (Francia), Génova (Italia) y Stourbridge (Reino Unido) o Medina del Campo (España). En España el código de las *Partidas* de Alfonso X *«el sabio»* ofrecía una especial protección a los comerciantes que acudiesen a ferias celebradas en su Reino: *«Proclamo que cuantos comerciantes acudan a las ferias de estos reinos (...) sean cristianos, judíos o moros, y en cualquier tiempo, serán salvos en sus personas, bienes y mercaderías, así en su venida como en su estancia y a la ida...»*

Mención aparte debe hacerse de ferias celebradas en otras áreas geográficas más distantes como la feria de Kinsai (China) que floreció durante la Edad Media europea, la Gran Feria Azteca que conocieron los conquistadores españoles en el lugar que hoy en día ocupa la ciudad de Méjico, o la feria de Nizhny Novgorod en Rusia central. Todas ellas tuvieron una gran importancia dada su situación estratégica en las principales rutas comerciales o de peregrinaje de este a oeste y viceversa.

La decadencia de las ferias se inició paulatinamente a finales de la Edad Media y a medida que el comercio iba siendo regulado, el transporte se iba organizando y las ciudades crecían lo suficiente como para justificar mercados diarios sin necesidad de recurrir a ferias periódicas.

La última gran exposición del siglo XVIII se celebró en Francia en 1789 y fue organizada por un grupo de fabricantes deseosos de estimular el comercio de porcelana, tapices y alfombras, materiales de los que se contaba en aquellos tiempos con abundante *«stock»* debido a la congelación de las ventas sufrida durante el periodo revolucionario. La feria fue tan exitosa que se estuvo celebrando anualmente durante cincuenta años más, y únicamente fue interrumpida por las guerras napoleónicas. La edición de 1844, una de las últimas, contó con la presencia de 4.000 expositores.

En cualquier caso, y dejando aparte el caso francés, durante la Revolución Industrial la viabilidad de las grandes ferias tradicionales estaba ya agotada; muchas desaparecieron y otras tuvieron que cambiar su estilo[2].

En algunas ocasiones evolucionaron hacia festivales religiosos o se transformaron en lugares de entretenimiento y diversión. Hubo casos en los que fueron asfixiadas por impuestos excesivos, y en otros sencillamente fueron borradas del

---

[2] Ciertos vestigios del «viejo estilo» de feria puede aún encontrarse en ferias locales agrícolas o ganaderas, muy populares todavía en Europa y en los Estados Unidos.

mapa como ocurrió con las 17.500 ferias que en 1930 fueron abolidas en la estalinista Unión Soviética por considerarse *«incompatibles con la economía soviética y sus objetivos políticos»*.

Es comúnmente aceptado que la primera gran feria de carácter internacional que se celebró en la Edad Contemporánea fue La Gran Exposición de Londres de 1851 (*Crystal Palace*, Londres; 1 de mayo de 1851); aunque sus orígenes e inspiración hay que buscarlos en la exposición francesa de 1789.

La presentación de los diferentes pabellones no fue muy distinta a la que se realiza hoy en día en ferias internacionales multisectoriales, pues los expositores fueron agrupados por país de origen y, dentro de cada país, reagrupados por sectores industriales (materias primas, maquinaria, textiles, metales, cerámica, bellas artes, etc.).

La Gran Exposición de 1851 fue visitada, durante sus cinco meses de duración, por seis millones de personas de todo el mundo y con los beneficios obtenidos pudieron financiarse construcciones tan paradigmáticas del esplendor británico de aquellos tiempos como el *Victoria and Albert Museum*, el *Royal Albert Hall* y el *Natural History Museum* entre otras.

Los magníficos resultados de la Gran Exposición de 1851 pusieron de moda las exposiciones internacionales y pronto se organizaron otras similares en París, San Francisco, Filadelfia y Chicago.

En la actualidad, la celebración de ferias nacionales e internacionales es un fenómeno común y muy extendido en prácticamente todos los países.

Entre las ferias comerciales más conocidas destacan la Feria Internacional de Leipzig (Alemania), la Feria de Industrias Suizas, La Feria Internacional de Pakistán, la Feria de Milán (Italia), La Feria Internacional de Tesalónica (Grecia), La Feria Internacional de Zagreb (Croacia) o la Feria Internacional de París (Francia).

En cuanto a los recintos feriales europeos más importantes podemos mencionar los de Hannover, Frankfurt, Colonia, Munich, Düsseldorf (Alemania), Milán (Italia), Puerta de Versalles (Francia), Basilea (Suiza), Birmingham (Reino Unido), Madrid, Valencia y Barcelona (España), etc.

La gestión de las ferias europeas, dependiendo del país, puede estar en manos privadas o públicas.

En Alemania y España, por ejemplo, la gestión suele ser realizada por organismos públicos o mixtos (*Länder* en Alemania y Ayuntamientos en España[3]) mientras que en Francia o Reino Unido dicha gestión recae en empresas privadas, asociaciones sectoriales o Cámaras de Comercio.

---

[3] En España es exclusiva competencia de los Ayuntamientos tras la descentralización administrativa regulada por el RD de 15 de noviembre de 1909 (art. 10).

Feria de Frankfurt (nuevo Pabellón 3).

La gestión de las ferias en los Estados Unidos, el mercado que mayor desarrollo ferial ha tenido durante las últimas décadas, está realizada por organismos privados, teniendo las asociaciones sectoriales un gran peso específico en la organización y gestión de ferias especializadas (55% en 1992)[4]. Las restantes ferias norteamericanas son gestionadas por editoriales, centros de convenciones u organismos privados.

Dentro de la gestión realizada por empresas *privadas,* la tendencia actual distingue los siguientes tipos de gestores:

- Grandes multinacionales (*Blenheim, Reed Exhibitions Co., Miller Freeman, I.T.E.*, etc.): actúan en diversos mercados y en multitud de sectores industriales.

- Asociaciones sectoriales: actúan en un mercado específico y en un solo sector. Se trata de un tipo de gestión muy habitual en ferias celebradas en los Estados Unidos.

[4] Cartwright, Gillian: Making the Most of Trade Exhibitions (Butterworth-Heinemann/Reed Exhibitions Co., Oxford, 1.ª edición, 1995).

2. EL CONCEPTO DE FERIA Y SUS CARACTERÍSTICAS

El Diccionario de la Real Academia Española define ***feria***, en su acepción tercera, como *«Mercado de mayor importancia que el común, en paraje público y días señalados, y también las fiestas que se celebran con tal ocasión»*.

La cuarta definición está más centrada en la feria tradicional al identificarla con el *«paraje público en que están expuestos los animales, géneros o cosas para su venta»*.

Su acepción séptima es la que más se aproxima al concepto de feria que se analizará con mayor detalle en este libro: *«Instalación donde se exponen los productos de un solo ramo industrial o comercial como libros, muebles, juguetes, etc., para su promoción o venta»*.

El Diccionario de la Real Academia define, además, la **feria de muestras** como *«Instalación donde, con periodicidad determinada, se exponen máquinas, herramientas, vehículos, aparatos y otros productos industriales o de comercio, para promover su conocimiento y venta»*

La Enciclopedia Británica, por su parte, define la *«feria»* como *«un mercado temporal en donde se reúnen compradores y vendedores para realizar sus transacciones»*.

Una feria se celebra a intervalos regulares, generalmente en el mismo lugar y periodo del año; durando generalmente desde unos pocos días hasta incluso semanas. Su primera función es la puramente comercial, si bien las ferias modernas cumplen otros cometidos, como se verá más adelante.

Todas esas definiciones son correctas en lo conceptual y en sus aspectos más genéricos pero resultan incompletas y matizables una vez se profundiza en la materia.

Lo importante es tener en cuenta algunas de las notas distintivas que se extraen de las definiciones anteriormente referidas y que son las siguientes:

1. Relevancia de la feria: *«mercado de mayor importancia que el común»*.
2. Localización pública y días señalados. Naturalmente el emplazamiento de la feria no tiene por qué ser necesariamente en terreno público pues existen multitud de exposiciones realizadas en recintos feriales privados o mixtos.
3. Temporalidad: se celebra unos días determinados.
4. Variedad de productos a exponer (*«animales, géneros y cosas»*, *«productos de un solo ramo industrial»*, etc.).
5. Punto de encuentro de oferta (vendedores) y demanda (compradores).
6. Diversos objetivos: exposición (promoción) y venta. Hay muchos más objetivos (investigación de mercados, etc.) pero indiscutiblemente la promoción y la venta son dos de los primordiales.

Pero ¿qué es una feria?

Una feria, como veremos, es un evento comercial, generalmente anual, en el que durante unos cuantos días oferta y demanda concurren en un mismo lugar y tiempo y, además, los participantes (expositores y visitantes) pueden intercambiar opiniones, informarse y negociar. Es una de las fórmulas tradicionales de introducción o asentamiento en mercados nacionales o internacionales.

En este libro nos centraremos en el punto de vista de la oferta; que no es otro que el punto de vista del expositor. Desde esta óptica una feria es el lugar adecuado para presentar nuestros productos o servicios, estudiar los de la competencia y negociar directamente con nuestros clientes actuales o potenciales. De ahí la importancia que las ferias tienen como activa herramienta de marketing.

Las ferias, como el propio marketing, han evolucionado muy rápidamente durante las últimas décadas, caracterizándose en la actualidad por las siguientes notas:

2.1. Multiplicidad

La globalización e internacionalización de los mercados y la economía; así como la apertura de diversos países al comercio internacional (eliminación de tarifas arancelarias entre países miembros de la Organización Mundial del Comercio –O.M.C.–, creación de zonas económicas cada vez más amplias, etc.) son causa directa de que cada mercado pueda contar con su propia feria.

Cada año son más los países que tienen una o varias ferias (multisectoriales o especializadas) y tienden a perder fuerza aquellos eventos tradicionales que atraían visitas de diversos mercados o países satélites.

Hace una década, por ejemplo, no era extraño que algunas ciudades de fuerte tradición ferial o comercial atrajesen visitantes de países vecinos que no contaban con ferias de ningún tipo o, al menos, no estaban lo suficientemente desarrolladas. Por ejemplo, algunas ferias celebradas en Alemania oriental se presentaban no como ferias alemanas sino más bien como ferias de Europa oriental, captando visitantes de Polonia, Hungría, República Checa, etc.; países que por aquel entonces carecían de la oferta ferial de que disponen en la actualidad[5].

Hoy en día, aunque algunas ciudades (Leipzig) siguen manteniendo ese carácter supranacional que han mantenido desde la Edad Media, la tendencia es que cada país cuente con su propia feria. De ahí la *multiplicidad* de las mismas.

El hecho de que donde antes existía una sola feria que extendía su influencia a diversos mercados vecinos, hoy en día existan casi tantas exposiciones como países, nos obligará a realizar un análisis previo acerca de cual de esas ferias es

---

[5] El ejemplo es igualmente válido con Brasil respecto a otros mercados sudamericanos (MERCOSUR). Igualmente Singapur o Hong-Kong en relación con otros países del sudeste asiático.

la más adecuada a nuestras necesidades puesto que nos resultará imposible participar en todas ellas.

2.2. Especialización

La multiplicidad de ferias se ve acentuada por la especialización.

Las ferias actuales tienden a estar orientadas a un sector o producto concreto, lo que no es más que la aplicación por parte de la industria ferial de políticas de segmentación y «nichos» de mercado.

Aunque las ferias multisectoriales, y las tradicionales ferias de muestras, siguen y seguirán existiendo (sobre todo en mercados nuevos, poco maduros o de reciente apertura) la tendencia actual es la especialización.

No es extraño ver hoy en día ferias altamente especializadas en sectores que hace unos años hubiera sido difícil imaginar (p. ej., pompas fúnebres, moda infantil, bodas, turismo, baldosas cerámicas, automóvil antiguo, seguridad, franquicias, empleo, etc.).

Ello no significa que se esté desplazando a las tradicionales ferias de muestras; simplemente son un complemento natural para aquellos sectores cuyo grado de madurez y desarrollo justifica una feria más especializada.

2.3. Profesionalidad

La multiplicidad y la especialización de ferias obliga al futuro expositor a ser más selectivo y, en consecuencia, a elegir aquellas ferias que mejor se adapten a sus necesidades.

Las modernas organizaciones feriales tienden a la profesionalización de sus servicios. Ya no se limitan a ofrecer un recinto, más o menos adecuado, en el cual pueda el expositor presentar sus productos o servicios durante unos pocos días. Los organizadores ofrecen algo más, pues es ahí en donde radica la diferencia frente a sus competidores.

Las organizadoras feriales saben la importancia que tienen para el expositor aspectos tales como el tipo de visitantes que se atraen (profesionales, público en general, etc.); el lugar y fechas de celebración[6], la promoción eficaz que se realice, los actos paralelos o las adecuadas infraestructuras que ofrezca la feria (parking, facilidad de accesos, espacio suficiente, variedad de servicios,...). La com-

[6] Una feria de maquinaria agrícola celebrada en la zona productora (si estuviera claramente definida o concentrada) y en las fechas adecuadas (siembra, recolección, etc.) probablemente tendrá mayor aceptación que otra celebrada en una zona ajena al sector y en fechas de baja actividad (si ésta es estacional).

paración de todos esos y otros factores que más adelante se analizarán permitirá al eventual expositor tomar la decisión más adecuada.

3. LA FIJACIÓN DE LOS OBJETIVOS

Sabemos qué son las ferias y cuales son sus notas distintivas pero ¿para qué nos sirven?, ¿qué utilidad tienen?, ¿qué ventajas nos aportan? ¿qué objetivos buscamos participando en ellas?

Una encuesta realizada en 1996 por el *Center for Exhibition Industry Research* (*CEIR*)[7], principal organismo norteamericano dedicado a la investigación del marketing ferial, destaca la importancia que tienen para las empresas algunas de las herramientas de marketing más habituales.

EFECTIVIDAD DE LAS HERRAMIENTAS DE MARKETING PARA LOGRAR LOS OBJETIVOS

Ventaja	Ferias	Publicidad	*Mailing*	Otros[8]
Captación de compradores	**38,8**	27,4	19,9	13,9
Introducción de nuevos productos	**41,7**	23,8	27,6	6,9
Generación de pedidos (ventas)	11,9	4,9	8,3	**74,9**
Promoción imagen de marca	41,8	**43,4**	18,7	–3,9
Promoción de imagen de empresa	**32,9**	31,8	22,0	13,3
Introducción en nuevos mercados	**27,7**	24,8	24,5	23,0

Fuente: CEIR «The Power of Exhibitions II» (1996).

Tal y como se desprende de la tabla anterior, las ferias y exposiciones comerciales son percibidas mayoritariamente como la herramienta más eficaz a la hora de alcanzar un mayor número de objetivos (cuatro sobre los seis señalados).

Las ferias son especialmente eficaces para lograr los siguientes objetivos, clasificados de mayor a menor efectividad:

- Introducción de nuevos productos.
- Captación de clientes.
- Promoción de imagen de empresa.

---

7 Anteriormente conocido como «*Trade Show Bureau*»

8 No totaliza 100% debido a respuestas múltiples.

- Apertura de nuevos mercados.
- Apoyo a la red de distribución.

La fijación de los objetivos es la *base fundamental* del marketing ferial. Entendemos por objctivos, aquellas metas concretas, realistas y cuantificables que la empresa expositora pretende alcanzar a través de su participación en una feria.

Mediante la fijación de objetivos deben poder determinarse, entre otros, los siguientes aspectos:

- Cantidad y calidad de los objetivos: ¿cuántos nuevos contactos? ¿qué cantidad de pedidos? ¿a qué clientes pretendemos llegar?
- Plazos de ejecución y cumplimiento.
- Responsables de cada fase de ejecución.
- Recursos disponibles.
- Control de resultados.

Su definición precisa es de suma importancia y debe procederse a ella tras un análisis detallado de todo el problema de marketing que la feria en cuestión plantee.

Asimismo es importante que el responsable del programa ferial sepa transmitir a la dirección de la empresa que los objetivos de marketing ferial que se pretenden están integrados el la estrategia de «marketing-mix» de la empresa.

INVERSIÓN PRESUPUESTARIA EN ACCIONES DE MARKETING

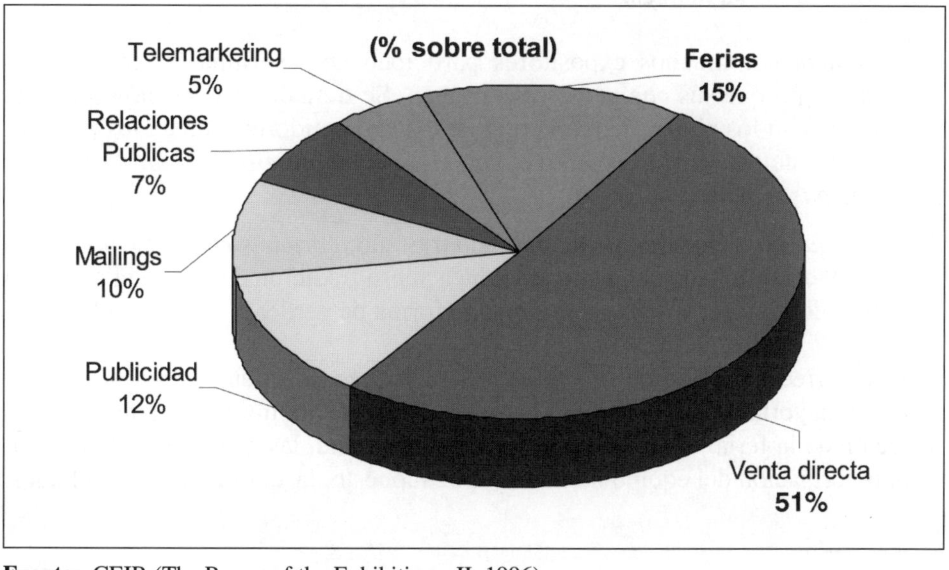

Fuente: CEIR (The Power of the Exhibitions, II, 1996).

Si la dirección no lo percibe de esa manera, la participación en una feria siempre será interpretada desde un punto de vista puramente presupuestario y, por tanto, como una fuente de gastos.

Los porcentajes de la tabla anterior, aunque se trata de un estudio realizado entre empresas norteamericanas por *Deloitte & Touche Consulting Group* para CEIR, tienden a ser los mismos tanto si se trata de pequeñas y medianas empresas como si son grandes y todo ello independientemente del sector de actividad, lo que nos da una idea del peso específico que la participación en una feria tiene dentro de la inversión empresarial en marketing.

La *inexistencia de objetivos* o una *definición vaga e imprecisa* suele ser un error mucho más común de lo que a simple vista pudiera parecer.

Según una encuesta realizada en 1988 por la empresa norteamericana *Exhibit Surveys Inc.*[9], el 54% de los expositores no establecía objetivos de ningún tipo y del 46% que si establecían algún tipo de objetivos, solamente la mitad, fijaba metas cuantificables. Los datos de esa encuesta son inquietantes: *solo el 23% de los expositores en una feria fija objetivos cuantificables.*

Sin objetivos concretos toda nuestra actuación en la feria será una actividad desarrollada a ciegas, sin rumbo fijo, y una de las vías más seguras de fracasar.

No solamente nos resultará imposible saber cuando no lo estamos haciendo bien –y rectificar si fuera posible–, sino que tampoco sabremos cuando hemos «acertado» (*acertar* es la palabra adecuada para aquellos casos en los que no hay objetivos). Sin objetivos claros y concretos ¿cómo valorar si la feria ha sido o no rentable?

Otros dos errores muy comunes a la hora de tomar la decisión de participar en una feria son los siguientes:

- *Mimetismo:* muchos expositores participan en determinadas ferias *solamente* porque sus competidores exponen. Se trata de una decisión reactiva; basada en los planes de marketing de los competidores y no en los propios. No existen objetivos, excepto el de *«yo también quiero estar ahí»* (*«...a ver que pasa»* podría añadirse).
- *Rutina:* otros deciden participar, año tras año, *porque siempre lo han hecho así* y ello sin haberse planteado nunca si esa tradicional asistencia a la feria ha sido rentable o solo una incómoda forma de perder el tiempo y el dinero.

Una correcta fijación de objetivos nos servirá como orientación a la hora de tomar la mayoría de las decisiones estratégicas de marketing ferial, tales como la selección de la feria, el tamaño y decoración del stand, las actividades de promoción, la formación del equipo humano y, por supuesto, la valoración de resultados.

[8] Citado por Fernando Le Monnier («Marketing Ferial«, Ediciones Gestió 2000, 1994).

Toda fijación de objetivos debe reunir las siguientes características:

- Concreción y claridad, sin ambigüedades de lenguaje. Debe indicar claramente la calidad y cantidad de los resultados
- Mensurabilidad; los objetivos deben poder medirse.
- Realizables y realistas
- Marco temporal: calendario

Los objetivos deben constar por escrito. Para ello puede emplearse un impreso formalizado similar al siguiente:

Ficha de objetivos

Feria ________________ Lugar ____________ Fechas ____________

Objetivos de la empresa (clasificados por orden de importancia) — **Observaciones**

1.- ______________________________ ______________

2.- ______________________________ ______________

3.- ______________________________ ______________

4.- ______________________________ ______________

3.1. Métodos para la fijación de objetivos:

La fijación de los objetivos debe de estar siempre supeditada a las dimensiones y características de la empresa y del sector de actividad, a la política de marketing-mix de la compañía, al presupuesto disponible, al tipo de feria en la que se pretende exponer y a las características de nuestra participación (dimensiones del stand, personal de atención, etc.).

Para calcular los objetivos existen dos métodos que pueden servirnos de orientación:

3.1.1. Método corto para la fijación de objetivos

Este método parte de la base de la información recibida del organizador ferial acerca del número y tipología de visitantes, así como de nuestra experiencia en esa feria. Se desarrolla en tres fases:

- *Fase 1:* Determinación del número de visitantes en el certamen anterior y porcentaje estimado de visitantes *potencialmente* interesados por nuestro producto. Número de horas que la feria está abierta al público.
- *Fase 2:* Partiendo de la base de la experiencia en participaciones anteriores debe concretarse el porcentaje de contactos que generaron ventas o pedidos y el promedio (en valor) del primer pedido.
- *Fase 3:* aplicando los porcentajes a las cifras previstas podremos obtener una aproximación bastante fiable y cuantificable de los objetivos en lo referente a número previsto de contactos por hora, contactos previstos que generarán ventas e importe total de ventas derivadas de la participación en esa feria.

Como *ejemplo*, consideremos una feria abierta al público 32 horas, a la que se espera una asistencia de 30.000 visitantes, de los cuales un 4% son nuestro público objetivo y en la que el año pasado el nivel de conversión de visitas en ventas se promedió en un 20%. El valor medio de un primer pedido fue de 100.000 pesetas.

El método corto, en este caso, se calcularía de la siguiente manera:

<u>Fase 1:</u>

Visitantes a la feria	: 30.000
Nivel de interés (4% de 30.000)	: 1.200
Horas de apertura al público	: 32

<u>Fase 2:</u>

Contactos que generan ventas	: 20%
Tamaño medio de primer pedido	: 100.000 pesetas

<u>Fase 3:</u>

✓ Promedio de contactos por hora : 1.200/32 = 37,5

Nota: deberemos contar con personal de atención en el stand capaz de atender ese índice promedio de visitas por hora

✓ Previsión número de contactos generadores de ventas: 20% de 1.200 potenciales contactos = 240.

✓ Previsión rentabilidad: 240 x 100.000 pesetas = 24.000.000 millones.

3.1.2. Método largo para la fijación de objetivos

Requiere un análisis cuidadoso y una minuciosa investigación sobre la feria, pero nos suministra una estimación mucho más ajustada de los resultados que debemos esperar tras nuestra participación en la feria. Deben seguirse los siguientes pasos:

- *Fase 1:* Número previsto de visitantes a feria (igual que en método corto).
- *Fase 2:* Sustraiga el número de visitantes que *no son* cualificados (acompañantes, etc.) al total de visitantes en feria para obtener el total de visitantes cualificados a feria. Los datos de visitantes cualificados deberían ser aportados por la organización ferial y a ser posible por un auditora independiente. En caso contrario se hará necesaria otro tipo de investigación (consulta a otros expositores, agente, etc.).
- *Fase 3:* Determine qué porcentaje de visitantes cualificados potenciales estarán interesados en sus productos o servicios.
- *Fase 4:* Determine el *Indice de Interés del Visitante* (AIF en sus siglas inglesas para *«Audience Interest Factor»*) que se define como «el porcentaje de visitantes a una feria que se detienen y recogen material promocional de, al menos, un 20% de los stands»[10]. Sin duda estos son los visitantes que nos interesan. Según estadísticas realizadas en ferias norteamericanas el Indice de Interés del Visitante varía en función del tipo de feria al que asista, de tal manera que:
  - En ferias especializadas: AIF = 57%. O sea, casi seis de cada diez visitantes a la feria recogieron material promocional de al menos un 20% de los stands (y consecuentemente pararon en ellos).
  - En ferias de muestras o abiertas al público: AIF = 48%.
- *Fase 5:* No todas las personas que visiten su stand serán visitantes cualificados para su empresa. Ese porcentaje se conoce *como «factor residual»* (*«waste factor»* en literatura anglosajona) e incluye a aquellos visitantes que han llegado a su stand perdidos, confusos o buscando solamente reclamos publicitarios. Debe calcularse con esmero pues el «factor residual» puede llegar a representar el 25% o más de todas aquellas visitas atendidas en su stand.
- *Fase 6:* Diversos estudios sobre asistencia a ferias indican que solamente un 20% de las visitas a un stand pueden generar ventas. Naturalmente se trata de un porcentaje promedio y puede sufrir variaciones importantes en función de la feria, penetración de la empresa en el mercado, imagen de marca, etc. y, por tanto, debe de ser matizado según su propia experiencia en ediciones anteriores.

---

[10] SISKIND, Barry: *The Power of Exhibit Marketing* (Self-counsel Press, 4.ª edición, septiembre 1997).

– *Fase 7:* El cálculo de visitantes por hora tal y como se efectúa en el método corto es demasiado simplificado, ya que durante los días de duración de la feria existen horas «activas» e «inactivas» en las cuales el nivel de visitas puede ser muy variable. Determine las horas «activas» de la feria para totalizar las horas *efectivas* de apertura al público de una feria. Sustraiga del horario total aquellas horas identificadas como «inactivas» tal y como se indica en el capítulo 4.

– *Fase 8:* Calcule el porcentaje de contactos que finalmente generaran ventas. Según estudios del CEIR, como promedio se estima que de todos los visitantes potencialmente compradores (fase 6) el 40% realizarán un pedido en un periodo de tres meses después de terminada la feria. Aunque se trata de un promedio y el porcentaje puede variar sustancialmente de un sector a otro es muy conveniente, tal y como vimos en la fase 6, tomar como referencia nuestra propia experiencia (en ediciones anteriores, por ejemplo) para determinar ese porcentaje.

Como ejemplo para el cálculo del método largo para la fijación de objetivos tomemos los datos básicos que consideramos en el ejemplo anterior:

Fase 1:

Visitantes totales a la feria: **30.000**

Fase 2:

✓ Total visitantes no cualificados (datos auditados, edición anterior de la feria): 10.000
- Cónyuge/acompañantes : 6.000
- Expositores : 1.000
- Prensa, estudiantes : 3.000

✓ **Total visitantes cualificados: 20.000**

Fase 3:

Expectativas de visita: mis productos/servicios son empleados por el 25% de la industria. Por tanto: 25% de 20.000 = **5.000**.

Fase 4:

Indice de Interés del Visitante: 57% para ferias especializadas. Por tanto: 57% de 5.000 = **2.850**.

Fase 5:

"***Factor Residual***": se estima un 25%. El 75% restante corresponde al visitante potencialmente interesado. Por tanto: 75% de 2.850 = **2.137**.

Fase 6:

Visitante *potencialmente* comprador (Regla del 20%). Por tanto, 20% de 2.137 = **427**.

Fase 7:

Contactos por hora "*activa*" (supongamos 32 horas activas). Por tanto: 2.137 entre 32 horas = **67**.

Fase 8:

Objetivos cuantificables: si como promedio el 40% de los potenciales compradores *realmente* compran en los tres meses siguientes al término de la feria, entonces nos resulta lo siguiente: 2.137 x 40% x 100.000 pesetas (importe del primer pedido promedio) = **85.500.000 pesetas facturadas durante los tres meses posteriores al término de la feria**.

3.2. Tipos de objetivos

Las especiales características de las ferias, las hacen muy indicadas para la consecución de múltiples metas.

Barry Siskind[11], en su práctico manual, llega a enumerar hasta cien objetivos distintos que pueden alcanzarse mediante la participación en una feria.

Sin necesidad de ser tan exhaustivos como ese autor norteamericano, los tres grandes objetivos que generalmente se buscan al participar en una feria son los siguientes:

3.2.1. Venta

Lógicamente, cuando una empresa realiza el esfuerzo en tiempo y dinero que siempre supone una feria, es razonable pensar que su objetivo último sea la venta directa o a través de distribución o representación de sus productos o servicios en el país de celebración del evento.

Unos objetivos realistas de ventas deben partir de la base del mercado, el volumen actual de ventas, la cartera de clientes, los competidores y los resultados obtenidos en ediciones anteriores de la feria en la que se participa. Asimismo debe de considerarse el tipo de producto expuesto (bienes de consumo o industriales) a la hora de fijarse los plazos de generación de resultados (más largos para los industriales).

[11] SISKIND, Barry: *The Power of Exhibit Marketing* (4.ª ed., 1997).

Las ferias son percibidas por los expositores como el medio más eficaz para captar clientes; por encima incluso del mailing directo y la representación comercial, tal y como indican los datos de la encuesta realizada en Reino Unido por AGB[12] y que se representan en la siguiente tabla.

MEDIOS PARA CAPTAR CLIENTES
(% grado efectividad)

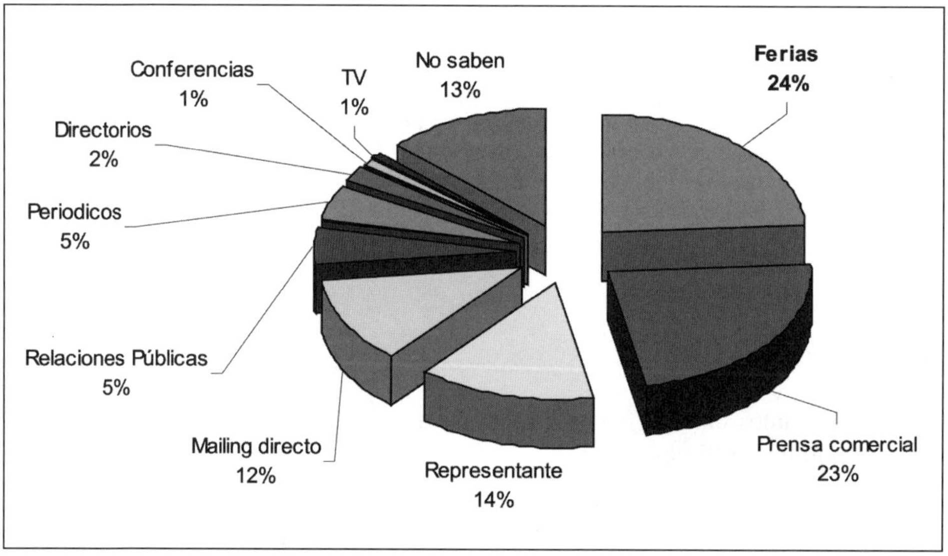

Fuente: Taylor Nelson/AGB.

3.2.2. Imagen y Promoción

Algunos expositores pueden estar ya vendiendo en el país y utilizan la feria como una herramienta que les permita consolidar o reforzar su imagen de marca y demostrar su compromiso con el mercado, con sus distribuidores o con sus clientes actuales o potenciales.

Si no están introducidos, la feria les servirá igualmente como cabeza de puente para penetrar a nivel de imagen de marca en el mercado.

La participación en la feria es, por otra parte, una ocasión única de mantener el contacto directo con los clientes y con los medios de comunicación dada la concentración y calidad de visitantes.

---

[12] Porcentajes basados en los resultados de la encuesta realizada por AGB en 1991 entre 1.308 expositores británicos.

3.2.3. Investigación

Otras empresas expositoras pueden dar prioridad, como paso previo a la venta, a la investigación del mercado: la oferta de sus competidores, la demanda, los diseños, tendencias, precios, hábitos comerciales, etc.

La feria es el lugar idóneo para esta labor investigadora pues en muy pocos días y en un reducido espacio nos será posible acceder a informaciones y mantener entrevistas que, de otra manera (un viaje de prospección comercial, por ejemplo), serían difícilmente alcanzables.

Por último, las ferias resultan muy eficaces para testar o lanzar nuevos productos y servicios, operaciones muy costosas si tuvieran que realizarse de forma independiente a la feria.

LAS FERIAS COMO MEDIO PARA OBTENER INFORMACIÓN
(% grado de eficacia)

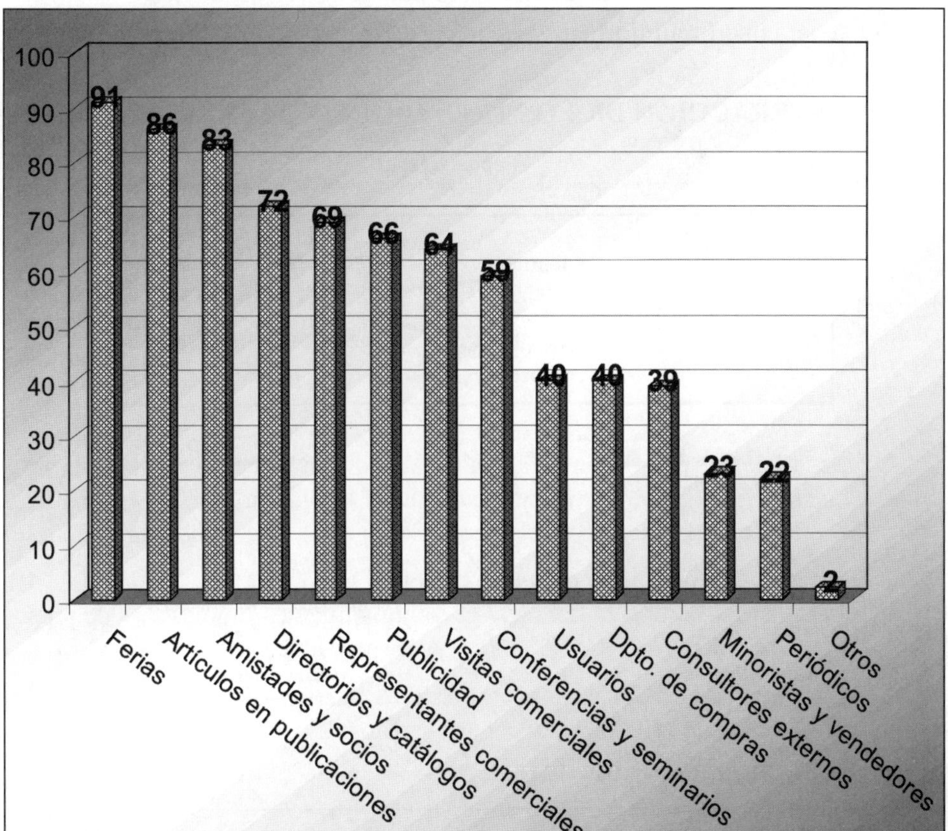

Fuente: CEIR (Power of Exhibitions I, 1993).

Naturalmente, unos objetivos no excluyen a los otros. Es muy común que todos ellos se complementen y que a través de la investigación y la promoción se llegue a la venta o bien que todos ellos concurran simultáneamente.

La participación en una feria, si la hemos escogido bien, es una magnífica fórmula para captar un importante número de potenciales clientes, para introducir nuevos productos y para investigar o abrir mercados nuevos.

No debe extrañar, por tanto, que los objetivos fijados por la empresa expositora puedan plantearse, entre otras, de alguna de las siguientes maneras:

- Conseguir 25 contactos altamente cualificados durante la feria
- Generar ventas por valor de 25.000.000 pesetas a los 6 primeros meses de terminada la feria
- Conseguir pedidos durante la feria equivalentes a 10.000.000 pesetas
- Convertir en clientes al 25% de los contactos cualificados en el stand en un plazo de 2 meses.
- Encontrar un distribuidor en exclusiva para nuestros productos
- Obtener cobertura informativa en los principales medios del país

INTERACCIÓN DE LOS TRES OBJETIVOS FERIALES

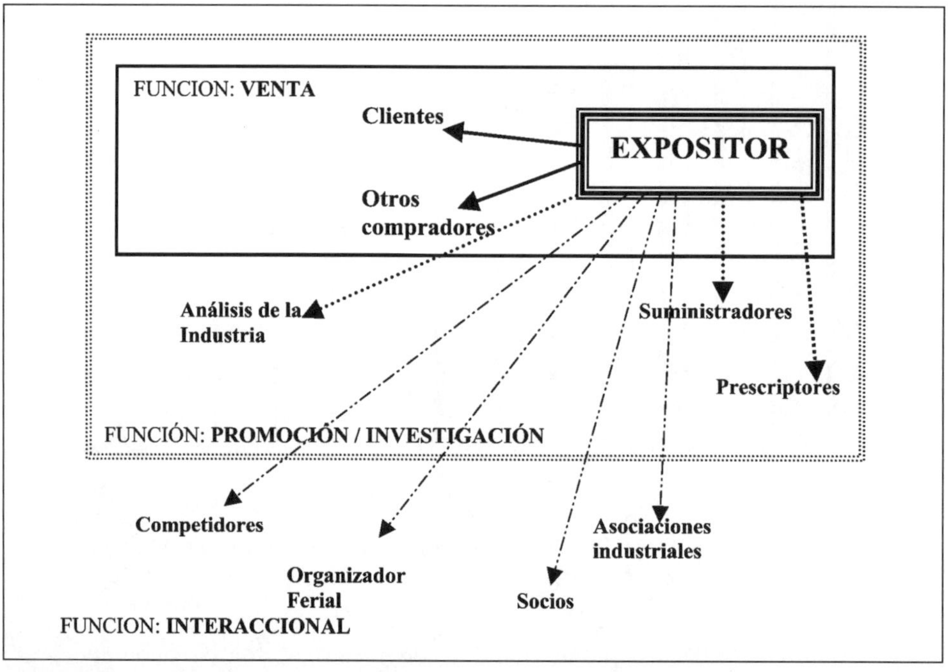

Fuente: Elaboración propia basada en ROSSON, P. J. et al. «*Trade Fairs as International Marketing Venues: A case Study*» (publicado en Internet http://ttg.sba.dal.ca/).

4. TIPOS DE FERIAS

Partiendo de la base de multiplicidad y especialización, y en función del criterio de clasificación que utilicemos podemos distinguir diversos tipos de ferias:

4.1. Por el tipo de producto

4.1.1. Ferias Multisectoriales

Se trata de ferias en las que se exponen todo tipo de productos y servicios o una amplia gama de ellos, bastante heterogéneos y sin aparente relación entre ellos. Son las tradicionalmente conocidas como «ferias de muestras».

Aunque pueden variar considerablemente según los países en que se celebren y el grado de madurez del mercado, se caracterizan por lo siguiente:

a) *Mayor superficie* que las ferias especializadas, lo cual es lógico al ser mayor la gama de productos ofertados. No es extraño que una feria multisectorial ocupe superficies mayores a 75.000 o 100.000 m^2.

b) *Masiva asistencia de visitantes,* aunque hay que tener en cuenta que al tratarse de ferias en la que se expone una amplia gama de productos el visitante objetivo de nuestra empresa representará un porcentaje muy pequeño del total.

c) *Mayor duración.* Aunque no se trata de una regla fija, este tipo de ferias en ocasiones pueden llegar a durar más de 10 o 15 días.

d) En ocasiones se trata de un *acontecimiento socioeconómico* que trasciende lo puramente comercial. Un ejemplo de lo anterior son las ferias EXPOTECNIA (multisectorial de productos industriales españoles en el extranjero) y EXPOCONSUMO (bienes de consumo) organizadas periódicamente por el ICEX en diversos países y cuyo impacto social (repercusión en medios de comunicación, participación de autoridades, etc.), promocional (imagen de país) y comercial en el país de destino suele ser notable.

e) Actualmente tienden a estar *más generalizadas en mercados nuevos, poco maduros o abiertos recientemente al libre comercio* (Sudamérica, oriente medio, etc.), con un importante nivel de consumo potencial y que no cuentan todavía con una amplia gama de ferias especializadas. La propia distribución de productos tiende a ser menos especializada, no siendo extraño, por ejemplo, que un importador de electrodomésticos lo sea también de productos agroalimentarios o de muebles.

f) La *promoción previa* de la empresa expositora es absolutamente imprescindible si se desean captar visitantes de nuestro sector. No debe olvidarse que la promoción realizada por la organización ferial irá dirigida a muchos y diferentes sectores, pero a nosotros sólo nos interesa uno: el nuestro.

g) Aún siendo multisectoriales, tienden internamente a presentarse sectorializadas; esto es, los productos se agrupan por grandes categorías (alimentación, industriales, bienes de consumo, etc.) para racionalizar y facilitar las visitas.

4.1.2. Ferias Especializadas

Los productos o servicios expuestos corresponden a un sector determinado, más o menos homogéneo (mueble, construcción, turismo, etc.), con exclusión de todos los demás.

Los sectores de especialización más comunes son los siguientes:

4.1.2.1. Productos Industriales

Se trata de ferias en las que los productos expuestos son bienes industriales (maquinaria para construcción de obras públicas, industria aeronaval, minería, industria y energía, etc.). El visitante suele ser un profesional altamente especializado.

4.1.2.2. Bienes de consumo

Suelen ser las más comunes y su gama es muy amplia: materiales de construcción, muebles, textil, juguete, informática, etc.

Cada día es mayor la especialización de este tipo de ferias y, por ejemplo, no es extraño que existan en el mismo país y concurran el mismo año varias ferias de, por ejemplo, materiales de construcción, una especializada en decoración de interiores, otra en sanitarios y grifería, otra en baldosas cerámicas, etc.

Es, por tanto, muy importante dilucidar cual de esas ferias es la más adecuada para alcanzar nuestros objetivos.

4.1.2.3. Agroalimentarias

Son las ferias más tradicionales y las que mayor raigambre tienen en algunas zonas. Centradas en productos agrarios, ganaderos y alimenticios.

4.1.2.4. Servicios

A medida que el sector servicios cobra mayor protagonismo en la economía mundial este tipo de ferias van adquiriendo mayor auge.

Hoy en día no es extraña la oferta de ferias especializadas en bienes intangibles o servicios tales como turismo, franquicias, formación y empleo, seguros o incluso servicios feriales.

Tampoco debe creerse que este tipo de ferias es un producto exclusivo de nuestros tiempos ya que, según la enciclopedia Espasa Calpe, a finales del siglo XIX se celebraba en Burgos una «*Feria de criadas*» a la que acudían para ofertar sus servicios domésticos damas impecablemente engalanadas para la ocasión. Por su parte la Enciclopedia Británica hace referencia a la «*Summer Statute*», feria anual que se celebraba en algunas ciudades inglesas para contratar peones y criados.

Dado que en estas ferias no se vende o promociona un producto tangible, la forma de presentar el stand y organizar nuestra participación deberá seguir criterios distintos a los tradicionales que en su momento se tratarán.

4.2. Por el tipo de visitantes

No existe una figura pura de feria profesional y feria abierta al público, ya que la última tendencia es que todas las ferias sean profesionales pero permitiendo la entrada al público en general durante uno o varios días (ferias mixtas).

4.2.1. Ferias abiertas sólo a profesionales

La entrada sólo está permitida a profesionales del sector, no siendo posible la visita del público en general si bien suele dedicarse un día a los visitantes no profesionales (generalmente el último día de feria; aunque esto es algo que siempre conviene confirmar con los organizadores ya que, según países, puede tratarse del primer día).

El número total de visitas suele ser menor que en las ferias abiertas al público pero los visitantes son mucho más cualificados.

Conviene asegurarse con los organizadores qué tipo de control de acceso utilizan (tarjetas magnéticas, invitaciones, tarjetas profesionales, etc.), pues la mayor o menor calidad del visitante profesional dependerá de ello.

Éste es un aspecto importante ya que en ocasiones ocurre que una feria que se había presentado como «profesional» presenta unos pasillos abarrotados de estudiantes, adolescentes recolectores de reclamos publicitarios, familias completas en su paseo vespertino e incluso niños exigiendo caramelos. Nada tenemos en contra de ellos en otro contexto pero en una feria cada minuto invertido supone esfuerzo y dinero y nos veremos obligados a saber elegir a nuestro interlocutor. Es evidente que, en el caso tratado, el control de acceso de los organizadores fue muy laxo, al considerar «profesional» casi a cualquier persona que se dirigió a la entrada y se identificó como tal; sin mayores credenciales (tarjeta de visita, etc.).

Consulte con otros expositores de años anteriores (sus nombres deben aparecer listados en el folleto promocional de la feria, como más adelante veremos) y pida a los organizadores o a una auditora independiente el desglose de visitantes por categorías profesionales.

4.2.2. Abiertas al público

El público en general puede visitar la feria sin limitación de ningún tipo, por lo que las visitas suelen ser masivas.

Es la feria perfecta para aquellas empresas que deseen llegar directamente al consumidor final, consolidar o asentar su imagen de marca o realizar un test de producto (de consumo).

Habitualmente se trata de ferias multisectoriales o de muestras; así como de algunos bienes de consumo.

4.2.3. Mixtas

Permiten la entrada tanto a profesionales como a público en general, previo pago.

La entrada al público en general puede quedar limitada a uno o varios días de feria.

4.3. Por su ámbito geográfico

Debe hacerse notar desde el principio que todas las ferias que a continuación se relacionan (locales, nacionales e internacionales) pueden ser **fijas** o **itinerantes.**

Aunque lo más común es que las ferias siempre se realicen en la misma ciudad o población (fijas), en ocasiones sucede que pueden celebrarse alternativamente en diversas ciudades o poblaciones del país o región (itinerantes).

Es poco habitual que la itineracia sobrepase las fronteras del propio país (las ferias *Expoconsumo* o *Expotecnia* son una excepción pero no hay que olvidar que se trata de ferias *«sui generis»* en las que sólo exponen fabricantes españoles).

Las ferias itinerantes son más comunes en aquellos mercados que por su gran extensión (China, Australia, Rusia, Estados Unidos, etc.) aconsejan la diversificación geográfica.

4.3.1. Ferias Locales o regionales

Su área de influencia se limita a la región, provincia o demarcación en la que se celebra la feria.

Los visitantes generalmente provienen de ese territorio y la promoción realizada por los organizadores no suele exceder esa zona geográfica.

Sería el caso de, por ejemplo, una feria de ganadería celebrada en Oropesa, a la que previsiblemente asistirían profesionales del entorno (Toledo, Madrid, etc.) sin que eso excluya su carácter de ámbito nacional. Igualmente podemos citar la Feria de Artesanía de la región de Murcia (Lorca), feria de raigambre que en 1999 celebró su decimosexta edición y en la que expusieron empresas de toda la península e incluso de otras partes de Europa.

4.3.2. Ferias Nacionales

Este tipo de ferias atraen visitantes de todo el país y no necesariamente se celebran en la capital. Por ejemplo, la feria de construcción CONSTRUMAT (Barcelona) o la Feria del Mueble (Valencia).

Son igualmente consideras como nacionales las ferias que cuentan con un pequeño porcentaje de visitantes extranjeros de países limítrofes (Portugal o Francia, respecto a España; Austria o Suiza respecto a Italia; Bélgica respecto a Francia, etc.).

Lógicamente el carácter nacional de una feria no excluye, en ocasiones, su internacionalidad. Los ejemplos antes citados de CONSTRUMAT (Barcelona) y la Feria del Mueble (Valencia) son un buen ejemplo de este dualismo.

4.3.3. Ferias Internacionales

Los visitantes profesionales así como los expositores provienen de todo el mundo y la promoción de la organización ferial se ha desarrollado en diversos mercados.

Se considera que una feria es internacional cuando al menos un 20% de sus visitantes son extranjeros.

Suelen tener una gran trascendencia y, en ocasiones, «colapsan» la ciudad, por lo que conviene ser precavido en todo lo referente a reserva de hoteles, billetes, etc. ya que si se deja para última hora es probable que no se encuentren plazas disponibles (en algunos casos la infraestructura hotelera de algunas ciudades feriales deja mucho que desear).

Al igual que sucede con las ferias nacionales, las internacionales no siempre se celebran en la capital del país. Ejemplos: Cevisama (Valencia); Feria Internacional del Libro de Frankfurt; Feria de Moda de Milán, Salón Internacional del Automóvil (Barcelona), Expocalzado (Alicante), Feria Internacional de Maquinaria Agrícola (Zaragoza), etc.

En función del número de visitantes nacionales y extranjeros, la feria tendrá más o menos acentuado su carácter internacional.

4.4. Por su tamaño

4.4.1. Grandes

Sus instalaciones generalmente son de un alto nivel y cuentan con todo tipo de servicios.

La superficie mínima ronda los 100.000 m^2 llegando en algunos casos a superar los 400.000 m^2 (Frankfurt, etc.)

El nuevo recinto ferial de la feria de Munich (*Messe Munchen*) es un magnífico ejemplo de hacia donde evolucionan las grandes ferias, contando con amplios pabellones, zonas de carga y descarga, servicio de metro en la propia feria y conexiones entre los pabellones mediante cintas transportadoras.

4.4.2. Medianas

La superficie de estas ferias oscila entre los 25.000 y los 100.000 m^2.

4.4.3. Pequeñas

Todas aquellas ferias cuya superficie expositora sea inferior a 25.000 m^2.

La superficie de la feria es un elemento que no significa nada «per sé» y deberá contrastarse en función del desarrollo del país, la especialización o no de la feria, etc. pues naturalmente no es lo mismo exponer en una feria especializada en juguete educativo en Bélgica que en otra multisectorial en Rusia. Probablemente en el primer caso una feria de 20.000 m^2 será grande y en el segundo una feria de 80.000 m^2 resulte pequeña.

4.5. Por su periodicidad

4.5.1. Anuales

Se celebran cada año; generalmente en fechas similares (el mismo mes).

4.5.2. Bienales

Se celebran cada dos años, en ocasiones de forma alterna con otra feria complementaria o competidora.

4.6. Por el tipo de participación

Desde el punto de vista del expositor, la participación en una feria puede revestir diversas formas en función de quién la organice.

4.6.1. Pabellones de la U.E.

Se trata de la participación conjunta de diversas empresas de estados miembros de la Unión Europea organizada por el organismo comunitario competente en alguna feria internacional fuera del ámbito de la Unión.

El objetivo de este tipo de Pabellones, como en todo tipo de participación agrupadas o conjunta, es el de transmitir imagen de país (o zona económica) calidad.

La organización (contratación de espacio, decoración, promoción, logística, etc.) corre a cargo del organismo comunitario y, además, suelen incluir algún tipo de apoyo oficial (ayuda económica, financiación, etc.) a cargo de los presupuestos de la Unión Europea.

4.6.2. Pabellones oficiales del ICEX

El Instituto Español de Comercio Exterior (ICEX) convoca a lo largo del año diversos pabellones oficiales en ferias en el extranjero.

El calendario oficial de pabellones oficiales (feria, ciudad, fecha y sector) puede solicitarse directamente al ICEX o cualquiera de sus Delegaciones Territoriales.

Conviene estar atento, pues cada pabellón oficial cuenta con su propia convocatoria oficial en la que se especifican los plazos, coste y condiciones de participación.

El pabellón oficial es una magnífica forma de participar en una feria internacional, por las siguientes razones:

a) *Cuidada selección de la feria.* El ICEX cuenta con una extensa red de Oficinas Comerciales en el exterior y antes de tomar la decisión de participar en una feria realizan las indagaciones necesarias (visita a la feria, consulta con profesionales del sector en destino, etc.) tendentes a confirmar que se trata de la feria más importante del sector en ese país.

b) *Delegación en manos de expertos de los aspectos logísticos de la organización* (contratación, transporte, etc.). El ICEX cuenta con diversos Departamentos especializados en ferias (servicios generales, arquitectura, logística, etc.) con gran experiencia en la organización de este tipo de eventos y que se encargan de organizar el pabellón oficial. Esto implica que nuestra empresa se verá descargada en gran medida del esfuerzo que supone la organización de una participación en una feria internacional.

c) *Imagen país-calidad.* La agrupación en una misma zona (y generalmente una buena zona) de un importante número de expositores de un país (puede tratarse de un solo sector o de varios) siempre transmite y refuerza la imagen de calidad del mismo.

d) *Promoción conjunta.* Independientemente de la promoción realizada por la organización ferial y por su propia empresa; el ICEX siempre realiza diversas actividades promocionales (mailing, anuncios en prensa o revistas especializadas, stand informativo, zona de hospitalidad, azafatas, rueda de prensa, etc.) encaminadas a atraer visitantes al pabellón español.

e) *Apoyo económico.* Por último, este tipo de participaciones cuentan con un importante apoyo económico del ICEX, variable según el certamen de que se trate y que se estudiará con mayor detalle en el capítulo dedicado a costes (cap. 9).

4.6.3. Participaciones agrupadas de Cámaras de Comercio y/o asociaciones sectoriales

Se trata de una participación, agrupada en una misma zona de la feria, de un grupo de expositores españoles de un sector o área geográfica determinada; generalmente coordinadas por una Cámara de Comercio o una Asociación empresarial.

Muy similares a los pabellones oficiales del ICEX en cuanto a organización y garantías de calidad aunque cuando se trata de asociaciones sectoriales lo más probable es que la participación agrupada sea exclusivamente de fabricantes del sector al que representa.

Cuentan igualmente con apoyo económico del ICEX y, en ocasiones, de alguna administración local o regional.

4.6.4. Participación individual de la empresa

Cuando no existe ninguna intervención directa de la Unión Europea, del ICEX o de Cámaras y asociaciones sectoriales, entonces la participación en una feria debe ser organizada directamente por la empresa expositora.

A lo largo de este libro explicaremos como debe hacerse para obtener el máximo beneficio.

4.7. Otros tipos de ferias

4.7.1. Ferias «paraguas»

Se trata de una o varias ferias, habitualmente especializadas, que se celebran al amparo de otra mayor, más conocida o más prestigiosa.

Debe existir una cierta complementariedad entre los sectores presentes en la feria principal y la secundaria a fin de que las sinérgias resultantes beneficien a ambas exposiciones.

Generalmente supone que la feria menos importante se beneficia de la imagen de la principal así como de los visitantes que ésta recibe, aunque también la principal se beneficia de la mayor especialización de la secundaria y le sirve para ampliar su oferta ferial.

4.7.2. Ferias recíprocas o inversas («Reverse Trade Shows»)

Se trata de un tipo especial de feria, originada en la Unión Europea, muy adecuada para la venta de grandes proyectos industriales y en la que la propia feria actúa como representante del expositor captando clientes o socios que puedan estar interesados en el proyecto en cuestión.

La mecánica de funcionamiento es la siguiente: el expositor entrega al organizador o a su delegado un ejemplar detallado del proyecto (con los requisitos, coste, etc.) y el organizador ferial trata de encontrar personas o empresas interesadas en el mismo y concerta entrevistas durante la feria.

Capítulo 2

La selección de la Feria

«La experiencia del mundo no consiste en el número de cosas que se han visto sino en el número de cosas sobre las que se ha reflexionado con fruto.»

LEIBNITZ

1. IMPORTANCIA Y PROCESO DE SELECCIÓN DE LA FERIA

1.1. La Importancia de seleccionar bien la feria

Un aspecto clave, y a menudo poco valorado, para lograr una participación exitosa es la correcta selección de la feria.

Ello es doblemente importante cuanto mayor sea el número de ferias y exposiciones que se celebren en un país en cuestión, pues lógicamente será mayor la incertidumbre sobre cuál de ellas será la más adecuada a nuestras necesidades.

Hay que tener en cuenta que en la actualidad existe una amplia oferta ferial en multitud países y una selección inadecuada frustrará nuestras expectativas.

Aunque es cierto que casi todos los sectores cuentan con su feria «líder», también es verdad que la tendencia actual de segmentación en nichos de mercado cada vez más reducidos empieza a crear una cierta confusión.

Por ejemplo: la feria «líder» en materiales de construcción en Reino Unido es *«Interbuild»* (Birmingham) pero recientemente se están celebrando en ese país casi simultáneamente otras ferias monográficas (*«Expotile»*, *«Roofing Technology»*, *«Public Sector Housing»* y *«Site Equipment»*) que vienen a competir o solaparse con *«Interbuild»*.

La variada y extensa oferta ferial no siempre corresponde a una demanda real del mercado y, en ocasiones, podemos encontrarnos en el mismo país y en las mismas fechas, varias ferias especializadas en el mismo producto o servicio, lo cual no facilita la decisión ni al eventual expositor ni al potencial visitante.

Este tipo de situaciones poco deseables desde el punto de vista de los clientes de la feria (expositores y visitantes, principalmente) suceden porque la organización ferial únicamente ha percibido la feria como un negocio altamente lucrativo sin entrar a considerar la demanda o la saturación de ese segmento de mercado. Se trata de organizaciones cuyo único objetivo es vender metros cuadrados de espacio expositor, sin aportar nada más.

Según datos publicados por la Asociación de Ferias Españolas (AFE[1]), en 1999 se celebraron en España 350 ferias, con una superficie neta expositora de

---

[1] Entre los miembros de la AFE se encuentran la Feria de Valencia (FMI), la Feria de Barcelona, la Feria Internacional de Bilbao, Feria de Madrid (IFEMA), Feria de Muestras de Sevilla, la Feria de

2.808.828 m^2. La evolución creciente de ferias y exposiciones, puede verse claramente en la siguiente tabla:

EVOLUCIÓN DE LA ACTIVIDAD FERIAL 1993-1999

Años	Nº salones	M² netos	Total expositores	Visitantes totales
1993	197	1.752.959	60.290	5.339.111
1994	222	1.921.991	59.492	4.555.767
1995	238	2.115.210	62.319	6.230.314
1996	251	2.143.712	73.524	6.481.388
1997	356	2.073.064	75.544	6.738.028
1998	325	2.677.907	93.797	9.193.235
1999	350	2.808.828	101.422	13.967.102

Fuente: AFE (2000).

Con respecto a las principales ciudades feriales españolas, según la AFE más de la mitad de la superficie neta expositora en España se concentra en Alicante, Barcelona, Bilbao, Madrid, Valencia y Zaragoza.

Por citar algunos ejemplos concretos que subrayen la importancia que las ferias suponen en la actualidad, la Feria de Valencia, institución fundada en 1917, alcanzó en 1998 un millón y medio de visitantes profesionales que acudieron a alguno de sus 35 certámenes (21 de los cuales fueron internacionales) y obtuvo un volumen de negocio de 80.000 millones de pesetas. IFEMA en Madrid registra aproximadamente 3 millones de visitantes anuales a sus casi 60 ferias. La Feria Internacional de Bilbao recibe anualmente 700.000 visitantes y exponen en ella sus productos casi 3.000 empresas cada año.

En cualquier caso no hay que olvidar que aunque estas seis ciudades representan algo más del 50% de la superficie neta expositora española; existen muchas otras poblaciones en las que se celebran importantes eventos que cuentan con gran experiencia y tradición en su ámbito de actividad.

Si salimos de nuestras fronteras, la oferta de ferias puede ser aún mayor y, sin duda, el acceso a las fuentes de información resultará más dificultoso.

Solamente en Estados Unidos se celebraron en 1997 más de 10.000 certámenes distintos, muchos de ellos altamente especializados. Esta cifra supone el

Zaragoza, así como parques feriales de otras ciudades españolas (Murcia, Valladolid, Tenerife, Alicante, Almería, Ferrol, Gijón, Las Palmas, Lérida, Lugo,Mahon, Palma, Orense, Reus, Silleda, etc.).

doble de ferias de las que existían en ese mismo país hace una década y nos da una idea del aumento espectacular que las ferias están teniendo en mercados de consumo o industriales.

Pero la abundancia de oferta ferial no es en si misma un factor negativo siempre y cuando sepamos como *buscar* e *identificar* la feria más adecuada a nuestros intereses.

1.2. El Proceso de Selección de una feria

El procedimiento de selección de una feria debe seguir las siguientes fases:

a) **Identifique las ferias potenciales:** esta fase no suele ser difícil y en muchas ocasiones son las propias ferias las que nos identifican a nosotros y nos hacen llegar la correspondiente información. Si no contáramos con esa información o la consideramos insuficiente o incompleta, existen diversas fuentes de información que nos permitirán identificar las ferias potenciales. Al final de capítulo se tratará este asunto.

b) **Recopile información de las ferias potenciales**

c) **Pregunte al organizador:** ¿está auditada la información que nos suministra? Si no es así ¿por qué no? ¿Cuánto va a invertir en promoción? ¿en qué medios? ¿Existen limitaciones para que su producto se exponga?...

d) **Analice el coste de participación:** este proceso no es tan sencillo como dividir el precio por metro cuadrado entre el número total de visitantes y comparar las diversas ofertas. Deberemos ser cautos y averiguar que elementos están incluidos en el coste por metro cuadrado en cada oferta recibida (¿está incluida la inserción en el catálogo oficial?, ¿y la conexión eléctrica?, ¿y la limpieza del stand?, ¿y las invitaciones para clientes?) así como otros factores con importantes implicaciones económicas (¿qué coste tienen ciertos servicios obligatorios como manipulación de mercancías?, ¿la distancia geográfica es mayor o menor?, ¿los hoteles en esa ciudad son más o menos caros?, ¿exigen depósito al realizar la reserva?, ¿qué porcentaje?, ¿qué penalización supone la cancelación?).

e) **Hable con antiguos expositores, con visitantes y con sus clientes.**

f) **Visite la feria** siempre que ello le sea posible. Ese viaje le puede suponer un ahorro importante en tiempo y dinero y le ayudará a planificar una futura participación (¿Qué stands son los más ocupados y por qué? ¿Qué itinerarios sigue el público y por qué? ¿Qué exponen los competidores? ¿Es una feria «activa» o, por el contrario, es muy «tranquila»?).

g) **Valore la información cuidadosamente**, esencialmente los siguientes factores:

- El conocimiento de la propia empresa
- La especialización sectorial del certamen
- El patrocinio de asociaciones sectoriales y organismos
- La participación de los competidores
- La antigüedad y experiencia de la feria
- El tipo de visitantes
- La superficie expositora neta
- Las fechas y lugar de celebración
- La promoción efectuada por la feria
- Los organizadores

Por tanto, la empresa que haya decidido participar en una feria debe saber separar «el trigo de la paja» y seleccionar siempre aquella feria que le ofrezca una mayor garantía de éxito, de la misma manera que cuando ha decidido invertir su dinero en una determinada campaña publicitaria realiza un estudio previo de los medios (radio, revistas, etc.) que ha previsto emplear para saber con exactitud la circulación de la revista, el perfil de sus lectores, las fechas de distribución, etc.

2. CRITERIOS PARA UNA CORRECTA SELECCIÓN DE LA FERIA

2.1. El conocimiento de la propia empresa

«Conócete a ti mismo» recomendaban Solón y Tales de Mileto y es esta máxima, tan breve como juiciosa, la que debiera aplicarse siempre que tengamos que acometer cualquier actividad en la vida. Con mayor razón si esa actividad implica, como veremos, una importante inversión en tiempo, dinero e imagen.

La decisión de participar en una feria debe ir precedida de un análisis introspectivo de nuestra empresa y nuestros objetivos a corto, medio y largo plazo. En definitiva, un análisis DAFO (Debilidades, Amenazas, Fortalezas y Oportunidades) cuyos resultados podamos contrastar con la oferta ferial existente.

a) ¿Sabemos qué es lo que queremos?: ¿vender, investigar o promocionarnos?

b) ¿Cuál es nuestro público objetivo?: ¿Buscamos un representante, un distribuidor, un mayorista?

c) ¿Nuestra participación es una fórmula para reforzar la imagen de la empresa?

d) ¿Es la feria un medio para estudiar el mercado?

e) ¿Aprovecharemos la participación para realizar un test de producto?

Éstas y otras muchas preguntas deberán ser planteadas antes de seleccionar un certamen específico, pues en función de nuestro objetivo algunas ferias resultarán más adecuadas que otras.

La decisión no será la misma si, por ejemplo, nuestro objetivo es vender al consumidor final antes que a mayoristas, pues en este caso probablemente una feria abierta al público en general resultaría idónea.

Tampoco podrá ser necesariamente igual si buscamos nuevos contactos antes que estudiar a las empresas competidoras. En esta ocasión quizá nos interese una feria especializada en productos sustitutivos o complementarios (por ejemplo: exposición de cava en una feria especializada en bodas; o equipos informáticos en la feria del libro) ya que de esta forma tendremos la oportunidad de captar nueva distribución.

Igualmente si lo que buscamos es ampliar la distribución de nuestros productos puede ser interesante una feria que se celebre en una ciudad en la que todavía no tenemos contactos...

La forma en como deben determinarse los objetivos ha sido tratada en el capítulo anterior.

2.2. Especialización de la feria

Vimos en el capítulo anterior que las ferias pueden ser multisectoriales (de muestras) o especializadas y, en este último caso, la feria está orientada exclusivamente hacia aquellos profesionales o consumidores de un producto o servicio específico o de una gama más o menos restringida de ellos.

Este tipo de ferias está cada vez más generalizado y hoy en día es raro que no exista alguna feria especializada en algún sector concreto.

Las ferias especializadas suelen tener menor número de visitantes pero éstos, al ser profesionales, están más interesados por nuestro producto en concreto o similares. Visitan la feria porque buscan un producto o servicio de nuestra gama o sector. Por tanto nuestro objetivo, si queremos acceder al profesional, está más próximo.

En cualquier caso la especialización de la feria es un factor que debe ser valorado con detenimiento y no siempre es, «per se», un punto a favor.

No todas las empresas deben tener interés en exponer sus productos en el ámbito «restringido» que suele suponer una feria especializada.

Si lo que deseamos es lanzar un nuevo producto de consumo de masas o bien realizar un test de producto, puede resultar más adecuado participar en una feria multisectorial.

En ocasiones, resulta incluso interesante exponer en ferias especializadas en otros productos aparentemente muy diferentes al nuestro pero con algún tipo de vinculación real (complementarios e incluso sustitutivos).

Pensemos, por ejemplo, en el fabricante de juguetes didácticos que decide exponer en una feria de material sanitario para tratar de introducir su producto en la sección de pediatría de ciertos hospitales. Esta última alternativa no siempre es posible, ya que muchas ferias cuidan celosamente de mantener su «especialización» y pueden llegar a prohibir la exposición de productos o servicios cuya vinculación al sector principal no sea directa.

Si optamos por la especialización conviene asegurarse de que la feria está *realmente especializada* en nuestro producto.

No es raro encontrarse con ferias que anuncian la presencia de determinados sectores que finalmente no estarán presentes, bien porque se trata de sectores polisémicos, fonéticamente similares o ambiguos («cerámica» pero referida a «cerámica decorativa, vajillas, jarrones...» y no a «cerámica arquitectónica»; «Electrónica» pero referida a «Hi-Fi» no a «ordenadores», etc.), bien porque los organizadores no consiguieron captar el interés de ese sector expositor en particular (y que probablemente se decantó por otra feria, también especializada).

La ambigüedad derivada de la polisemia de un sector o producto (cerámica = ¿vajillas ó azulejos?) puede llevarnos a exponer en una feria en la que nuestros productos o servicios no tienen nada que hacer.

Es, por lo tanto, altamente recomendable asegurarse previamente de que los productos que se expondrán son del mismo sector que los nuestros y para ello nada mejor que solicitar a los organizadores que nos envíen la lista detallada de sectores y expositores.

Otra fórmula muy práctica para confirmar la virtualidad de la especialización anunciada es telefonear a alguno de los expositores en ediciones anteriores. No todos ellos serán competidores directos (puede tratarse de sectores complementarios) y, sin duda, nos transmitirán sin ningún tipo de reparos su impresión global de la feria, no solamente de las empresas expositoras sino también de la calidad y afluencia de visitantes, servicios de la feria, etc.

No hay que olvidar que una simple llamada telefónica nos puede ahorrar varios cientos de miles de pesetas, muchas horas de preparación y un daño considerable a nuestra imagen de empresa.

2.3. Patrocinio de asociaciones sectoriales u organismos públicos

Una feria que esté apoyada o patrocinada por una asociación sectorial o profesional *relevante* o por algún organismo público debe contar con el mínimo de calidad exigible.

No obstante conviene no dejarse cegar por el brillo de determinados organismos de nombres más o menos llamativos y cerciorarse de su representatividad real.

En China no es extraño que casi todas las ferias (y existen multitud de ellas) vengan «avaladas» por algún Ministerio, Ayuntamiento, Consejo Local o Asociación profesional, probablemente con escasos miembros y muy poco representativos.

Si desconoce al organismo patrocinador, consulte a sus clientes, a su asociación, al ICEX o las Oficinas Comerciales de España en el extranjero.

2.4. Participación de los competidores

La presencia de empresas competidoras en una feria es, sin duda, un factor esencial a la hora de determinar el interés potencial de ese evento en particular y el grado de especialización del mismo.

Todas las organizaciones feriales tienen a disposición de sus potenciales clientes la lista de expositores en la edición convocada o en la de años anteriores.

La lista de participantes no es simplemente una lista de expositores que, en ocasiones, poco o nada nos pueden aclarar. Debe ser algo más.

La lista, si está elaborada concienzudamente, debería como mínimo tener *clasificados a los expositores:*

a) por sectores (productos o servicios)

b) por categorías profesionales (rama de actividad)

Si, por ejemplo, se tratara de una feria de electrónica con la lista remitida por los organizadores deberíamos saber que expositores pertenecen al sector de imagen, al de sonido o al de informática y, además, cuales de ellos son fabricantes, distribuidores, empresas de consultoría, asociaciones sectoriales, Institutos de Investigación...

La presencia de nuestros principales competidores en ese mercado es una señal inequívoca de que esa feria es la adecuada, pues en caso contrario ellos no estarían allí.

Es igualmente un dato importante el que las *empresas líderes* en ese sector (independientemente de que sean o no competidoras) expongan en la feria. Imaginemos una feria especializada en informática en la que no expusieran ni *Microsoft* ni *IBM*, o una feria de alta costura en la que no expusieran *Armani*, *Versace*, *Yves Saint Laurent* o *Dior...*

Si, además, comprobamos que nuestros competidores llevan años participando en esa feria (los organizadores nos enviaran, previa petición, los catálogos de expositores de ediciones anteriores) tendremos una nueva razón que apoye nuestra participación en ese certamen.

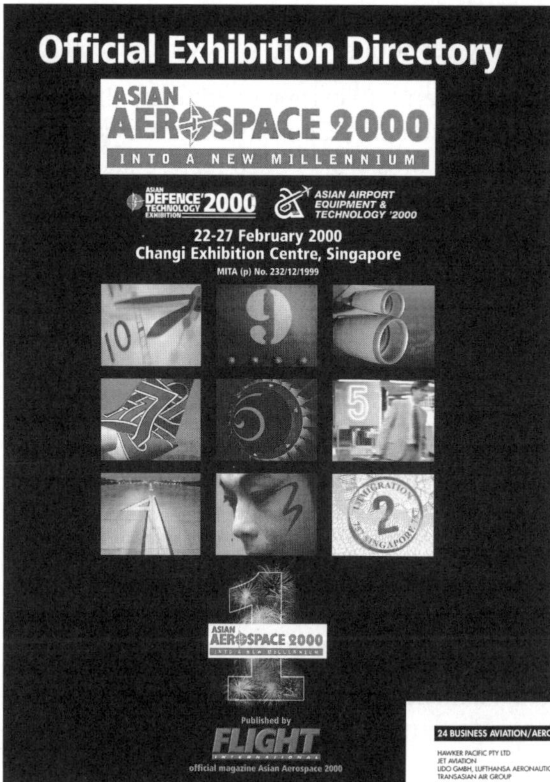

24 BUSINESS AVIATION/AERONAUTICAL SERVICES

HAWKER PACIFIC PTY LTD
JET AVIATION
LIDO GMBH, LUFTHANSA AERONAUTICAL SERVICES
TRANSASIAN AIR GROUP

25 SOFTWARE SYSTEMS & APPLICATIONS

AVIATIONZONE.NET
AVSOFT
ISO SOFTWARE SYSTEME
JEPPESEN
LITEF GMBH
MINCOM LIMITED
RLM SYSTEMS PTY LTD
SAP ASIA PTE LTD

26 CARGO

BAX GLOBAL SUPPLY CHAIN MANAGEMENT
DRALLIM INDUSTRIES LTD (CARGO AIDS DIVISION)
IRVIN AEROSPACE S.P.A.
NORDISK AVIATION PRODUCTS ASIA LTD
TELAIR INTERNATIONAL CENTURY AERO PRODUCTS
TELAIR INTERNATIONAL GMBH
TELAIR INTERNATIONAL SCANDINAVIAN BELLYLOADING
VAN RIEMSDIJK ROTTERDAM B.V.

27 C4I/BATTLEFIELD MANAGEMENT

ALENIA MARCONI SYSTEMS
ELETTRONICA S.P.A.
HARRIS CORPORATION
RLM SYSTEMS PTY LTD
TERMA ELEKTRONIK AS
THOMSON-CSF AIRSYS
THOMSON-CSF COMSYS
ULTRA ELECTRONICS ADVANCED PROGRAMMING CONCEPTS

28 SAFETY & RESCUE

AERAZUR
AVILOG SERVICES PTE LTD
COBHAM PLC
CONAX FLORIDA CORPORATION
EASTERN AERO MARINE
FENWAL SAFETY SYSTEMS
H.R. SMITH GROUP OF COMPANIES
IRVIN AEROSPACE CANADA, INC.
KIDDE AEROSPACE & DEFENSE
MARTIN-BAKER AIRCRAFT CO LTD
PACIFIC SCIENTIFIC
TRANSAERO, INC.
W. H. BRENNAN & CO PTE LTD

29 RESEARCH & DEVELOPMENT

CHUNG-SHAN INSTITUTE OF SCIENCE & TECHNOLOGY
DSO NATIONAL LABORATORIES
I.N.T.A.
NATIONAL AEROSPACE LABORATORY NLR
NATIONAL RESEARCH COUNCIL CANADA

30 AEROSPACE MEDIA

AIR & COSMOS — INTERAVIA
AIR FLEET REVIEW
AIR INTERNATIONAL - AIRFORCES MONTHLY - AIRLINER WORLD
AIR TRANSPORT INTELLIGENCE (ATI)
AIRCRAFT MAINTENANCE TECHNOLOGY
AIRLINE BUSINESS
ASIA PACIFIC DEFENCE REPORTER (A-PDR)
ASIAN AEROSPACE 2000 CYBERSTATION
ASIAN DEFENCE JOURNAL
AUSTRALIAN DEFENCE BUSINESS REVIEW
AVIATION INTERNATIONAL NEWS
AVIATION WEEK
DEFENSE NEWS
FLIGHT INTERNATIONAL
FORECAST INTERNATIONAL/DMS INC.
GLOBAL DEFENCE REVIEW LTD
JANE'S INFORMATION GROUP
MEDIA TRANSASIA THAILAND LIMITED
MILITARY PARADE LTD
MÖNCH PUBLISHING GROUP
ORIENT AVIATION
PHILLIPS BUSINESS INFORMATION, INC.
RA INTERVESTNIK PUBLISHING HOUSE
THE SHEPHARD GROUP

31 OTHERS

AERO MAOZ
AIAA/WORLD SPACE CONGRESS 2002
AQUA AND LEISURE MARKETING PTE LTD
ASIAN AEROSPACE 2000 CYBERSTATION
AUSTRALIAN INTERNATIONAL AIRSHOW 2001
AVIATIONX INC.
BAX GLOBAL SUPPLY CHAIN MANAGEMENT
CHRISTIAN ARMANI LADIES & GENTS TAILORING
COEFI
DASSAULT AVIATION
DESIGNS ALIVE U.S.A.
DIRECT PERSONNEL INTERNATIONAL
DRUCK LIMITED
DRUID ASIA PACIFIC PTE LTD
DUBAI 2001 — INTERNATIONAL AEROSPACE EXHIBITION
GIDROAVIASALON
HARDIGG CASES
HONG SING CO. (PTE) LTD
IHS-AVIATION INFORMATION
ILA 2000 BERLIN-BRANDENBURG
ILYUSHIN AVIATION COMPLEX OPEN JOINT STOCK COMPANY
INTERPOINT/CRANE AEROSPACE
KAVERI BAAG CORPORATION
KOREA AEROSPACE AND DEFENSE EXHIBITION 2001
(SEOUL AIR SHOW 2001)
KUNZ GMBH AIRCRAFT EQUIPMENT
LE PROTON LIMA SDN BHD
MD HELICOPTERS, INC.
MS. JOAQUIM SINGAPORE GIFTS & SOUVENIRS
PLASAN
PROJECT ORBIS INTERNATIONAL INC.
SINGAPORE TECHNOLOGIES ENGINEERING LTD
SINGAPORE TECHNOLOGIES MARINE LTD
SKYFISH.COM
SPEARHEAD EXHIBITIONS LTD
THE JEWEL BOX
THE ORCHARD STORE
TRANSUPPORT/ALL-SYSTEM AEROSPACE
ZHUHAI AIRSHOW COMPANY LTD.

61

Ejemplo de listado de expositores clasificados por productos en catálogo de una feria de sector aerospacial en Singapur.
Fuente: ERSI

Aprendamos lo máximo de nuestros competidores: los años que llevan participando en la feria, el tipo de stand que han empleado, la localización y superficie contratada, productos expuestos, política promocional, etc. Toda esta información nos será útil no solamente para seleccionar la feria más adecuada sino para organizar nuestra participación en ella una vez tomemos la decisión de hacerlo.

2.5. Antigüedad

Se trata de un factor muy importante a la hora de determinar cual de entre varios certámenes es el que mayores garantías ofrece.

Una feria que se ha venido celebrando durante un periodo más o menos largo de tiempo cuenta con los siguientes puntos fuertes:

a) Experiencia: sabe como hacer las cosas y que aspectos valoran más sus clientes (expositores y visitantes)

b) Reputación e imagen: es conocida por el público y por el profesional

c) Cifras de visitantes y expositores contrastadas, con las que podemos analizar la evolución histórica de la feria. ¿Han aumentado su superficie, expositores y visitantes durante los últimos años?

Generalmente una feria con años de antigüedad lo hará constar claramente en sus folletos publicitarios y promoción, pues se trata de uno de los principales avales con los que cuenta frente a ferias competidoras.

Por el contrario, una feria que celebre su primera edición tratará de resaltar otros puntos fuertes tales como entidades patrocinadoras, empresas expositoras, etc.

Lo anterior no significa que debamos dejar de lado las nuevas ferias, pues también las consagradas tuvieron una «primera edición»; simplemente deberemos ser cautos a la hora de tomar nuestra decisión ya que contaremos con mucha menos información que nos sirva de apoyo.

Generalmente las «primeras ediciones» más solventes suelen estar apoyadas por organismos públicos o privados relevantes (Ministerio del ramo de actividad correspondiente, asociaciones o federaciones sectoriales, Cámaras de Comercio, etc.) y deberían contar entre sus expositores con la presencia de las empresas líderes del sector.

Si se trata de una feria nueva, averigüe si es nueva realmente o si sustituye a otro certamen desaparecido. Si es así cerciórese en que medida la nueva feria no repetirá los mismos esquemas que hicieron fracasar a su predecesor. No es raro comprobar que durante varios años determinadas exposiciones van cambiando periódicamente de nombre a medida que se van agotando sus posibilidades. Si confirma esta situación, evite ese tipo de ferias salvo que, efectivamente, se trate de una renovación real y no puramente nominal.

Desconfíe generalmente de las cifras previstas de visitantes pues se trata de una simple estimación habitualmente más voluntarista que real.

2.6. Calidad y cantidad de visitantes

El visitante profesional (o el consumidor final en ferias abiertas al público) es el principal objetivo del expositor y toda la planificación estratégica de la participación ferial girará en torno a esta figura.

En consecuencia es muy importante que el expositor averigüe quien es, qué autoridad de compra tiene, de dónde procede, qué productos demanda y cuánto está dispuesto a pagar por ellos.

El *visitante profesional* se caracteriza por las siguientes notas:

- Dispone de poco tiempo y, por tanto, planifica con antelación sus visitas
- Está bien informado
- Es selectivo
- Entre sus muchos objetivos al visitar la feria, destaca la búsqueda de nuevos productos
- Suele tener autoridad de compra en mayor o menor medida

Otro factor importante para preparar nuestra estrategia de marketing ferial es conocer las razones por las que un profesional visita una feria.

Según un estudio realizado por *Taylor Nelson/AGB*[2] las ferias son para el visitante el principal medio de obtener información sobre productos o servicios (88%), seguidas por la publicidad en prensa especializada (68%), los representantes comerciales (61%) y los Anuarios profesionales (60%).

Otro estudio realizado por el *CEIR*[3] en Estados Unidos suministra unos resultados aún más contundentes con relación a la eficacia de las ferias comerciales a la hora de recabar información, tal y como se desprende de la siguiente tabla:

---

[2] El estudio «*Exhibition Effectiviness Study*» (1991) fue realizado por *Taylor Nelson/AGB* para *Exhibition Marketing Group* (uno de los principales organizadores de ferias en Reino Unido) sobre la base de las entrevistas realizadas a 1.414 visitantes (profesionales) de 14 sectores industriales a ferias especializadas.

[3] El estudio fue realizado por *Simmons Market Research Group* en 1992 y publicado por el *Trade Show Bureau (actualmente CEIR)*. Los resultados se basaron en las entrevistas realizadas entre seis grupos industriales (medicina, computadoras y electrónica, hosteleria y servicios, alimentación y bebidas, regalos y moda, maquinaria y máquina-herramienta).

RANKING DE MEDIOS MÁS EFICACES PARA OBTENER INFORMACIÓN

Ferias comerciales	91%
Artículos en publicaciones comerciales	86%
Conocidos o socios	84%
Anuarios o catálogos	73%
Representantes comerciales	69%
Publicidad en prensa especializada	65%
Conferencias y seminarios	59%
Grupos de usuarios	42%
Departamento de Compras de la propia empresa	41%
Consultores externos	39%
Personal de ventas de comercio minorista	24%
Periódicos	23%
Otros	3%

Los porcentajes del *CEIR* no dejan lugar a dudas acerca de la importancia de las ferias para el visitante profesional. Además, según el mismo estudio, las ferias ofrecen ciertos beneficios que el visitante percibe como únicos e inherentes a las ferias comerciales:

a) Permite al visitante compilar una amplia gama de información rigurosa sobre productos o servicios en un periodo de tiempo limitado

b) La visita a ferias genera ideas (nuevas aplicaciones de uso, etc.)

c) Se tiene la posibilidad de hablar con expertos

d) Se accede al lanzamiento de nuevos productos

e) Se pueden examinar los productos «in situ»

f) Permite la comparación de unos productos con otros en muy corto espacio de tiempo

En función de cual sea nuestro último objetivo, la calidad y cantidad de los visitantes puede ser un factor esencial a la hora de seleccionar una feria.

Todas las ferias suelen indicar en sus folletos promocionales las cifras de visitas alcanzadas en la edición anterior o, si se trata de una primera edición, las visitas esperadas.

Debemos ser siempre cautos con este tipo de información, pues no suele ser excesivamente clara (se suministran cifras globales de visitantes, sin especificar más detalles tales como la categoría profesional, sector al que pertenecen, etc.) y en muchas ocasiones la fuente de esa información es la propia feria.

Ha ocurrido en ocasiones que la feria suministra cifras de visitantes «profesionales» superiores al universo real de profesionales de ese sector y ello por la extrema generosidad y amplitud con que utilizan el concepto «profesional».

Valore la *veracidad* y transparencia del organizador ferial a la hora de suministrar la información. Tenga presente que muchas organizadoras feriales presentan sus cifras de visitantes avaladas por una *auditoría* que garantiza que los datos vertidos se ajustan a la realidad.

En ciertos países de la Unión Europea (Alemania, Bélgica, Francia, etc.) las estadísticas de participación y asistencia a ferias son elaboradas y auditadas por un organismo independiente[4] cuyos datos son publicados anualmente y pueden ser consultados por las empresas que lo deseen.

En Reino Unido existe la posibilidad de obtener las cifras de asistencia a una feria solicitando el Certificado de Asistencia *(«ABC'Certificate of Attendance»)* al *Audit Bureau of Circulations*, organismo auditor[5] independiente creado en abril de 1993. La información que recoge este certificado es la siguiente:

a) Número de visitantes registrados, distinguiéndose:
   - Los que se han registrado previo pago
   - Los que han sido invitados
b) Análisis de visitantes en tres categorías:
   - Cargo y función,
   - Industria o sector
   - Localización geográfica de la empresa.
c) Verificación del número de stands y superficie ocupada
d) Identificación del organizador, lugar y fechas de la feria, información sobre la próxima edición, productos y servicios expuestos y público objetivo.

Y como siempre debemos preguntarnos una vez más: ¿qué buscamos: cantidad o calidad? Si lo que estamos buscando es un representante en exclusiva para una zona en concreto, no necesitamos que visiten la feria miles de personas sino un grupo reducido de profesionales cuyo perfil encaje en nuestro requerimiento.

---

[4] Por ejemplo el FMK (Society for the Voluntary Control of Trade Fair and Exhibition Statistics).

[5] Dicho organismo está integrado, aparte de por el Audit Bureau of Circulations, por la Incorporated Society of British Advertisers y por la Asociation of Exhibitions Organizers. A mediados de la década de los noventa más de 100 ferias distintas y 16 organizadores feriales eran miembros de dicho organismo y se espera que en Reino Unido se consolide como el standard de auditorias feriales.

Una buena información referida a los visitantes debe incluir los siguientes datos, a ser posible comparados con las cifras de la edición anterior:

a) Número de visitantes totales

b) Número de visitantes profesionales y no profesionales. Éste es un aspecto muy importante que lamentablemente en muchas ocasiones se tergiversa por los organizadores feriales al considerar como profesionales a ciertos visitantes que no tiene ninguna relación con el sector. Un estudiante de primero de ingeniería que visite una feria de maquinaria para la construcción no es *todavía* un profesional y no debería clasificarse como tal. Es cierto que resulta muy difícil dilucidar durante los días de feria la categoría profesional de miles de visitantes pero también es verdad que las ferias más avanzadas y más orientadas a su cliente (el expositor) cuentan con modernos sistemas de control de accesos (tarjetas magnéticas, etc.) que garantizan una mejor depuración de las visitas. La organización que nos ofrezca este tipo de información tendrá una ventaja comparativa frente a aquellas que aún no lo hagan o lo realicen pobremente.

c) Dentro del grupo de profesionales, debería especificarse lo siguiente:
   - El sector de actividad de su interés.
   - Su categoría profesional (fabricante, distribuidor, agente, periodista, etc.).
   - Su cargo y autoridad de compra.

d) Origen de los visitantes:
   - En ferias internacionales: el país de origen
   - En ferias nacionales o regionales: la provincia, región o territorio de procedencia.

Por último, a la hora de valorar el número de visitantes hay que tener en cuenta el ya citado «factor residual» que implica que, de todas las visitas que recibamos en el stand, al menos un 25% no serán compradores reales (puede tratarse de visitantes confusos, dubitativos, perdidos o simplemente «cazadores de reclamos»).

Barry Siskind[6] señala que de diez contactos durante una feria (en Estados Unidos) los resultados serán los siguientes:

- 2 no están interesados en nuestro producto/servicio
- 4 están interesados pero no son compradores
- 2 son compradores no susceptibles de seguimiento (no dejan datos, tienen compromisos en exclusiva, etc.)
- 2 son compradores a los que hacer un seguimiento y que pueden generar ventas

---

[6] *Op. Cit.*, pág. 39.

Por último, hay que tener en cuenta que por muy veraz y fiable que sean las cifras de visitantes que hayamos podido obtener se trata de datos de la edición anterior que no tienen por qué ser repetirse en la siguiente; pues las circunstancias probablemente sean distintas.

Por ejemplo, en 1999 las cifras de asistencia a muchas ferias celebradas en Rusia fueron significativamente más bajas que las consolidadas en ediciones anteriores y ello fue motivado por la gran crisis económica que sufrió ese país a partir de agosto de 1998. Algo similar ocurrió en mercados del sudeste asiático a partir de 1997...

2.7. Superficie expositora neta

Salvo excepciones, una feria cuya superficie expositora sea muy inferior a la de otros certámenes competidores debe resultar menos atractiva para el visitante (encontrará menos oferta) y, en consecuencia, para el expositor.

Solicite el plano detallado de la feria y estudie la superficie cubierta y la descubierta (exterior), así como las zonas habilitadas exclusivamente para stands (superficie neta).

No es infrecuente que una feria se celebre en un recinto ferial de grandes dimensiones de las cuales solamente una pequeña porción del mismo esté dedicada a superficie expositora quedando el resto habilitado para servicios más o menos innecesarios (jardines, zonas de hospitalidad, oficinas de información, zonas de tránsito, pasillos, etc.) o sencillamente cerrados al público.

Si algo no queda claro consulte a los organizadores.

2.8. Promoción efectuada por la feria

Una buena campaña de promoción previa es siempre señal del compromiso por parte de la organización ferial y un factor importante para que la feria capte visitantes y expositores.

La antelación en la promoción de una feria es un factor esencial para su eficacia, sobre todo en aquellos certámenes de marcado carácter internacional a los que se espera asistan visitantes de países distantes.

Averigüe si la feria se ha anunciado o tiene previsto hacerlo en las revistas especializadas, en la prensa, en la radio o la televisión y con la cobertura adecuada.

La promoción de una feria internacional debería exceder los límites de su país de origen, mientras que una feria regional no tendría porqué anunciarse más allá de su propia provincia o región.

¿Van a enviarse por correo «invitaciones de entrada»?

¿Qué prensa ha sido invitada y qué revistas han confirmado su participación?

¿Se van a organizar misiones inversas de compradores?

¿Ha recibido usted el folleto de convocatoria con la suficiente antelación?

¿Es la promoción lo suficientemente clara y concisa?

Recuerdo haber recibido un folleto muy llamativo, de formas caprichosas y variopintos colores en el que no aparecía por ningún lugar ¡ni la ciudad ni la fecha de celebración de la feria!

2.9. Ciudad y fechas de celebración

Quizás la feria sea nueva y, además, no cuente con una gran superficie expositora. Puede que incluso no expongan en ella ciertas empresas competidoras y líderes en el mercado pero las fechas o la ciudad de celebración son idóneas para nuestra empresa y en ese caso estaría justificada nuestra participación.

Si se trata de una feria nacional o internacional debe celebrarse en una ciudad conocida, céntrica y con buenas comunicaciones e infraestructura hotelera (Birmingham en Reino Unido, por ejemplo).

Hay que tener en cuenta que cuanto más largo y complicado es el viaje menos visitantes recibirá la feria. La accesibilidad no implica necesariamente la capitalidad de la ciudad.

Si, por ejemplo, nuestro objetivo es localizar cuanto antes a un agente comercial que actúe en la costa oeste de Estados Unidos y se nos ofrecen las siguientes ferias especializadas:

- En California, feria a celebrarse dentro de seis meses
- En Miami, dentro de once meses

¿Por cuál de ellas optaremos? Probablemente por la de California, pues se celebra antes y en el área geográfica de nuestro interés. Lógicamente todo puede ser matizado, ya que si la hipotética feria de Miami fuera una feria consagrada a la que acuden profesionales de todo el país, sin duda nos convendría esperar unos meses y exponer en ella.

2.10. Los organizadores

En el momento actual, en el que existen multitud de ferias especializadas compitiendo ferozmente por hacerse con una cuota del mercado, la experiencia y buen hacer del organizador es un elemento clave para el éxito de la feria.

El organizador ferial puede ser desde una empresa privada que organice uno o dos certámenes hasta una gran multinacional que organice más de un centenar de ferias en diversos países[7].

Organizadoras feriales de la talla de *Blenheim, I.T.E., Reed Exhibitions* o *Miller Freeman* o las ferias de Valencia, Barcelona, Madrid, Frankfurt. Munich, Berlín o Leipzig entre otras cuentan con experiencia internacional y recursos suficientes para garantizar los buenos resultados de la feria y el cumplimiento de sus previsiones.

En ocasiones son las propias asociaciones sectoriales o las revistas especializadas las que organizan ferias monográficas con la ventaja añadida que supone su conocimiento del mercado y del sector al que representan.

Por ejemplo, a principios de los noventa las asociaciones sectoriales del sector de baldosas cerámicas español (*Ascer*), Italiano (*Assopiastrelle*) y diversas asociaciones norteamericanas de esa industria (distribuidores, colocadores, etc.) se unieron en el proyecto común de crear una feria especializada en azulejos en Estados Unidos. Nació así «*Coverings*» que en la actualidad está consagrada como la feria más importante del sector de baldosas cerámicas en ese relevante mercado.

Idéntica experiencia tuvieron las mismas asociaciones en Reino Unido cuando en 1994 organizaron la primera edición de «*Expotile*», única feria especializada en baldosas cerámicas en ese país.

Una organizadora de ferias con años de experiencia cuenta con el «*know-how*» suficiente para adaptarse a las necesidades de sus clientes.

Si la organizadora es desconocida, averigüe el año de fundación, la experiencia de sus directores, otras ferias organizadas, su pertenencia a alguna asociación...

En el supuesto de existir diversas ferias preseleccionadas potencialmente adecuadas a nuestros objetivos, podemos realizar una valoración global de cada una de ellas mediante la aplicación de la siguiente tabla.

A cada feria debe puntuarse del 1 al 3 en función de si menor o mayor idoneidad; siendo 1 (malo/negativo); 2 (regular/neutro) y 3 (bueno/positivo).

La feria que sume una mayor puntuación será la que más se ajuste a nuestras necesidades.

[7] En España y otros países Europeos la organización de ferias está en manos de organismos públicos o semi-públicos.

Criterio de selección	Feria A	Feria B	Feria C
Especialización	1	3	2
Antigüedad	1	3	3
Visitantes	2	3	2
Superficie expositora	2	2	1
Presencia competidores	1	3	2
Promoción	3	1	3
Coste	3	1	2
Patrocinio asociaciones sectoriales	1	3	2
Idoneidad espacial (lugar)	2	3	1
Idoneidad temporal (fechas)	1	3	1
Experiencia organizadores	1	2	3
Total	**18**	**27**	**22**

Fuente: Elaboración propia.

En el ejemplo anterior, la Feria B resulta ser la idónea (27 puntos), seguida por la Feria C. (22 puntos); pero no hay que olvidar que se trata de una tabla puramente orientativa y que no todos los elementos analizados tienen el mismo peso específico; ya que bien podría suceder que un expositor valorase por encima de todo la antigüedad de la feria o la presencia de competidores y juzgase menos importante la idoneidad espacial o temporal.

Los resultados de la tabla, por tanto, deberán siempre ponderarse con la valoración subjetiva global que el potencial expositor juzgue oportuna.

Una vez valorados los puntos fuertes y débiles de cada feria es muy recomendable intercambiar puntos de vista con el mayor número de personas (clientes, expositores, revistas, etc.) y organismos (ICEX, Oficinas Comerciales, Asociaciones sectoriales, etc.) que nos sea posible.

3. FUENTES DE INFORMACIÓN

La organización ferial será en la mayoría de los casos la principal, por no decir única, fuente de información en que nos basemos para tomar la decisión de participar o no hacerlo en una feria.

No obstante, conviene recordar que existen multitud de organismos y entidades de los que se puede recabar valiosa información y que, en ocasiones, nos servirá de contrapunto a otras informaciones o datos obtenidos.

Algunas de esas fuentes de información, a menudo escasamente utilizadas, son las siguientes[8]:

3.1. ICEX

El Instituto Español de Comercio Exterior cuenta con una magnifica base de datos de ferias internacionales, clasificadas por sectores y países.

Además de la información básica de la feria (superficie, visitantes, expositores, sectores participantes, coste del espacio, etc.) podemos acceder a valoraciones más concretas fruto de la experiencia directa del ICEX con determinadas ferias en particular, pues no hay que olvidar que, entre otras muchas funciones de promoción exterior, el ICEX organiza multitud de ferias en el extranjero (pabellones oficiales) y coordina otro tipo de modalidades expositoras tales como participaciones agrupadas organizadas por asociaciones sectoriales o Cámaras de Comercio, stands informativos en ferias especializadas, ferias monográficas de consumo o equipamiento industria (Expoconsumo y Expotecnia), etc.

La información suele provenir de fuentes de primera mano como son la red de Oficinas Comerciales de España en el Extranjero o, como vimos, la experiencia directa del ICEX tras haber organizado un Pabellón oficial en algunas ferias internacionales.

Anualmente publican su calendario oficial de pabellones oficiales en ferias en el extranjero que, además, puede ser consultado en su página web (http://www.icex.es).

3.2. Oficinas Comerciales y Embajadas de España en el exterior

Organismos dependientes del Ministerio de Economía y Hacienda, vinculados jerárquicamente al ICEX y radicados en el extranjero para representar los intereses comerciales y económicos de España.

La red internacional de Oficinas Comerciales está presente en la mayoría de los países del mundo (directamente o asumiendo competencias sobre varios estados geográficamente próximos) y cuentan con personal altamente especializado (Consejero económico y comercial, analista de mercado, etc.) y un profundo conocimiento del mercado.

Habitualmente una Oficina Comercial dispone de información de «primera mano» sobre las ferias celebradas en el territorio de su competencia, bien sea por haber visitado la feria, por haber expuesto en ella o por haber realizado un estudio de mercado en el que se analizó específicamente la feria de nuestro interés.

Si no dispusiera de esa información directa, la Oficina Comercial está en condiciones de indagar mayores detalles acerca de cualquier feria celebrada en ese

[8] Se incluyen las direcciones en el Anexo.

mercado, bien sea mediante entrevistas con los organizadores, con los profesionales del sector o con otros organismos públicos en el país.

En cualquier caso no conviene perder de vista que la Oficina Comercial está radicada en el mercado objetivo y nadie mejor que ella para recabar información solvente sobre la feria objeto de estudio.

3.3. Asociaciones sectoriales

Las asociaciones sectoriales deben contar con información fidedigna de las principales ferias del sector, bien sea por haber organizado alguna participación agrupada de empresas asociadas bien por haber buscado y seleccionado esa información para sus miembros, bien por el *«feed-back»* que reciben de sus propios asociados.

En caso de duda consulte con su asociación antes de tomar decisión alguna. Si no contaran con información fiable estarán en condiciones de obtenerla.

3.4. Clientes

Al igual que la red internacional de Oficinas Comerciales de España, sus clientes están en el mercado.

Viven el día a día de la economía y comercio, probablemente asistirán a ferias comerciales y sin duda sabrán por experiencia propia o por comentarios de otros colegas cual es la más adecuada a su producto, en cual hay mayor número de visitantes, cual es más profesional, etc.

3.5. Asociaciones de organizaciones feriales

Entre sus miembros probablemente se encuentre la organizadora de la feria que usted está analizando. Pregúnteles qué otras ferias ha organizado su asociado, en qué países, desde hace cuánto tiempo están asociados y cualquier otro dato que facilite su decisión.

En España, contamos con la AFE (Asociación de Ferias Españolas) a la que están asociadas las principales organizaciones feriales del estado.

3.6. Bases de datos en Internet y «Buscadores»

Existen multitud de *bases de datos de ferias en la red,* algunas de las cuales se incluyen en el Anexo.

El principal riesgo es que, en ocasiones, es muy difícil valorar su rigor y, además, pueden aparecer y desaparecer de un día para otro (problema en cualquier caso achacable a toda información que localicemos en la red).

Otra fórmula eficaz de obtener información sobre ferias es hacer uso de los *buscadores de Internet* (*Yahoo, Altavista, Terra,* etc.).

Cuanto más concreta sea nuestra referencia de búsqueda, más afinada será la información obtenida.

Por ejemplo: si queremos buscar (haciendo uso del buscador «Altavista») una feria especializada en materiales de construcción en Atlanta debemos incluir los siguientes datos (conviene hacerlo en inglés pues, en este caso, se trata de una feria celebrada en un país anglófono):

«USA + TRADE FAIR[9] *+ BUILDING MATERIALS + ATLANTA»*

Probablemente no aparezca ninguna feria especializada en materiales de construcción en Atlanta. Pruebe, en ese caso, a alterar el orden de los factores:

«TRADE FAIR + BUILDING MATERIALS + USA + ATLANTA»

o bien,

«BUILDING MATERIALS + ATLANTA + USA + TRADE FAIR»

Si alterando el orden de los factores nuestra búsqueda resulta infructuosa, en ese caso deberemos ampliar el campo de la misma, eliminando algún elemento que consideremos menos sustancial, por ejemplo *«Atlanta»* o bien *«Building Materials»*.

«USA + TRADE FAIR + BUILDING MATERIALS»

o bien,

«USA + TRADE FAIR + ATLANTA»

La información obtenida no será tan precisa, pues nos señalará en el primer caso todas las ferias de materiales de construcción en Estados Unidos o, en el segundo, todas las ferias (en general) que se celebren en Atlanta pero ya estaremos más cerca de nuestro objetivo, pues entre las páginas localizadas siempre habrá alguna que ofrezca alguna información adicional o algún vínculo (*«link»*) de interés.

---

[9] La palabra inglesa *«Trade Fair»* cuenta con diversos sinónimos, indistintamente empleados en ese idioma: *«Show»*, *«Trade Show»*, *«Exhibition» «Fair»*, etc.

La situación de la feria en el listado obtenido (al principio o al final) y la información incluida nos dará una idea, siquiera aproximada, de la relevancia de la feria y de la promoción efectuada (¿aparece una sola vez o tiene varias entradas bajo diversas denominaciones?, ¿es su página llamativa y cuenta con información actualizada y completa?, ¿ha sido visitada muchas veces?); aunque éste no debe ser nunca un elemento clave al tomar la decisión pues hay páginas web muy solventes que por diversas razones aparecen al final de los listados (quizá la palabra clave que hemos introducido fue considerada por el creador de la página como «secundaria»...).

3.7. Revistas especializadas

Las revistas especializadas son una fuente excepcional para obtener información de las ferias ya que conocen el mercado y habitualmente asisten a todas las ferias especializadas de su sector.

Si una revista especializada prestigiosa no conoce o no tiene buenas referencias de una feria en particular, debemos desconfiar de su solvencia.

¿Qué opinaríamos si la revista francesa de decoración *«Maison & Jardin»* no conociese una feria celebrada en París de decoración de interiores, o de jardinería...?

3.8. La propia feria

Ya hemos visto que una gran parte de la información recabada provendrá de la propia feria u organizador ferial.

La información básica que debemos recibir de la organización ferial es la siguiente:

a) *Folleto promocional,* incluyendo información breve y concisa acerca de la feria:

- Ciudad.
- Fechas de celebración.
- Número de edición.
- Número de expositores y visitantes en la edición anterior. Como vimos, esta información tendrá mayor valor cuanto más veraz y transparente sea.
- Entidades, empresas y organismos patrocinadores.

- Coste del espacio y decoración básica, con indicación de la superficie mínima a contratar.
- Fecha límite de contratación.
- Plano de la feria.
- En ocasiones, breve información del mercado.
- Dirección del corresponsal o delegado en nuestro país o continente, para facilitar el contacto.

b) *Plano detallado de la feria («Floor Plan»),* en el que aparezcan situados los expositores que hasta la fecha hayan confirmado el espacio. Si se trata de una feria sectorializada, el plano debe indicar claramente la localización de cada sector.

c) *Lista de expositores confirmados.* Si no se trata de confirmaciones en firme, debe indicarse expresamente que se trata de una reserva «provisional».

d) *Catálogo de la edición anterior* o de las últimas ediciones.

e) *Impreso de solicitud («Booking form»)*, con indicaciones detalladas de contratación y que más adelante se analizará con mayor detalle.

f) *Normas y regulaciones básicas* de la organización ferial, aspecto éste muy importante del que se tratará en próximos capítulos.

Cualquier otra información suministrada por la feria (fotocopias de artículos de prensa publicados acerca del evento, certificados de calidad de servicio, promoción con tecnología multimedia, etc.) deberemos considerarlo como un servicio extra que, en función de su mayor o menor utilidad, deberemos valorar en su justa medida.

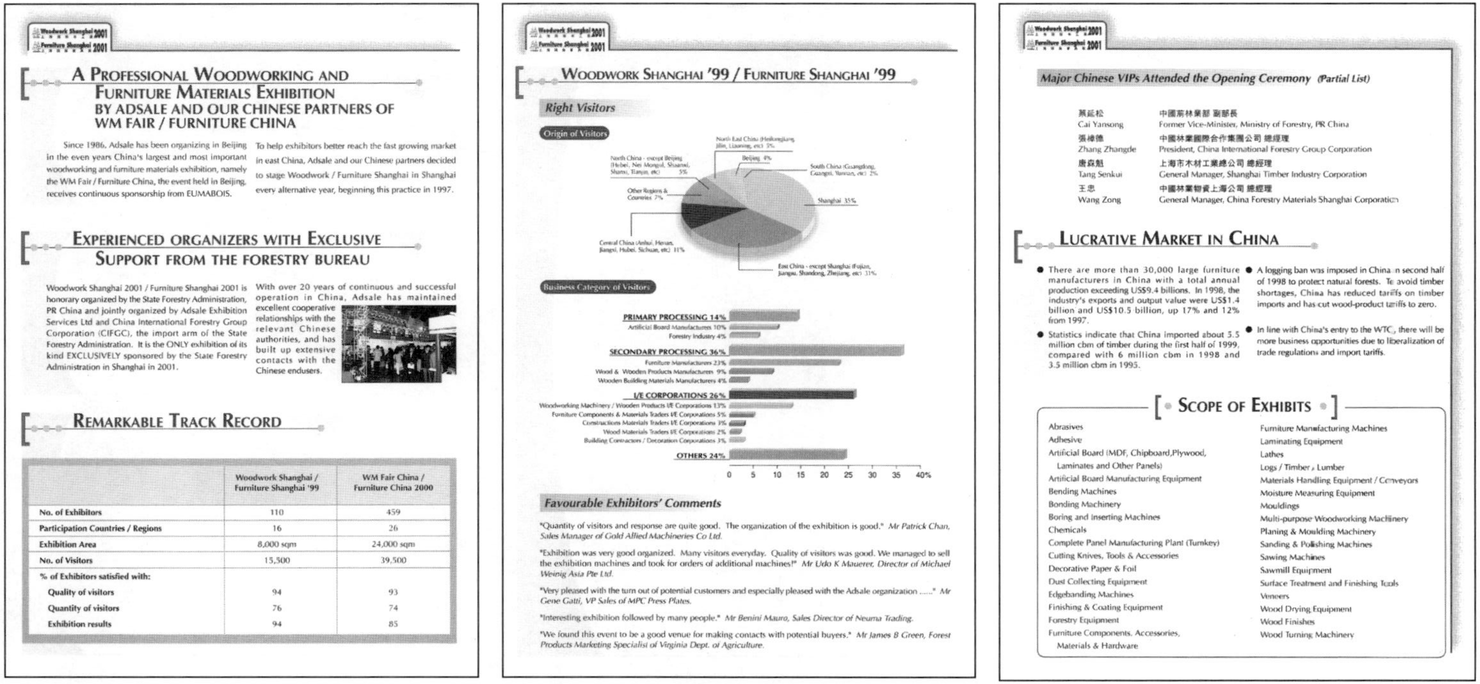

Woodwork Shanghai 2001
Furniture Shanghai 2001

A Professional Woodworking and Furniture Materials Exhibition by Adsale and our Chinese Partners of WM Fair / Furniture China

Since 1986, Adsale has been organizing in Beijing in the even years China's largest and most important woodworking and furniture materials exhibition, namely the WM Fair / Furniture China, the event held in Beijing, receives continuous sponsorship from EUMABOIS.

To help exhibitors better reach the fast growing market in east China, Adsale and our Chinese partners decided to stage Woodwork / Furniture Shanghai in Shanghai every alternative year, beginning this practice in 1997.

Experienced organizers with Exclusive Support from the Forestry Bureau

Woodwork Shanghai 2001 / Furniture Shanghai 2001 is honorary organized by the State Forestry Administration, PR China and jointly organized by Adsale Exhibition Services Ltd and China International Forestry Group Corporation (CIFGC), the import arm of the State Forestry Administration. It is the ONLY exhibition of its kind EXCLUSIVELY sponsored by the State Forestry Administration in Shanghai in 2001.

With over 20 years of continuous and successful operation in China, Adsale has maintained excellent cooperative relationships with the relevant Chinese authorities, and has built up extensive contacts with the Chinese endusers.

Remarkable Track Record

	Woodwork Shanghai / Furniture Shanghai '99	WM Fair China / Furniture China 2000
No. of Exhibitors	110	459
Participation Countries / Regions	16	26
Exhibition Area	8,000 sqm	24,000 sqm
No. of Visitors	15,500	39,500
% of Exhibitors satisfied with:		
Quality of visitors	94	93
Quantity of visitors	76	74
Exhibition results	94	85

Woodwork Shanghai '99 / Furniture Shanghai '99

Right Visitors

Origin of Visitors

North East China (Heilongjiang, Jilin, Liaoning, etc) 5%
North China - except Beijing (Hebei, Nei Mongol, Shaanxi, Shanxi, Tianjin, etc) 5%
Beijing 4%
South China (Guangdong, Guangxi, Yunnan, etc) 2%
Other Regions & Countries 7%
Shanghai 35%
Central China (Anhui, Henan, Jiangxi, Hubei, Sichuan, etc) 11%
East China - except Shanghai (Fujian, Jiangsu, Shandong, Zhejiang, etc) 31%

Business Category of Visitors

PRIMARY PROCESSING 14%
Artificial Board Manufactures 10%
Forestry Industry 4%
SECONDARY PROCESSING 36%
Furniture Manufacturers 23%
Wood & Wooden Products Manufacturers 9%
Wooden Building Materials Manufacturers 4%
I/E CORPORATIONS 26%
Woodworking Machinery / Wooden Products I/E Corporations 13%
Furniture Components & Materials Traders I/E Corporations 5%
Constructions Materials Traders I/E Corporations 3%
Wood Materials Traders I/E Corporations 2%
Building Contractors / Decoration Corporations 3%
OTHERS 24%
0 5 10 15 20 25 30 35 40%

Favourable Exhibitors' Comments

"Quantity of visitors and response are quite good. The organization of the exhibition is good." *Mr Patrick Chan, Sales Manager of Gold Allied Machineries Co Ltd.*

"Exhibition was very good organized. Many visitors everyday. Quality of visitors was good. We managed to sell the exhibition machines and took for orders of additional machines!" *Mr Udo K Mauerer, Director of Michael Weinig Asia Pte Ltd.*

"Very pleased with the turn out of potential customers and especially pleased with the Adsale organization ......" *Mr Gene Gatti, VP Sales of MPC Press Plates.*

"Interesting exhibition followed by many people." *Mr Benini Mauro, Sales Director of Neuma Trading.*

"We found this event to be a good venue for making contacts with potential buyers." *Mr James B Green, Forest Products Marketing Specialist of Virginia Dept. of Agriculture.*

Major Chinese VIPs Attended the Opening Ceremony (Partial List)

蔡延松 Cai Yansong	中國前林業部 副部長 Former Vice-Minister, Ministry of Forestry, PR China
張樟德 Zhang Zhangde	中國林業國際合作集團公司 總經理 President, China International Forestry Group Corporation
唐森魁 Tang Senkui	上海市木材工業總公司 總經理 General Manager, Shanghai Timber Industry Corporation
王忠 Wang Zong	中國林業物資上海公司 總經理 General Manager, China Forestry Materials Shanghai Corporation

Lucrative Market in China

- There are more than 30,000 large furniture manufacturers in China with a total annual production exceeding US$9.4 billions. In 1998, the industry's exports and output value were US$1.4 billion and US$10.5 billion, up 17% and 12% from 1997.
- Statistics indicate that China imported about 5.5 million cbm of timber during the first half of 1999, compared with 6 million cbm in 1998 and 3.5 million cbm in 1995.
- A logging ban was imposed in China in second half of 1998 to protect natural forests. To avoid timber shortages, China has reduced tariffs on timber imports and has cut wood-product tariffs to zero.
- In line with China's entry to the WTO, there will be more business opportunities due to liberalization of trade regulations and import tariffs.

Scope of Exhibits

Abrasives
Adhesive
Artificial Board (MDF, Chipboard,Plywood, Laminates and Other Panels)
Artificial Board Manufacturing Equipment
Bending Machines
Bonding Machinery
Boring and Inserting Machines
Chemicals
Complete Panel Manufacturing Plant (Turnkey)
Cutting Knives, Tools & Accessories
Decorative Paper & Foil
Dust Collecting Equipment
Edgebanding Machines
Finishing & Coating Equipment
Forestry Equipment
Furniture Components, Accessories, Materials & Hardware
Furniture Manufacturing Machines
Laminating Equipment
Lathes
Logs / Timber / Lumber
Materials Handling Equipment / Conveyors
Moisture Measuring Equipment
Mouldings
Multi-purpose Woodworking Machinery
Planing & Moulding Machinery
Sanding & Polishing Machines
Sawing Machines
Sawmill Equipment
Surface Treatment and Finishing Tools
Veneers
Wood Drying Equipment
Wood Finishes
Wood Turning Machinery

Extracto de folleto promocional de una feria de los sectores de maquinaria para madera y de mobiliario en China.

Fuente: Brifer Services.

Capítulo 3

La contratación del espacio. Limitaciones técnicas y servicios feriales básicos

«El cielo, es verdad, prohibe ciertas satisfacciones, pero siempre se encuentran con él medios acomodaticios.»

MOLIÈRE, *Le Tartufe, act. IV, esc. 5*

1. EL IMPRESO DE SOLICITUD DE ESPACIO: EL *«BOOKING FORM»*

Una vez seleccionada la feria en la que vamos a participar se inicia la gestión de nuestra participación propiamente dicha y es necesaria una intervención directa por parte del futuro expositor.

Dicha intervención se inicia mediante la contratación del espacio.

El contrato de alquiler del espacio es un tipo especial de contrato de adhesión en el que las cláusulas están previamente definidas y redactadas por la parte vendedora (el organizador ferial) y lo único que tiene que hacer el comprador (el expositor), si está conforme con esas condiciones, es cumplimentar en tiempo y forma el impreso de solicitud de espacio.

El procedimiento de reserva de espacio suele ser el siguiente:

a) Estudio detenido del impreso de solicitud de alquiler de espacio (*«Application Form» ó «Booking Form»*)

b) Estudio de las normas y regulaciones técnicas de la feria.

c) Cumplimentación y envío del impreso de solicitud dentro del plazo señalado

d) Si procede, realización del pago anticipado según condiciones especificadas por el organizador

e) Recepción de la confirmación del alquiler del espacio mediante la factura correspondiente emitida por el organizador. Si en ese momento no hubiera espacio disponible, lo que suele ser más habitual de lo deseado en ferias líderes, la feria notificará al expositor que ha sido incluido en la «Lista de espera» *(«Waiting list»).*

f) Realización de pagos fraccionados dentro de las fechas señaladas por el organizador

Este procedimiento básico puede sufrir infinidad de variaciones en función de la experiencia y hábitos del organizador, pudiendo por ejemplo no ser necesario realizar ningún depósito inicial o, en otros casos, sustituyéndose los pagos fraccionados por un único pago con unos meses de antelación al inicio de la feria.

Cuanta mayor demanda de espacio tenga una feria más rigurosos y estrictos serán los organizadores, de ahí la importancia que tiene, si no queremos ver frustrada nuestra participación, cumplimentar el impreso de solicitud en tiempo y forma.

1.1. Cumplimiento de la fecha límite de contratación

La fecha límite de contratación («*deadline*») debe de estar claramente indicada en el Impreso de solicitud. Si no fuera así consulte al organizador.

Su incumplimiento puede implicar la inadmisión de una empresa en la edición ferial de ese año, sobretodo cuando la demanda de espacio supera la oferta; lo que suele ocurrir, precisamente, en aquellas ferias consagradas o más importantes.

Independientemente del riesgo que implica su incumplimiento, la contratación anticipada dentro del plazo establecido implica otras ventajas:

a) *Derecho de preferencia o prioridad:* en ferias con exceso de demanda aquellas empresas que han contratado antes suelen tener preferencia frente a las contrataciones más tardías, en virtud de la máxima jurídica romana *«prior tempore, potior iure»*[1].

b) *Descuento por pronto pago:* aquellas contrataciones realizadas con antelación suficiente (en ocasiones casi un año antes) se suelen beneficiar de descuentos por pronto pago que pueden oscilar entre el 5% y el 15% sobre las tarifas oficiales.

1.2. Cumplimiento de las formalidades exigidas

Aunque el impreso de solicitud generalmente es muy sencillo en sus contenidos, hay determinados elementos que conviene no olvidar pues, aunque habitualmente los defectos de forma son subsanables, podrían crearnos problemas innecesarios tales como la exclusión de la empresa del catálogo oficial, la ubicación de nuestro stand en un sector industrial inadecuado a nuestro producto o la adjudicación de una superficie de dimensiones incompatibles con nuestro stand.

La información generalmente solicitada por la organización ferial en el impreso de solicitud de espacio es la siguiente:

1.2.1. Datos relativos al expositor

a) *Señas completas del expositor:*

- Razón social.

[1] Traducida como «El primero en el tiempo, poderoso en Derecho».

- N.I.F. (o número de IVA comunitario en ferias en territorio de la Unión Europea).
- Dirección completa.
- Número de teléfono, fax, correo electrónico y página web.
- Director del programa ferial y cargo ocupado.

b) *Dirección para facturación* cuando sea diferente de la del expositor. No es raro, como veremos, que exponga el fabricante pero el pago sea efectuado por el representante o el distribuidor, o viceversa.

c) *Dirección para la correspondencia* (cuando sea diferente a la del expositor).

1.2.2. Datos relativos al espacio contratado:

a) *Superficie deseada:* suele ser expresada en metros cuadrados (o pies cuadrados en ferias norteamericanas, generalmente módulos de 10x10'). En muchas ocasiones la feria ofrece la posibilidad de contratar módulos completos generalmente de 4x4 metros (16 m^2), de 3x4 metros m(12 m^2) o de 3x3 metros (9 m^2).

b) *Largo y ancho del stand deseado.* No todas las ferias solicitan esta información y el hecho de pedirla no implica necesariamente que la organización se comprometa a cumplir con los requerimientos del expositor.

c) *Tipo de stand deseado:*

- Número de lados abiertos.
- Alquiler de espacio sólo («*Space only*») o espacio y decoración básica («*Schell-Scheme*»)
- Exterior o interior de la feria
- Opción de stand con primer piso

d) *Otros datos complementarios:* las ferias que ofrecen un mejor servicio al cliente permiten optar por una ubicación en determinada zona con fórmulas del estilo de *«Deseo estar cerca de ...» o «Deseo evitar ...»*, etc.

1.2.3. Datos relativos al sector o industria

Las ferias especializadas controlan estrictamente los sectores expositores pues conocen el riesgo que supone para la imagen y continuidad de la feria el hecho de que industrias o sectores que nada tienen que ver con el objeto de la feria expongan en ella.

Cuanto más nivel tenga una organización ferial mayor control y celo pondrá en este campo. Debemos desconfiar de una feria que no se preocupa por conocer qué tipo de productos o servicios vamos a exponer.

La información solicitada puede ser tan amplia y variada como desee el organizador aunque los datos imprescindibles son los siguientes:

a) *Descripción detallada de los productos a exponer.* Habitualmente la feria suministra un listado completo de productos (por sectores) que el expositor deberá ir marcando cuando coincidan con los suyos propios. Para aquellos productos que no encuentren acomodo en las diversas tipologías definidas por la feria existe la posibilidad de que sean incluidos en la categoría «Otros sectores», indicando de cual se trata.

b) *Sector en el que se desea exponer* (en ferias en las que concurren varios)

c) En ocasiones, la organización solicita que se adjunte obligatoriamente un *catálogo o folleto técnico de los productos* que se pretenden exponer. Se trata de una fórmula muy eficaz de contrastar que la información suministrada por el expositor es veraz y exhaustiva.

1.2.4. Datos relativos al pago

El pago suele incluir no solamente el anticipo para la reserva del espacio sino también los derechos de inscripción (los conceptos incluidos varían según ferias y organizadoras pero suelen recoger los gastos de gestión, pases de expositor, inscripción en el catálogo oficial de expositores, etc.), gastos de las acciones de promoción de la feria, los gastos del seguro obligatorio (responsabilidad civil y multiriesgo en exposición) y las tasas e impuestos correspondientes.

La información que habitualmente nos será requerida es la siguiente:

a) Forma de pago: cheque nominal o transferencia.

b) En caso de transferencia, fotocopia de la orden de transferencia, con las indicaciones formales que se soliciten.

1.2.5. Otros datos

a) Firma y sello de la empresa aceptando las normas y reglamento técnico de la feria. Realmente se trata de la «letra pequeña» del contrato y es un aspecto muy importante que debería estudiarse detenidamente antes de firmar el contrato y realizar el pago pues lo contrario puede acarrear sorpresas desagradables y cancelaciones onerosas.

b) Años de antigüedad del expositor en la feria. La antigüedad del expositor es un factor importante que casi todas las organizaciones feriales suelen valorar a la hora de dar preferencia a unos expositores frente a otros. En caso de conflicto entre varios expositores concurriendo a un mismo espacio, tendrá preferencia aquel con mayor antigüedad.

c) Observaciones del expositor.

En el peor de los casos, el incumplimiento de las formalidades exigidas podría dar lugar a la *exclusión* de nuestra empresa de una determinada feria o a la pérdida de derechos adquiridos (antigüedad, etc.).

No es la primera vez que sucede que, por ejemplo, una transferencia bancaria ha sido realizada erróneamente a una cuenta distinta a la del organizador ferial y éste, al no haber recibido copia de la transferencia, ha considerado nulo el impreso de solicitud por impago del depósito obligatorio.

Aunque se trata de casos extremos en los que cuando se ha detectado el error ya no quedaba espacio disponible, nunca hay que perder de vista este tipo de riesgos que pueden dar al traste con una herramienta tan importante de nuestra estrategia de marketing.

1.3. El espacio a contratar

La superficie a contratar dependerá del presupuesto disponible y del producto a exponer, ya que no es lo mismo exponer botellas de cava que maquinaria industrial para obras públicas.

Naturalmente cuanto mayor sea un stand mejor será la imagen transmitida, pues permitirá un tránsito más fluido por nuestro stand al tiempo que lo hará parecer más confortable.

A título puramente orientativo, debe tenerse en cuenta a la hora de contratar el espacio que un tercio del mismo debería dedicarse a zonas de tránsito de visitantes dentro del stand.

Por otra parte hay que tener en cuenta el número de personas que ocuparán el stand.

Como referencia, un stand de 3x3 metros (9 m^2) permite un máximo de dos representantes de la empresa, mientras que para otro de 3x6 metros (18 m^2) no sería aconsejable un número superior a cinco personas si queremos que desarrollen su trabajo de forma efectiva.

POSTAL CHINA 2001
PTC 国际邮政展

The 2nd China International Postal Technology & Equipment Exhibition
August 28 - September 1, 2001
China International Exhibition Centre, Beijing, PR China

APPLICATION / RESERVATION FORM

To: Adsale Exhibition Services Ltd

From:

Name: ____________________

Title/Department: ____________________

Company: ____________________

Address: ____________________

____

Tel: ____________________

Fax: ____________________

E-mail: ____________________

Website: ____________________

Product Line: ____________________

____

Agent / Principal/Branch Office: ____________________
(Please delete where is inappropriate)

____

Contact Person: ____________________

Title/Department: ____________________

Address: ____________________

____

Tel: ____________________

Fax: ____________________

E-mail: ____________________

Please tick and fill in the blanks below where is appropriate

PART I: EXHIBITION SPACE / STAND

☐ We ask you to reserve (subject to your usual conditions of contract):

Option	Cost	Area	Frontage Preference
Package Stand (min. 12 sq.m., 3m x 4m)	**US$ *456* / sq.m.**	________ sq.m.	☐ 2 sides open (5% surcharge)
Display & Meeting Package (min. 15 sq.m., 3m x 5m)	**US$ *456* / sq.m.**	________ sq.m.	☐ 3 sides open (7.5% surcharge)
Raw Space Indoor (min. 30 sq.m.)	**US$ *398* / sq.m.**	___ m x ___ m = ___ sq.m.	☐ island booth (10% surcharge)

Only upon receipt of 20% of the above stated rental payment, which is non-refundable, to Adsale Exhibition Services Ltd will this be treated as a valid space reservation form. The Organizers reserve the right to reject applications by return of deposit.

PART II: ADVERTISEMENT (For detailed information including advertising rate for exhibitor and non-exhibitor, please see overleaf.)

☐ We are interested in placing an advertisement in the official catalogue as specified below:

Size/Position	4-Colour	B/W	Size/Position	4-Colour	B/W
Back Cover	☐	NA	Double Spread	☐	NA
Inside Front Cover	☐	NA	Full Page (ROP)	☐	☐
Inside Back Cover	☐	NA	Half Page (ROP, Vertical)	☐	☐
Next to Inside Front	☐	NA	Half Page (ROP, Horizontal)	☐	☐

Full cost should be made payable to Adsale Exhibition Services Ltd on or before the booking deadline. Otherwise, this order will not be entertained. Advertisement order is on first-come first-served basis. The Organizers also reserve the right to reject any advertisement by return of payment made without giving explanations if they consider the contents undesirable. The Organizers are not liable for any claims arising from the advertisement printed.

Signature: ____________________ Date: ____________________
(with company stamp)

Please fax or mail this form to our representative in your region or to:
ADSALE EXHIBITION SERVICES LTD
4/F, Stanhope House, 734 King's Road, North Point, Hong Kong
Tel: (852) 2811 8897 Fax: (852) 2516 5024 E-mail: cexh@adsaleexh.com Web site: http://www.adsaleexh.com
For general enquiries, please e-mail to info@adsaleexh.com
Payment should either be in US dollars or HK dollars and the standard exchange rate of US$1=HK$7.80 will be followed unless otherwise advised.
Our A/C No: **031-349-9-207352-1** (For payment in US Dollars) or **031-349-1-022182-7** (For payment in HK Dollars)
Sin Hua Bank Ltd, 2A, Des Voeux Road Central, Hong Kong

Ejemplo de contrato de reserva de espacio de una feria del sector postal en China.
Fuente: Brifer Services.

2. EL REGLAMENTO GENERAL DE LA FERIA

Todas las ferias tienen establecido un Reglamento General ó Normativa Técnica de carácter *obligatorio* para todos los expositores los cuales, como hemos visto, quedan vinculados al mismo desde el mismo instante en que firman el contrato de alquiler de espacio.

De hecho, lo corriente es que la feria solicite al expositor que declare expresamente (mediante firma) que conoce y acepta ese Reglamento.

Es por tanto muy importante haber leído y estudiado con detenimiento el Reglamento de la feria, pues resulta más sencillo aclarar previamente aspectos confusos o ambiguos que hacerlo tras la firma del contrato y el pago del espacio.

Aunque hemos visto que el contrato de alquiler de espacio es prácticamente un contrato de adhesión, en el que el expositor difícilmente podrá hacer modificaciones, en algunos casos nos será posible negociar directamente con los organizadores la incorporación de alguna cláusula especial o la aceptación por parte de la feria de forma excepcional de alguna actividad no permitida por el Reglamento. Se tratará en cualquier caso de situaciones excepcionales que no tengan repercusión importante en las normas básicas de la feria.

Feria de Frankfurt (panorámica general).

Por ejemplo, es posible que la organización ferial acepte una altura del stand ligeramente superior a la establecida en el Reglamento (cuando no afecte a la seguridad del pabellón) pero difícilmente admitirá la libertad del expositor para revender su stand a una tercera empresa (probablemente de un sector industrial totalmente distinto al principal de la feria).

Los puntos generalmente contemplados por el Reglamento General de la feria son los siguientes:

a) *Disposiciones generales:* en las que se delimitan las competencias del organizador ferial (facultad de cambiar las fechas del evento, fijación de precios, etc.) y de las responsabilidades del expositor (cumplir y hacer cumplir las normas técnicas del reglamento). Generalmente tienden a exonerar de responsabilidad al organizador o no concretarla demasiado y a ser muy precisos en cuanto a la responsabilidad del expositor.

b) *Condiciones de participación:*

- facultad del organizador para determinar las categorías de expositores y productos, así como de excluir productos no relacionados
- imposibilidad de exponer productos de terceros (productos representados), salvo aceptación expresa del organizador
- en muchas ocasiones se prohibe la venta con entrega inmediata en el stand
- prohibición para exponer productos que no cumplan con las reglamentaciones técnicas o fitosanitarias del país anfitrión
- el organizador no tiene que motivar su decisión (aceptación o denegación)
- el subarriendo del stand (o su cesión total o parcial gratuita) debe estar expresamente autorizado por la feria
- la cancelación suele implicar la pérdida del importe pagado, aunque la feria consiga revender el espacio vacante.
- La no-ocupación de un stand un día antes al inicio de la feria puede suponer la cancelación del espacio y su disposición por parte del organizador («retracto»)
- La falta de pago en tiempo y forma suele facultar al organizador a hacer uso del retracto

c) *Condiciones relativas al stand:*

- la adjudicación de espacio la efectúa el organizador, pudiendo modificar la superficie solicitada por el expositor
- no es posible garantizar la reserva de un emplazamiento de un año a otro

RULES AND REGULATIONS OF THE EXHIBITION

CLAUSE 1 - FFSF (Fédération Française des Salons Spécialisés de France) GENERAL REGULATIONS - The general regulations governing fairs and exhibitions organised by members of the FFSF, approved by the Ministry of Trade (Decree of 07/04/1970, clause 1 paragraph 8) are applicable to exhibitors, subject to the additional provisions contained in the present regulations.

CLAUSE 2 - SIGNATURE OF PARTICIPATION CONTRACT - The participation contracts are signed on special forms. They are filled in and signed by the exhibitors themselves. When the contract is issued by a company, the form must include its legal status, capital and headquarters. It is signed by one or more of the directors, managers, associates or other such persons who have authority to so sign documents in the company's name.
In this case, Sepelcom will send an acknowledgement of receipt to the exhibitor.
Receipt of the participation contract by Sepelcom implies that the exhibitor is familiar with these regulations and the Internal Regulations of Eurexpo and accepts them unreservedly, along with the relevant safety regulations and the public law provisions applicable to events organised in France.
It also implies acceptance of any new arrangements indicated to him by Sepelcom, even verbally, if required by circumstances or in the interests of the exhibition.

CLAUSE 3 - MULTIPLE STANDS, JOINT STANDS (CO-PARTICIPATION) - Any company that participates in the exhibition, at the stand of an exhibiting firm, even on a limited basis, must make its attendance official by filling in a participation contract. It will be charged a registration fee and insurance premium.
This participation contract entitles the company to all the advantages inherent to an official exhibitor (inclusion in the guide, insurance, etc.). Co-participants must also comply with the obligation to leave their equipment on the stand throughout the exhibition, since it is forbidden to remove equipment during this time.

CLAUSE 4 - ADMISSION CONDITIONS - SepelCom, assisted if necessary by the Exhibition Committee, reserves the right to assess the eligibility of potential exhibitors, in conformity with the provisions of the Ministerial Decree of 07/04/1970 (Clause 1).
This eligibility is defined in Clause 29 of these regulations.

CLAUSE 5 - ASSESSMENT OF CONTRACTS - ACCEPTANCE AND REJECTION - The participation contracts are received and registered by Sepelcom and subject to examination. Sepelcom has the right to reject or accept an application at any time without right of appeal and without having to give any reason for its decision. A rejected applicant is not entitled to argue on the basis that he has participated in previous exhibitions or that he was invited to participate by Sepelcom. Nor will he be entitled to invoke the correspondence exchanged between him and Sepelcom, the cashing of any payment for services ordered, or the publication of his name on any list whatsoever, as proof that he should be accepted.
Acceptance is announced by official notification from Sepelcom. For the signatory of the participation contract, it then becomes definitive and irrevocable.
Should a company be placed under a court order to avoid liquidation or be subject to compulsory liquidation proceedings after its participation contract has been registered, any such contract shall be considered null and void, unless the provisions of Clause 37 of the law of 25 January 1985 are applicable.
Sepelcom may decide to uphold the participation contract, provided that the representative of the Commercial Court expressly authorises the company to remain in activity for a sufficient length of time to justify its participation and to fulfil any commitments it makes.
If an exhibitor is rejected, he will not be entitled to any compensation other than the reimbursement of the amount paid to Sepelcom, after deduction of administration costs.
The consequences of failure to attend are defined in Clause 25 of these regulations.
The only companies and associations entitled to exhibit are those which are legally constituted, have been in existence for at least one year when the exhibition opens and are active in fields which are closely related to the nomenclature of the said exhibition.

CLAUSE 6 - DATE AND DURATION - Sepelcom, the exhibition organiser, reserves the right to modify the exhibition opening date or duration, extend or postpone it or bring forward its closure at any time, and will be under no obligation to compensate exhibitors. If the exhibition does not take place for reasons beyond Sepelcom's control or of force majeure, the amounts paid by the exhibitors will be reimbursed after deduction of their share of the exhibition preparation expenses.

CLAUSE 7 - EXHIBITOR'S OBLIGATIONS - The act of registering obliges the exhibitor to occupy the stand or site allocated and to keep it properly maintained until the closure of the exhibition. Exhibitors are formally forbidden from packing or removing their samples before the closure of the exhibition.
In a general manner, the exhibitor must comply strictly with the regulations in force, and any other regulation as may be added or substituted, especially regarding subcontracting, health, safety and illegal work.
The participation contract requires exhibitors to comply with the provisions of these regulations, the Internal Regulations of Eurexpo and the special regulations included in the "Exhibitor's Manual", as well as any public order and policing measures decreed by the authorities or by Sepelcom.
Any violation whatsoever of these regulations, of any other provision referred to above or of any other legal requirement by an exhibitor may lead to his immediate, temporary or permanent exclusion without any right to compensation, reimbursement of the sums paid, or any form of damages from Sepelcom.
Sepelcom declines all responsibility for the consequences of failure to observe the present regulations and general regulations.

CLAUSE 8 - CLASSIFICATION - The exhibitors are grouped into professional categories by Sepelcom. The nature of their samples they propose will govern the exhibition in which they participate. They may only exhibit the products for which they have requested authorisation. They may only hand out catalogues and brochures which are exclusively related to the items on show.

CLAUSE 9 - ACCEPTABLE SAMPLES - The exhibitor attends the exhibition under his own name or company name. If he presents on his stand any products other than the equipment, products or services listed in his participation contract and accepted by Sepelcom as corresponding to the exhibition nomenclature, he is liable to be excluded from the exhibition. He cannot advertise non-exhibiting firms or products made by such firms in any manner whatsoever unless he has received their written authorisation to do so. He shall enclose specific proof of such approval when he sends the participation contract to Sepelcom.
The exhibitor is responsible for taking all necessary steps to ensure that parcels are delivered in due time. Sepelcom's non-liability stated in Clause 26 of these regulations also covers all consequences of any delay in this respect.

CLAUSE 10 - PROHIBITED SAMPLES - Explosives, detonators and any other dangerous or harmful substances are not permitted. Any exhibitor bringing any such materials to his stand shall remove them immediately after a first formal demand. If this is ignored, Sepelcom will take its own steps to remove said materials at the exhibitor's own risk, without prejudice to any proceedings which may be instituted subsequently.
The installation or operation of any object or device likely to disturb the other exhibitors or Sepelcom in any way is strictly forbidden.

CLAUSE 11 - PROHIBITION OF TOTAL OR PARTIAL TRANSFER - The stand or site allocated must be occupied by its holder. The transfer of all or part of the stand or site in any form whatsoever is strictly forbidden and may lead to the immediate closure of the stand.

CLAUSE 12 - BROCHURES, LOUDSPEAKERS, SOLICITING - Brochures may only be handed out within the confines of the stands or sites reserved by each exhibitor.
All forms of soliciting and advertising through a loudspeaker are strictly forbidden.
Public announcements at the exhibition are reserved for information concerning the exhibitors and visitors.
Advertising or personal announcements are not permitted.
Before the exhibition opens, exhibitors who wish to play music at their stand or site in any form whatsoever (cassettes, disks, radio, videograms, films, musicians, singers, etc.) must obtain legal written permission from the SACEM (Society of Music Writers, Composers and Music Editors), 14, avenue Georges Pompidou, BP 3178, 69212 Lyon Cedex 03 - Tel.: (+ 33) 4 72 33 04 67. Sepelcom may ask for proof of authorisation.

CLAUSE 13 - SIGNS, POSTERS - It is forbidden to place advertising signs or boards outside the stands at points other than those reserved for this purpose and which are indicated on the diagrams sent on request to exhibitors.
Boards or posters placed inside the stand and visible from outside it must bear Sepelcom's approval, which may be withheld if these boards or posters are detrimental to the order or quality of the exhibition or are not in keeping with its character or objective. The same regulation applies to the advertising boards provided for exhibitors within the exhibition walls.
Any such boards, signs or posters put up in violation of this regulation will be removed by Sepelcom at the expense and risk of the exhibitor and without prior notice.
The exhibitor undertakes to respect the requirements of law no. 91-32 of 10 January 1991 regarding the campaign against smoking and alcohol abuse.

CLAUSE 14 - PHOTOGRAPHS - FILMS - SOUNDTRACKS - Photographs, video films and soundtracks made by professionals within the exhibition may be permitted, with the written approval of Sepelcom.
A proof or copy must be submitted to Sepelcom within two weeks of closure of the exhibition. This authorisation may be withdrawn at any time.
Sepelcom may forbid visitors from taking photographs or recording films, videos and soundtracks. Photographing certain objects on stands may be forbidden at the request of exhibitors.
Sepelcom declines all responsibility in respect of any disputes or complaints arising from any photographs or films, even those which are authorised.

CLAUSE 15 - APPEARANCE OF STANDS - The appearance of the stands must be impeccable. Bulk packaging and items not used for presentation on the stand as well as the personnel's belongings must be stored away from public view.
The stand must be permanently manned by a competent person during exhibition opening hours.
The exhibitors must not strip their stand nor remove any of their items before the end of the exhibition, even if it is extended.
It is forbidden to leave items on show covered up during the exhibition opening hours. The overnight covers must not be visible to the public, but stored inside the stands out of sight. Sepelcom reserves the right to remove covers from items in violation of the safety regulations and shall under no circumstances be responsible for any resulting loss or damage.
Any person employed by the exhibitors who attends the exhibition must be correctly dressed, always courteous and behave in a proper manner. He/she must not call out to or bother the visitors or other exhibitors in any way. Exhibitors or their employees must not walk around or linger in the aisles.

CLAUSE 16 - MODIFICATION OF STANDS, DAMAGE, DEPRIVATION OF ENJOYMENT - The exhibitors shall accept the stands or sites allocated to them in the condition in which they are found and must keep them in the same condition. Any modification of the stands (outside appearance, numbering, height of structures supplied, etc.) is strictly forbidden. The exhibitors are responsible for any damage caused by their equipment to the facilities, buildings, trees and ground that they occupy and shall bear the cost of repairs.
Exhibitors must fit out and equip their stands in accordance with the regulations included in the "Exhibitor's Manual", notably with respect to the configuration of the stand and the application of safety regulations.
Exhibitors with outdoor stands shall submit to Sepelcom the drawings for buildings they wish to put up on their sites.
If, as a result of a fortuitous event or unforeseen circumstances, Sepelcom is prevented from delivering the site allocated to an exhibitor, the only compensation to which he will be entitled is the reimbursement of his participation fees under the conditions of Clause 6, paragraph 2 of these regulations. However, the exhibitor will not be reimbursed if Sepelcom has provided him with another site.

CLAUSE 17 - APPROVED CONTRACTORS - Only the contractors approved by Sepelcom shall be entitled to carry out works and supply equipment required for the exhibition.
The exhibitor must take care of the equipment provided, and shall be liable to bear the cost of replacing damaged equipment.
The stands shall be erected in accordance with safety regulations (cf. Decree of 18/11/87, Journal Officiel of 14/01/88).
The stand interior decoration contractors will not be qualified to deal with or work on the electrical installations of their exhibiting customers.

CLAUSE 18 - DISTRIBUTION OF WATER AND POWER - Sepelcom is dependent on the water and power distribution companies and declines all responsibility in the event that supplies are cut off, for any duration whatsoever.

CLAUSE 19 - WASTE DISPOSAL - Sepelcom is obliged to comply with the new European directives concerning the sorting and disposal of waste which are inevitably spreading to all sectors of activity.
Therefore, Sepelcom reserves the right to pass on some or all of the inherent charges, taxes and obligations.
Sepelcom also undertakes to make exhibitors aware that it is in their interest to control the amount of waste they produce.

CLAUSE 20 - TIMES - ACCESS AND CIRCULATION - The stands can be accessed by exhibitors and visitors on the days and at the times specified in the "Exhibitor's Manual".
The power supply will be cut off and access for exhibitors to the halls strictly forbidden after closure of the exhibition, and the site will be completely locked up 30 minutes later.
The exhibitors shall comply with the conditions of access to the premises and grounds of the Park defined in the Internal Regulations of Eurexpo.

CLAUSE 21 - PARKING - Parking spaces are allocated through a special form included in the "Exhibitor's Manual".
The permits must be prominently displayed on the vehicle windscreen. Parking is authorised in all the carparks from one hour before the exhibition opens until one hour after it closes.
Outside the times specified above, it is forbidden to leave vehicles in the carparks.
Vehicles are parked at the owners' risk, since the carparks are unguarded.
Duplicate carpark permits will not be provided under any circumstances.

CLAUSE 22 - EXHIBITION GUIDE - As far as circumstances permit, Sepelcom will produce a guide designed to answer the questions posed by exhibitors, buyers and visitors.

CLAUSE 23 - CATERING STANDS - Any exhibitor providing catering shall comply with the regulations set down in the Decree of 26/09/80 obliging him to make a declaration to the Rhone veterinary services department, which has the right to inspect the exhibition.

CLAUSE 24 - DEPARTURE FROM THE SITES - All exhibitors shall remove their samples and fittings after closure of the exhibition within two days.
Sepelcom expressly declines all responsibility for any items and equipment left behind beyond the above deadline.
Sepelcom reserves the right to have the stand removed as a matter of course and at any time, at the expense and risk of the exhibitor, without prejudicing any damages that may be claimed in the event of an incident caused by said items and equipment.

CLAUSE 25 - CANCELLATION - FAILURE TO OCCUPY STAND - Any exhibitor cancelling his contract more than 60 days before the exhibition opens will be refunded any sums already paid, after deduction of administrative costs and Sepelcom's registration expenses, which will be retained as a lump sum compensation payment.
Any contract cancelled less than 60 days before the exhibition opens shall entitle Sepelcom to a cancellation indemnity equal to all amounts paid by the exhibitor.
Stands or sites not occupied 12 hours before the exhibition opens will be considered unoccupied and, by express agreement, Sepelcom shall be entitled to use them as it sees fit. Sepelcom shall retain all rental payments concerning these stands.

CLAUSE 26 - COMPULSORY INSURANCE - Exhibitors are obliged to take out "Fully Comprehensive Exhibition" insurance at their own expense with a Sepelcom-approved collective policy provider, in their own name, to cover them for fire, theft or other risks with respect to their samples and accessories (fittings, equipment, packaging), as well as third-party insurance.
In the event of an incident, Sepelcom agrees not to make any claim against the exhibitors and their employees (unless malicious intent is proved), and all exhibitors (and their insurers), simply by participating, also renounce all claims against Sepelcom and the other exhibitors.
If malicious intent is proven, recourse shall only be pursued against the instigator of the incident.
Sepelcom declines all responsibility for any loss or damage incurred by items or equipment on exhibition for any reason whatsoever.
For the conditions, especially rates, guarantees, durations, exclusions, inventories, regulations and formalities, refer to the special insurance regulations included in the "Exhibitor's Manual".

CLAUSE 27 - ENVIRONMENTAL NUISANCE - Furthermore, because of the personal nature of the agreement linking them to Sepelcom, exhibitors shall adopt an attitude which complies with the general interests of the exhibition, especially with respect to visitors and other participants. In this regard, in the event of a dispute or disagreement with Sepelcom or other exhibitors, they undertake to do nothing likely to harm the smooth running of the exhibition.
If anyone adopts an attitude which disrupts the smooth running of the exhibition or violates the provisions of these regulations, Sepelcom may take steps to have the offender removed immediately under the conditions set down in clause 61.3 of the general regulations approved by the decree of 07/04/1970.

CLAUSE 28 - ATTRIBUTION OF JURISDICTION - Any disputes arising between exhibitors and Sepelcom shall be finally settled by the Lyons courts, which are the only courts competent to arbitrate between the parties.
Bank drafts or accepted payments shall neither substitute nor constitute a waiver to this attribution of jurisdiction clause.
The applicable law is French law.

CLAUSE 29 - QUALITY OF EXHIBITORS - The following are admitted as a priority to the exhibition as exhibitors:
a) producers and manufacturers,
b) those who, although not directly producers or manufacturers, sell only to dealers items made under their brand, following their models or designs,
c) trade unions, cooperatives or public bodies,
d) importers or factory agents considered to be the necessary intermediaries between the producers or manufacturers and the customers, it being agreed that, to back up their reservation of exhibition space, they undertake to submit a "declaration" of brands or models signed by each of the firms whose products are exhibited. Special forms must be obtained from Sepelcom.

CLAUSE 30 - PAYMENT
* Any application form returned without a deposit cannot be registered.
* Orders for technical requirements cannot be registered until all previous invoices have been paid in full.

Payment shall be made as follows:
* A down payment must be enclosed with the stand reservation. This must be paid by cheque or bank transfer. A participation contract returned without a down payment cannot be registered.
* The balance is due on 15/09/2000 at the latest. The balance must be paid by cheque or bank draft enclosed with the invoice. A participation contract returned after this date must be paid by cheque or bank transfer and in full at the time of registration.

Payment must be made by cheque or by bank transfer to our international account (Banque Populaire - 2, place des Cordeliers, 69002 Lyon: 13907 00000 - account no. 00 200164885 SWIFT CCBP FRPPLYO - Key number 41).
In the event of default on the part of an exhibitor, Sepelcom shall retain the down payment.
In any case, the provisions of Clause 5 of these regulations remain applicable until Sepelcom announces the definitive classification.
Should an exhibitor fail to make payment before the deadlines set above and for any reason whatsoever, Sepelcom shall, without further formalities, be entitled to consider the stand reservation to be cancelled and make other arrangements for the reserved sites. Sepelcom will propose a new site; if the exhibitor does not accept this new site, he will be considered to have cancelled the reservation and the provisions of Clause 25 will be applied.
In the event of cancellation caused by failure to pay any sum due at the deadline set, Sepelcom reserves the right to retain all of the sums paid by the exhibitor.
Unless Sepelcom grants an extension, failure to pay a single instalment through any method will entitle Sepelcom to claim all of the outstanding amount and to apply as costs and damages an indemnity of 15% of the unpaid amount, as well as late-payment interest by application of law 92-1442 of 31 December 1992 at a rate of 1.5% of the legal interest rate, without prejudice to any other costs or damages.

CLAUSE 31 - SALE TO PRIVATE INDIVIDUALS, SALE OF GOODS TO TAKE AWAY AND TASTINGS - The exhibitor shall comply with current regulations concerning sales to consumers and any other regulations added to or substituted for them.
Sales and the taking of orders are authorised during the exhibition, provided that current regulations are observed (cf. Clause 1 paragraph 2 of the decree of 07/04/1970). To remove goods purchased from the exhibition, visitors must produce an invoice drawn up in the proper manner by the exhibitor who sold the goods.
All exhibitors selling goods shall keep an inventory of incoming and outgoing items. Any exhibitor unable to produce his inventory to the inspector at any time shall be liable to a non-guarantee clause.
The only sales techniques forbidden are auctions and "snowball" or pressure selling. The latter involves, firstly, selling a product to a consumer for any form of payment. The same salesman then offers the same consumer a new product in addition to the first one, and both for a higher price. He then returns the sum paid initially in exchange for a new payment. This successive exchange of cheques (or any other method of payment) continues for as long as new products are added to the previous ones. Through this process, the consumer is unconsciously persuaded to spend large sums of money which he had not planned for in visiting the exhibition.
As a consequence, any exhibitor who violates this regulation by using such sales techniques as described above or similar techniques, is liable to the following immediate sanctions:
- his power supply may be cut off,
- his stand may be closed,
- he may be expelled from the exhibition,
- he may be ordered to pay costs and damages,

without prejudice to any appeal lodged by the exhibitor should Sepelcom's responsibility be invoked by a victim of this type of practice or his representative.
Any exhibitor wishing to charge for tastings of foodstuffs or drinks must make a written application to Sepelcom. Authorisation to charge for tastings obliges the exhibitor to comply with the special regulations that are applicable.

CLAUSE 32 - DISPLAY OF PRICES - The exhibitor shall comply with Clause 28 of edict no. 86-1243 of 1/12/86 concerning freedom of pricing and competition, as well as the decree of 03/12/87 concerning consumer pricing information.

CLAUSE 33 - DISTRIBUTION OF ALCOHOL - Exhibitors subject to excise regulations shall on their own initiative take the necessary steps concerning temporary licensing and permits, the local tax office being at 1, rue P. Lebrun, 69330 Meyzieu.
During the exhibition, the excise administration has the right to inspect stands.

CLAUSE 34 - APPLICATION OF REGULATIONS - On signing their participation contract, exhibitors accept the provisions of the exhibition regulations and any new provision as may be imposed by circumstances and adopted in the interests of the exhibition by Sepelcom, who reserves the right to announce them, even verbally.
Any infraction of the provisions of these regulations and the Internal Regulations enacted by Sepelcom may lead to the exclusion of the offending exhibitor if Sepelcom so desires, even without prior warning. This particularly applies in cases of failure to take out insurance, comply with fittings specifications, respect safety regulations or occupy the stand, presentation of products that do not conform to those listed in the admission, etc.
The exhibitor shall then be obliged to pay an indemnity for costs and damages to compensate for the immaterial and material damage suffered by the exhibition. This indemnity shall be at least equal to the sum of the contribution retained by Sepelcom, without prejudice to any further damages that may be demanded.
In this respect, Sepelcom has the right to retain articles on show and pieces of furniture or decoration belonging to the exhibitor.

Ejemplo de Reglamento General de una feria del sector de las piscinas en Francia.

Fuente: ERSI.

- la decoración de los stands debe respetar las normas de la autoridad pública y cumplir con la normativa fijada en el dossier técnico de la feria
- el organizador puede suprimir o clausurar aquellos stands que perjudiquen la imagen general del pabellón o que causen molestias a otros expositores
- Los expositores deben dejar los stands en el mismo estado en que se encontraban, quedando a su cargo cualquier deterioro o daño al stand.
- El organizador determina las fechas de montaje y desmontaje de los stands
- Una vez iniciada la feria no pueden introducirse ni sacarse productos de ella, salvo autorización expresa del organizador

3. TIPOS DE SEGUROS MÁS COMUNES

La organización y desarrollo de una feria, como veremos, es un proceso largo y complicado en el curso del cual pueden ocurrir todo tipo de imprevistos con graves consecuencias económicas y penales para el expositor, bien sea por resultar sujeto activo de la responsabilidad (causante del daño) o bien por ser sujeto pasivo del daño o perjuicio (pérdida o destrucción de mercancías, etc.).

Es, por lo tanto, absolutamente necesario asegurar determinados riesgos y aunque el expositor tiene la libertad de contratar cualquier seguro que le parezca oportuno, las organizaciones feriales suelen anticiparse y contratan en nombre y a cargo del expositor determinados seguros para cubrir los riesgos más comunes en feria.

Algunos de estos seguros contratados por la organización en nombre del expositor son los siguientes:

3.1. Seguro de responsabilidad civil del expositor

Dicho seguro cubre la responsabilidad pecuniaria que pueda corresponder al expositor por acciones derivadas de su exposición en feria (daños materiales a terceros, etc.).

3.2. Seguro de «pérdidas financieras» del expositor

Garantiza a los expositores la devolución de los gastos ocasionados por la cancelación de la feria o por el retraso del transporte en su triple vertiente de «retraso», «no entrega» o «daños a la mercancía».

3.3. Seguro multirriesgo del stand y de los productos expuestos

Asegura los siniestros o daños sufridos en los productos que pertenecen al expositor, esencialmente los siguientes:

- A los productos expuestos, muebles expositores, mobiliario del stand, etc. propiedad del expositor.
- A los productos o mobiliario alquilados por el expositor (equipo audiovisual, teléfono, etc.), incluida la propia estructura del stand si ha sido contratada.

Los productos de lujo o muy valiosos (joyas, piedras preciosas, pieles, etc.) suelen tener una valoración máxima previamente tasada, salvo que el expositor proponga una valoración distinta y ésta haya sido aceptada por el asegurador. Suelen quedar excluidos de este tipo de seguro: dinero en metálico, cheques u otros medios de pago.

Un detalle importante que en ocasiones se olvida es que todo robo debe ser denunciado ante las autoridades policiales. Dicha denuncia debe presentarse aneja a la declaración de siniestro. Sin denuncia no hay indemnización.

3.4. Exclusiones y franquicias

En todos los casos, el Reglamento o la póliza de seguro indicará las acciones o riesgos excluidos del seguro, así como la *franquicia* fijada en cada caso (importe del riesgo por debajo del cual no se asegura la operación).

Las exclusiones más habituales son, entre otras, las siguientes:

a) Las derivadas de «fuerza mayor» tales como guerra, invasión, expropiaciones gubernamentales, desastres naturales, etc.
b) Heridas a empleados de la propia empresa.
c) Robo de mercancías en el stand durante horario de apertura al público y siempre que haya estado sin vigilancia.

4. LA «LETRA PEQUEÑA» DE LOS CONTRATOS

Hemos visto que el contrato de alquiler de espacio viene a ser un tipo especial de contrato de adhesión, redactado por el organizador de la feria y en el cual difícilmente podrá incorporarse alguna cláusula a instancia del expositor.

En cualquier caso no hay que olvidar que se trata de un contrato *«inter partes»* sujeto al principio de la autonomía de la voluntad[2] y, por tanto, siempre será

[2] Art. 1.255 Código civil.

posible su negociación e incluso la incorporación de alguna cláusula «especial» a solicitud del comprador (el expositor). Se trata de pactar lo que legalmente se conoce como las «condiciones generales de contratación»[3].

Naturalmente cuanto mayor sea el poder negociador de alguna de las partes, más fácil será la incorporación o exclusión de «condiciones generales de contratación».

Probablemente resulte más sencillo negociar condiciones especiales con una nueva feria que intenta captar clientes, que con otra consagrada, con más demanda de espacio que oferta.

De la misma manera un expositor con años de antigüedad en la feria, con una imagen de marca prestigiosa y con una gran superficie contratada suele tener mayor peso específico a la hora de negociar con la organización ferial...

No es posible enumerar aquí las cláusulas generalmente fijadas por el organizador en el contrato de alquiler de espacio, pues cada feria tiene su propio «estilo» y existen tantas combinaciones como podamos imaginar.

Algunas de las cláusulas habituales más perjudiciales para el expositor y que deberemos conocer antes de firmar el contrato son las siguientes:

a) Exoneración de responsabilidad, total o parcial, del organizador. En ocasiones el impreso de contratación obliga al expositor a firmar una renuncia expresa a interponer recursos contra el organizador o incluso contra su compañía de seguros.
b) La ubicación del stand se suministra a título puramente informativo, pudiendo variarse el emplazamiento libremente por la organización sin que ello le suponga responsabilidad alguna. En otros casos se excluye la reclamación contra el organizador por haber confirmado al expositor unas medidas del stand distintas a las reales, con el grave trastorno que ello puede suponer para una empresa que vaya a montar un stand construido a medida de las dimensiones confirmadas.
c) Fijación de un plazo de reclamación contra la ubicación del stand determinada por el organizador. El plazo suele ser más bien reducido (una semana aproximadamente) y transcurrido el cual sin alegaciones por parte del expositor se entenderá su aceptación tácita.
d) Exoneración de responsabilidad del organizador por errores, omisiones, etc., en la información incluida en el catálogo oficial de expositores.
e) Facultad del organizador para cambiar, modificar o cancelar, libremente y sin consultar con el anunciante, aquella publicidad que considere lesiva para otros expositores

[3] Ley 7/1998 de 13 de abril sobre Condiciones Generales de la Contratación (B.O.E, 14 de abril de 1998). Recientemente publicado el Reglamento del Registro de contrataciones generales de contratación (R.D. 182871999 de 3 de diciembre de 1999).

f) La penalización por cancelación del espacio suele consistir en un porcentaje sobre el coste total y en ocasiones el 100% de ese importe. El porcentaje suele ser mayor cuanto más próxima sea la cancelación a la fecha de inicio de la feria, independientemente de que el espacio cancelado haya podido ser revendido por la feria.

g) Cualquier incumplimiento por parte del expositor de las normas del Reglamento puede acarrear su exclusión o la cancelación de su participación, incluso sin notificación previa y hacerle responsable de los daños y perjuicios causados a la feria. La indemnización por daños y perjuicios se equipara, como mínimo, al 100% del coste de alquiler del espacio y para hacerla efectiva el organizador puede retener las mercancías propiedad del expositor.

h) El organizador se concede la facultad de realizar todas las modificaciones que estime oportunas al Reglamento de la feria, cuya aplicación en ocasiones se pretende retroactiva.

i) En caso de conflicto, el organizador suele establecer la competencia expresa de los tribunales de su domicilio social

En cualquier caso hay que partir de la base de que se trata de un contrato en cuya elaboración y redacción no ha participado la parte compradora (el expositor) y, por tanto, es lógico pensar que tenderá a asignar mayores responsabilidades al expositor y a limitar o anular las del organizador.

Es importante estudiar con detenimiento las condiciones del contrato y el Reglamento General de la feria y, en la medida de lo posible, intentar negociar con el organizador todos aquellos puntos que no se vean claros o se consideren claramente lesivos a nuestros intereses.

Una vez firmado el contrato, el expositor estará obligado legalmente a su estricto cumplimiento y entonces le resultará muy difícil realizar modificaciones «a posteriori».

5. LIMITACIONES TÉCNICAS DE LA FERIA

Además del Reglamento General las organizaciones feriales suelen contar con unas normas técnicas de obligado cumplimiento para todos los expositores, salvo las excepciones expresamente autorizadas.

Las normas técnicas se justifican por razones sanitarias, de seguridad, logísticas o de orden y habitualmente están incluidas en el **«Manual del Expositor»** (*«Exhibitor Manual»* ó *«Exhibitor Kit»*).

El Manual del Expositor es un cuaderno, carpeta o libro que el organizador envía a cada expositor, generalmente entre 8 y 12 semanas antes del inicio de la feria, y en el que se incluyen no solamente las normas técnicas de la feria sino todos los servicios que la organización o las empresas subcontratadas por ella pueden ofrecer al expositor.

Generalmente cada servicio que se ofrece lleva su correspondiente impreso de solicitud (*«Application form»*) con las condiciones específicas de contratación (coste, forma de pago, fecha límite de contratación, etc.).

De entre todas las limitaciones o regulaciones técnicas con las que un expositor puede encontrarse, las más comunes son las siguientes:

5.1. Ignifugación

Muchas ferias obligan a presentar un Certificado de Ignifugación (*«fireproofing»*) que acredite que el stand está fabricado con materiales no inflamables y resistentes al fuego.

La medida tiene su razón de ser en el peligro que supondría la gran concentración de materiales altamente inflamables (maderas del stand, moqueta del suelo, textiles de decoración, etc.) en un recinto por el que circularán miles de personas durante unos cuantos días.

El riesgo resulta aún mayor en la medida en que cada vez más stands cuentan con una potente y llamativa iluminación y realizan demostraciones que suelen requerir diversos enchufes y conexiones eléctricas.

La exigencia del Certificado de Ignifugación más estricta implica que dicho certificado solo puede ser emitido por un organismo determinado por el organizador (habitualmente el parque de bomberos de la localidad o entidad delegada), previa inspección *«in situ»* del stand y eventualmente de su fumigación con una sustancia de virtudes aparentemente ignífugas.

Las ferias más permisivas aceptan como válido el certificado de ignifugación emitido por cualquier organismo capacitado para ello y, en ciertos casos, por el propio expositor o su decoradora (autocertificado).

Directamente relacionado con la ignifugación es la exigencia por parte de muchas organizaciones feriales de extintores de incendios en el stand, según características exigidas por las autoridades locales (en ocasiones el extintor está incluido entre la decoración básica ofertada por el organizador ferial).

5.2. Limitación del periodo y horario de montaje y desmontaje

El montaje y desmontaje de los stands tienen unos periodos y horarios claramente definidos que deben ser estrictamente respetados por el expositor.

Overview

Dates

texcare international

Messe Frankfurt

Date	Weekday	Time		
Advance setting up at extra cost				
06.06.2000	Tuesday	7.00 - 21.00		
07.06.2000	Wednesday	7.00 - 21.00		
08.06.2000	Thursday	7.00 - 21.00		
09.06.2000	Friday	7.00 - 21.00		
10.06.2000	Saturday	7.00 - 21.00		
11.06.2000	Sunday	7.00 - 21.00		Whitsun
12.06.2000	Monday	7.00 - 21.00		Whitsun
Advance setting up at no extra charge				
13.06.2000	Tuesday	7.00 -		
14.06.2000	Wednesday			
15.06.2000	Thursday	no time restrictions		
16.06.2000	Friday			
17.06.2000	Saturday	- 18.00		
Hours of opening of the event		For buyers	For exhibitors	
18.06.2000	Sunday	9.00 - 18.00	8.00 - 19.00	
19.06.2000	Monday	9.00 - 18.00	8.00 - 19.00	
20.06.2000	Tuesday	9.00 - 18.00	8.00 - 19.00	
21.06.2000	Wednesday	9.00 - 18.00	8.00 - 19.00	
22.06.2000	Thursday	9.00 - 17.00	8.00 - 18.00	Public Holiday
Dismantling at no extra charge				
22.06.2000	Thursday	19.00 -		Public Holiday
23.06.2000	Friday	no time restrictions		
24.06.2000	Saturday	- 18.00		
Dismantling at extra charge				
25.06.2000	Sunday	7.00-15.30		

Página del Manual del Expositor de una feria del sector textil en Alemania, en la que aparece la información relativa a los horarios de montaje y desmontaje de la misma.

Fuente: Messe Frankfurt.

Hay que tener en cuenta que muchas ferias celebran exposiciones comerciales casi continuadas, con intervalos entre una y otra muy reducidos, y ello les obliga a fijar las fechas de montaje de tal forma que el desmontaje de una feria no interfiera con el montaje de la siguiente a celebrar.

Lo normal es que el periodo de montaje oscile entre diez y tres días[4] antes del inicio de la feria (el desmontaje suele contar con los mismos días, o algunos menos, que el montaje) aunque en función del sector y tipo de feria el periodo de montaje puede ser mayor (ferias industriales, multisectoriales de carácter internacional, por ejemplo).

El horario normal suele abarcar desde las 7:00 horas hasta las 20:00 ó 21:00 horas (varía según países) aunque siempre es posible solicitar una autorización al organizador para una extensión del horario de montaje. Dicha autorización suele implicar un coste extra.

Asegúrese de que durante el horario extra, podrá contar con los servicios mínimos de feria (suministro eléctrico y de agua, posibilidad de contratar carretillas elevadoras, etc.) ya que si no fuera así sus tareas de montaje o desmontaje podrían verse frustradas por algo tan trivial como un cajón voluminoso y pesado que obstruye su pasillo y no puede ser retirado por ausencia de carretillas elevadoras...

Cuanto más largo sea el periodo de montaje menores serán los gastos directos[5] (necesitaremos desplazar un equipo más reducido de montadores pues contarán con más días; no será necesario que trabajen en horario nocturno, etc.) y más fácilmente podrán desarrollarse las labores de construcción del stand. La experiencia demuestra que cuanto más reducido es el periodo de montaje más caótico suele ser éste.

En aquellas ferias que cuentan con más de un pabellón expositor en el recinto ferial no es raro que se fijen distintas fechas de montaje y desmontaje en función de los sectores expositores de cada pabellón.

Asegúrese de que las fechas de montaje que usted tiene previstas corresponden a su pabellón y no a otro. Si el Manual del Expositor no es lo suficientemente claro, pregunte al Director Técnico de la feria.

5.3. Acreditaciones para montadores

Algunas ferias, como medida de seguridad, pueden exigir acreditación para los montadores.

[4] Habitualmente las ferias celebradas en Estados Unidos suelen tener periodos de montaje más reducidos, pues la decoración de los stands suele ser menos elaborada de lo que acostumbran los expositores europeos.

[5] No así los indirectos pues muy probablemente la feria habrá incorporado al precio medio del espacio el coste del alquiler de esos días de más para montaje y desmontaje.

Additional Constr./Dismantl. Passes
(free of charge)

Messe Berlin

Order Form 2000

Fax-No. +49 30/30 38-23 25

Hall	Stand No.

Postal address:	Messe Berlin GmbH, Messedamm 22, D-14055 Berlin
	Telephone +49 30/30 38-0, Fax +49 30/30 38-23 25
To be passed on to:	**Fair Management in charge**

A2

We hereby order the following services for the duration of the event:

Exhibitors will be sent their exhibitors' passes, as well as construction and dismantling passes free of charge, well in advance of the fair.

The number of passes will be determined by the standsize (according to the conditions of participation for the appropriate fair).

Additional construction/dismantling' passes can be ordered free of charge.

Additional construction/dismantling passes
(free of charge)

Qty.	Description
....	construction/dismantling passes for our stand

The requested passes can either be sent by the Fair Management or could be collected at the office of the Fair Management on site.

Exhibitor/Invoicing address

Street

Postal code/City/Country

Contact at the stand

Telephone

Telefax

E-mail

We hereby confirm that we have noted conditions.
We accept them as binding and agree to their application.

Date Name of customer (in block letters)

Legally binding signature and company stamp

As of: April 1999/Subject to alteration

1 2 3 4 5 6 7 8 9 10 11 12 13 14 15 16

Ejemplo de Impreso de Solicitud de Pases de Montador utilizado por Messe Berlín para varias de sus ferias.

Fuente: Briffer Services.

Para obtenerlas el expositor deberá enviar a la organización ferial un impreso incluido al efecto en el Manual del Expositor, con los nombres de sus montadores y la empresa para la que trabajan (si fuesen trabajadores externos). Posteriormente la feria emitirá unos pases nominales que le serán exigidos a cada montador siempre que entre en el recinto ferial.

La inobservancia de este requisito puede suponer problemas y retrasos innecesarios ya que el montador tendrá que solicitar en destino (probablemente en un lenguaje incomprensible para él) la acreditación de entrada y no hay que olvidar que se trata de un especialista en montaje de stands, no de un «gestor administrativo».

En ocasiones una empresa expositora ha visto paralizado a su equipo de quince montadores durante una mañana completa (con un periodo de montaje de tres días) por no haber cumplimentado en su momento el impreso de acreditación de montadores. Esto supone mucho dinero y, lo que es peor, el montaje precipitado del stand.

5.4. Altura máxima de los stands permitida

Es recomendable antes de decidir que stand vamos a emplear en la feria, confirmar con la organización cuál es la altura máxima permitida.

Si esta información no consta en el Manual del Expositor, solicítela por escrito al Director Técnico de la feria.

Imaginemos una empresa que ha decidido construir un stand del que sobresalga una columna luminosa de 6 metros de altura con el logotipo de la empresa en lo alto y al iniciar el montaje del stand descubre que la feria, por razones de seguridad o puramente espaciales, no permite alturas superiores a los 4,5 metros…

5.5. Voladizos, señalizaciones, peso máximo y ancho de pasillos

Otra limitación técnica muy común es la relativa a *voladizos,* estando prohibido por muchas ferias que el voladizo sobresalga al pasillo o zonas de tránsito en feria. Naturalmente, el expositor es muy libre de hacer uso de voladizos dentro del área contratada (sin sobresalir al pasillo) pero aún así deberá respetar determinadas normas de seguridad (altura mínima del voladizo, etc.).

Con las *señalizaciones* (banderas, globos, pancartas, signos distintivos, etc.) ocurre algo parecido: siempre que deban ser colgadas o fijadas del techo del recinto ferial deberán cumplir con las normas técnicas de la feria en lo relativo a peso, dimensiones, etc. y obtener una autorización expresa del organizador.

Igualmente determinados recintos feriales imponen por razones de seguridad una *carga máxima* (Kg/m^2) que variará en función de la resistencia de la construcción.

Foto de unja feria del sector alimenticio en Alemania.
Fuente: Brifer Services.

La *anchura de los pasillos* viene también establecida por el organizador ferial y debe ser respetada estrictamente por el expositor.

Ningún elemento del stand (rótulo, mueble expositor, plantas, etc.) puede sobresalir ni ocupar el pasillo.

Aunque la anchura de los pasillos varia según ferias y sectores, se considera que un ancho de 2,5 metros es el mínimo recomendable, siendo lo habitual anchuras que oscilan entre 3 y 5 metros. Los pasillos más amplios suelen ser los más transitados.

5.6. Demostraciones ruidosas, peligrosas y censura previa de material promocional

Por razones de seguridad y de orden, la organización ferial establece limitaciones relativas al nivel máximo de ruido permitido dentro del recinto y excluye determinadas demostraciones por razones de seguridad.

Es por tanto indispensable para aquellas empresas que vayan a realizar alguna demostración que implique ruido (p.ej. demostración práctica de una cortadora de mármol) o peligrosidad potencial (soldaduras, uso de productos químicos tóxicos, gas, etc.) que consulten con los organizadores si dichas demostraciones están permitidas.

La autorización de la feria debe ser expresa y constar por escrito.

En algunos lugares (ciertos países musulmanes, China, Singapur, etc.), por razones religiosas, políticas o morales, existe *censura previa* del material audiovisual que se va a emplear durante la feria.

Es, por tanto, muy recomendable confirmar con antelación suficiente si determinado vídeo o imagen será «problemático» o no.

Algo tan trivial para un europeo como la imagen de una mujer en manga corta o en bikini, un hombre con barba o un determinado símbolo religioso puede, ser muy censurable en otros países.

5.7. Un caso especial: los sindicatos en los Estados Unidos

Un caso especial que también puede limitar nuestra capacidad de maniobra en la feria son los sindicatos (*«trade unions»*) en los Estados Unidos.

Aunque no sería correcto considerarlos «per se» como una *«limitación técnica»* para nuestra participación ferial, sí que es cierto que, para una empresa expositora no habituada a su estricta mecánica de funcionamiento, pueden suponer importantes quebraderos de cabeza y enormes complicaciones.

Los sindicatos norteamericanos tienen perfectamente definidas sus funciones y áreas de trabajo en la feria y vigilan celosamente que nadie interfiera en ellas.

Esto supone que, por ejemplo, si en la feria actúa un sindicato de electricistas cualquier trabajo o manipulación eléctrica deberá ser realizado *por ese* sindicato con exclusión de cualquier otra empresa.

Es importante que el expositor tenga perfectamente identificados a todos los sindicatos que operan en la feria, por áreas de actividad, a fin de evitar demoras y costes innecesarios.

Esta obligatoriedad para los trabajadores de pertenecer a un sindicato norteamericano está muy generalizada en Estados Unidos. No obstante en algunos estados no existe esta exigencia legal y por ello son conocidos como *«Right to Work States»* («Estados con Derecho al Trabajo»).

6. SERVICIOS DE LA FERIA

Cuanto más importante sea una feria y más próxima esté al cliente, mayor será su oferta de servicios al expositor y al visitante.

Algunos de los servicios feriales más comunes son los siguientes:

6.1. Registro (*«Registration»*)

Muchos organizadores de ferias emplean un sistema mediante el cual los visitantes rellenan un impreso y al presentarlo en las oficinas de feria les es canjeado por el pase de entrada, quedando entonces registrados.

En ferias importantes y en las que se prevé una gran afluencia de visitantes, suele hacerse uso del sistema de *pre-registro* a fin de evitar las largas colas tan típicas los primeros días de apertura de la feria.

Este sistema implica que el visitante envía por correo el impreso debidamente cumplimentado y el organizador le remite el pase de entrada con antelación suficiente al inicio de la feria.

Hay que prestar atención a la fecha límite fijada para el envío del impreso de pre-registro.

El sistema resulta mucho más cómodo para el visitante, pues se ahorra las colas y esperas en la oficina de registro de la feria.

6.2. Servicios de información

Tanto visitantes como expositores necesitarán saber en un momento dado en qué pabellón está una determinada empresa o en dónde localizar un determinado producto o servicio.

En ferias pequeñas será suficiente con el catálogo de expositores ordenado alfabéticamente y clasificado por productos.

La situación cambia cuando se trata de ferias grandes en las que existen diversos pabellones y varios pisos o niveles. En estos casos el catálogo de expositores será necesario pero no suficiente y el organizador deberá aportar una ayuda adicional.

A título puramente orientativo, los siguientes sistemas de información están bastante extendidos en la mayoría de las ferias:

- Puntos de información: se trata de pequeños stands o cabinas de atención al visitante. Están localizados en las entradas de los principales pabellones y suelen contar con planos de la feria y con el catálogo oficial
- Paneles del tipo *«Usted está aquí»,* colocados estratégicamente e indicando, con un punto rojo u otra señal claramente visible, en donde se encuentra el visitante en ese momento
- Sistemas informáticos para localización de empresas o productos en los cuales podrá consultar el visitante. Suelen estar ubicados en las entradas principales de cada pabellón

Servicio de megafonía para anunciar los eventos más representativos (seminarios, conferencias, inauguración oficial, etc.).

6.3. Servicios de transporte de visitantes hasta y en feria

Debe diferenciarse entre servicio de transporte interno o externo.

El transporte *interno* está plenamente justificado cuando se trata de ferias muy grandes o con pabellones muy distantes unos de otros en los que el desplazamiento interno puede suponer una importante perdida de tiempo o resultar físicamente imposible para muchas personas (no necesariamente discapacitados o ancianos).

No hay que olvidar que existen muchos recintos feriales con superficies expositoras superiores a los 100.000 m^2 (Feria de Valencia, *Bologna Fiere* por citar solo dos) y otros en los que sus pabellones distan unos de otros varios cientos de metros, cuando no kilómetros (por ejemplo: BATIMAT, la feria de construcción más importante de Francia, se celebró durante varios años en dos recintos feriales distintos –Puerta de Versalles y Villepinte– distantes ambos varios kilómetros).

En estos casos resulta imprescindible que la feria disponga de servicios gratuitos de transporte interno (microbuses, trenes, etc.) con servicios periódicos, rápidos y con los puntos de recogida y horarios claramente indicados.

En caso contrario se estaría impidiendo a una gran parte de visitantes que cumplan sus expectativas de visitas por imposibilidad física o temporal.

El transporte *externo* está justificado cuando el recinto ferial está alejado de la población y los transportes públicos de la ciudad no ofrecen buenas combinaciones de acceso a la feria o no lo hacen con la suficiente asiduidad.

En estos casos, la organización ferial suele organizar transportes colectivos hasta y desde la feria con origen y destino en los principales hoteles de la ciudad o en algún lugar conocido (plaza, monumento, edificio, etc.). Suele y debe tratarse de un servicio gratuito.

6.4. Aparcamiento

Como complemento al punto anterior y para todos aquellos expositores o visitantes que opten por acceder a la feria en vehículo propio, el organizador ferial debe ofrecer servicios de aparcamiento vigilado en el recinto ferial o en sus inmediaciones.

La contratación de una plaza de aparcamiento puede hacerse rellenando el impreso correspondiente que se incluirá en el Manual del Expositor.

No suele ser un servicio gratuito.

6.5. Centro de negocios

Una feria es un lugar al que se acude a hacer negocios y, por tanto, de cuantas más herramientas disponga el expositor o visitante, mayor calidad de servicio percibirá.

Algunos de los servicios básicos que debe incluir un Centro de Negocios son las siguientes:

- Teléfono (fijo o alquiler de telefonía móvil).
- Fax.
- Salas privadas de reuniones.
- Fotocopias.
- Alquiler de equipos multimedia (CD-Rom, cañón para presentaciones *power-point*...), audiovisuales (vídeo, televisión, etc.) e informáticos (Internet, correo electrónico, impresoras...).
- Intérpretes, etc.
- Panel de anuncios: ofertas, demandas, etc.

6.6. Sala de prensa («*Press Center*» o «*Press Office*»)

Una buena feria debe contar con una oficina de prensa bien organizada, equipada e identificada.

La sala de prensa tiene que ser un centro «vivo» en el que haya información permanente y actualizada (dossieres, ruedas de prensa, notas informativas de la organización ferial, banco fotográfico, etc.) y medios para obtenerla y transmitirla (fax, correo electrónico, etc.).

No siempre una oficina identificada como «sala de presa» lo es. En ocasiones existen determinados habitáculos que nominalmente cumplen la función de sala de prensa pero la realidad es que ningún periodista hará uso de esas pobres instalaciones, poco atractivas informativamente hablando y sin los servicios mínimos para la principal tarea del periodista: la comunicación y transmisión de información.

6.7. Salas de conferencias

Una feria de un cierto nivel debería contar con una o varias salas de conferencias con capacidad para aforos distintos (bajo, medio y alto).

La sala de conferencias debe estar localizada en el mismo recinto ferial y contar con equipo e infraestructura para el correcto desarrollo de una conferencia (cabinas para traducción simultánea, enchufes, cañón para presentaciones *«power-point»*, transparencias, etc.).

Habitualmente la sala de conferencias puede ser alquilada por el expositor cumplimentando el impreso correspondiente del «Manual del Expositor».

6.8. Zonas VIP

Algunas ferias conceden un tratamiento especial a determinados visitantes considerados importantes (Senior Managers y directores), como fórmula no solo de cortesía sino de relaciones públicas.

Para estas personas «Vip» la feria habilita determinadas salas y estancias con servicios diversos (cafetería, centro de negocios, guardarropía, etc.) y exclusivos.

Adoptan diversas formas tales como «Salas de descanso», «Club de Negocios», «Club del Comprador», etc.

6.9. Seguridad y vigilancia

Los productos expuestos en una feria son caros o tienen un valor no mensurable (novedades, diseños, prototipos, etc.) y es necesario que la organización garantice un mínimo de seguridad y ofrezca a los expositores que lo deseen la posibilidad de contratar servicios de vigilancia privada específica para su stand.

En función de los productos expuestos y el lugar de celebración de la feria la vigilancia del stand será más o menos aconsejable para el buen desarrollo de nuestra participación.

Ciertos países, como Rusia o Brasil hacen casi obligatoria la contratación de vigilancia, pues lo contrario puede suponer sorpresas desagradables.

Imaginemos que ocurriría si nuestras novedades a presentar en una feria nos fueran robadas la noche previa a la inauguración de la exposición...

Desconfíe de las empresas de seguridad independientes (muchas le ofrecerán sus servicios durante los días de montaje del stand) y confirme con la organización ferial que se trata de compañías solventes y fiables (en ocasiones resulta más arriesgado contratar la vigilancia con esas empresas poco cualificadas que dejar el stand desasistido).

Tenga en cuenta que unos de los momentos más peligrosos para la seguridad de sus productos son el montaje y el desmontaje de los stands, pues durante esos días el control de acceso a feria suele ser menos estricto y el caos reinante en la feria no hace más que facilitar las cosas al eventual ladrón.

Estadísticamente, el 80% de los robos tienen lugar durante el primer y último día de la feria.

Si el valor de la mercancía expuesta lo justifica, la vigilancia del stand debería complementarse con la contratación de un *seguro de robo*. En caso de robo, el responsable del stand deberá denunciarlo a la comisaria de policía de la feria y declarar el robo a la compañía aseguradora dentro del plazo estipulado en la póliza.

Es importante saber distinguir entre la vigilancia del propio stand (opción que decidirá el expositor) y la vigilancia y seguridad del recinto ferial (acceso al pabellón durante el montaje y el desmontaje, vigilancia de los pasillos y zonas comunes, circuitos cerrados de televisión, comisaría de policía en la propia feria, etc.) pues esta última faceta es, o debería ser, responsabilidad inexcusable del organizador ferial.

6.10. Otros servicios feriales

- *Zonas de Hospitalidad:* las ferias grandes deben tener habilitadas ciertas áreas (cubiertas y descubiertas) en las que el visitante pueda descansar o relajarse durante un tiempo. Dichas zonas deben estar estratégicamente situadas de tal manera que sean fácilmente accesibles y localizables. Las zonas de hospitalidad deben presentar un ambiente agradable (jardines, fuentes, etc.) y contar con bancos suficientes y confortables.
- *Cafeterías y restaurantes:* se trata de servicios indispensables y debe haber los suficientes para atender la variada y numerosa demanda que existirá durante los días de feria y montaje/desmontaje. Lo habitual es que existan restaurantes del tipo autoservicio y «a la carta».
- *Servicios de limpieza:* independientemente de la limpieza del stand que corre siempre por cuenta de la empresa expositora, la organización ferial debe garantizar la limpieza general de la feria (pasillos, zonas de hospitalidad y descanso, servicios públicos, etc.). Al igual que sucede con otros servicios que pueden ser prestados por diversos proveedores (vigilancia, floristería, catering, etc.), desconfíe de las empresas de limpieza que se le ofrezcan durante los días de montaje pues, aunque sus precios pueden resultar mucho más económicos que los de las empresas «oficiales» (aquellas incluidas en el «Exhibitor Manual»), la calidad del servicio, en ocasiones, es muy deficitaria (cuando no se trata de una simple y pura estafa)
- *Guardarropía y consigna:* el visitante acudirá a la feria con abrigo, paraguas, maletín, etc. y una feria bien organizada debería ofrecer la opción de guardarlos en lugar seguro. En caso contrario su visita a la feria puede convertirse en una auténtica tortura.
- *Bancos y cajeros automáticos:* hoy en día resultan imprescindibles, pues algunos servicios feriales de coste reducido (cafetería, estanco, etc.) no

aceptan tarjetas de crédito (por otra parte, en muchos países aún no está extendido su uso). Los bancos son necesarios para que tanto expositor como visitante puedan ordenar desde la propia feria determinadas transacciones económicas (transferencia de dinero, cobro de cheques, cambio de moneda, etc.).

- *Servicios médicos:* necesarios para atender una eventual urgencia (desmayos, lipotimias, fracturas, infartos, etc.). Una feria no es un campo de batalla pero es importante que los organizadores prevean también la posibilidad de urgencias médicas.
- *Servicios comerciales diversos:* la gama es tan amplia como decida el organizador al subarrendar locales comerciales dentro del recinto ferial. Los habituales son pequeños comercios del tipo de floristerías, peluquerías, estancos, kioscos, etc.
- *Identificación de los visitantes:* cada visitante que se registre en la feria es automáticamente identificado (comprador, distribuidor, periodista, etc.) con una tarjeta que en muchas ferias llevará prendida en un lugar visible (en Estados Unidos es práctica común). La feria alquila equipos electrónicos de lectura rápida (código de barras, lápiz magnético, etc.) para que el responsable del stand pueda en pocos segundos conocer el perfil profesional de la persona y empresa que está visitándole.

Otros servicios importantes de la feria como el transitario oficial y los servicios de decoración y mantenimiento los analizaremos en los próximos capítulos.

Capítulo 4

El espacio

«En su propio lugar todo está bien, todo es bueno, todo es grande.»

ALPHONSE DE LAMARTINE, *Meditations poétiques*

1. LA LOCALIZACIÓN DEL STAND

Una vez decidida nuestra participación en una feria concreta, resulta indispensable valorar cual es la mejor zona en la que podemos localizar nuestro stand ya que una mala o inadecuada ubicación podría afectar, en mayor o menor medida, a nuestra participación.

Por supuesto que la ubicación del stand no es la clave mágica para obtener unos resultados exitosos o conducirnos el fracaso, pero sin duda puede ayudar a que la balanza se incline hacía uno u otro lado; sobre todo cuando la promoción previa a la feria no ha sido especialmente significativa.

Debe tenerse en cuenta que en muchas ocasiones la localización del stand viene muy condicionada por las *normas de la propia organización ferial* y, por consiguiente, al expositor no le resultará posible elegir libremente el espacio en que podrá situar su stand.

Así, por ejemplo, en ferias sectorializadas en las que existen diversos pabellones expositores dentro del mismo recinto ferial es muy habitual que sea el organizador ferial quien decida «a priori» qué sector o sectores exponen en cada pabellón; limitándose el expositor a indicar en qué zona dentro de ese pabellón desearía ser situado. Y esto, como veremos, no siempre es posible.

Aunque no existen normas universalmente válidas que delimiten las zonas buenas de las malas, se indican a continuación algunas pautas que conviene tener en cuenta a la hora de elegir el espacio o valorar la localización propuesta por la organización ferial:

1.1. El tránsito natural y el tránsito inducido

Puede asimilarse el pabellón ferial a un inmenso organismo vivo; con sus articulaciones, extremidades, arterias y vasos sanguíneos.

Sabiendo en qué zona de ese «organismo» nos encontramos nos resultará más sencillo conocer sus puntos fuertes y débiles a fin de poder actuar en consecuencia.

La disposición interna del pabellón nos servirá para conocer el probable **tránsito natural** de los visitantes, que es aquel itinerario seguido casi de forma «instintiva» sin haber sido planificado previamente.

El tránsito natural tiende a perder importancia a medida que los visitantes a una feria son más profesionales pues, como veremos, suelen tener su agenda de visitas previamente programada y es difícil imaginar que se dediquen a recorrer los pasillos sin un rumbo prefijado.

No obstante, e independientemente de que exista o no esa previa programación de visitas, la localización de un stand en ciertas zonas resulta siempre un factor positivo que no debe ser minusvalorado.

El **tránsito inducido** es aquel «forzado» por la propia organización ferial precisamente para atraer visitas a aquellas zonas que se perciben como menos favorecidas.

En general todas las organizaciones feriales tratan de inducir de una forma u otra el tránsito de visitantes por determinadas zonas o itinerarios, de la misma manera que los productos expuestos en un gran almacén obedecen a una reglas muy concretas de «*merchandising*».

Existen infinidad de recursos para crear flujos de tráfico inducido algunos de los cuales son los siguientes:

- Realización de actividades de relaciones públicas, concursos, subastas, demostraciones técnicas, seminarios, etc.
- Localizar en la zona stands de empresas «líderes»
- Proximidad con puntos de información, servicios de feria, etc.
- Señalizaciones especiales
- En otras ocasiones, se han empleado estrategias muy «agresivas» de tránsito inducido mediante el drástico sistema de cerrar determinados pasillos dejando solamente uno de ellos expedito a fin de que el público no tenga más alternativa que seguir ese camino o dar marcha atrás. El sistema, aunque sin duda resulta eficaz, suele irritar bastante al visitante que puede llegar a sentirse tan libre como un ratón en una jaula-laberinto de laboratorio.

Aunque el itinerario de los visitantes puede variar de un año a otro en función de diversas variables (i.e. cambio de situación de algunos stands «líder») es razonable pensar que seguirá mayoritariamente ciertas pautas básicas que permiten identificar zonas «calientes» y «frías».

1.2. Zonas calientes

Se trata de las zonas que atraen tradicionalmente a un mayor número de visitantes. Algunas de esas zonas son las siguientes:

a) *La planta baja*:

La planta baja casi siempre es mejor para exponer que una primera altura o superiores.

Naturalmente no se trata de una regla general y tiene excepciones, no siendo rara la existencia de ferias en que su primer piso es considerado mejor por los visitantes y expositores. Se trata sencillamente de averiguar cual es el *status* de «nuestro» primer piso.

Una vez más la experiencia de otros expositores o de nuestros clientes o agente en el país será una fuente de información muy solvente para dilucidar ese punto.

b) *Pasillos centrales:*

Los pasillos centrales suelen ser la «estrella» de las demandas de espacio pues es de opinión muy extendida que los mejores stands suelen estar orientados hacía el pasillo central. No se trata de una creencia sin fundamento pues son precisamente esos pasillos, por su situación estratégica, amplitud y longitud, los que mayor tránsito natural acaparan.

Ahora bien, debe tenerse en cuenta también que, precisamente por ser pasillos de «tránsito», muchos de los visitantes que circulen por ellos estarán sencillamente «de paso».

c) *Situación en el «corazón» del pabellón:*

La localización en la parte central del pabellón suele ser, generalmente, un buen emplazamiento; aunque es necesario comprobar otros factores que podrían neutralizar ese factor inicialmente positivo (empresas expositoras, etc.).

d) *Visibilidad e iluminación:*

El stand debe ser visible desde el mayor número posible de accesos. Para ello la iluminación del pabellón es un elemento importante.

e) *Proximidad del stand con grandes empresas expositoras:*

Lógicamente las empresas líderes atraerán un número importante de visitas, aunque también conviene considerar que muchos de esos visitantes serán simples curiosos atraídos por el lujo o promoción de la gran marca o bien clientes del expositor líder altamente fidelizados.

f) *Entrada y salida del pabellón:*

Es, sin duda, una buena zona, pues nos aseguramos que todos los visitantes que entran o salen del pabellón pasen justo delante de nuestro stand.

Conviene asegurarse con el organizador ferial cuantos accesos tiene el pabellón; cuales de ellos son de entrada y cuales de salida (si esa diferenciación existe) y, lo más importante, cuando exista más de una entrada cual de ellas es la principal.

No hay que olvidar que generalmente siempre hay una entrada que es más «principal» que el resto, por así decirlo; bien sea porque da a una calle o avenida más importante en la ciudad, bien porque está más próxima al parking de feria, bien porque es la única que aparece indicada en los planos y catálogo de feria, etc.

Es muy importante aclarar con el organizador si las entradas que figuran en el plano que la organización ferial nos habrá enviado son realmente «entradas» o «salida» de público y no se trata de «salidas de emergencia» o entradas «clausuradas» en la edición de esa feria.

No es extraño que, en algunas ocasiones, ciertas puertas de acceso al recinto ferial –que sobre el plano aparecen operativas– estén cerradas por razones de seguridad, logísticas, para «inducir» el tráfico hacia determinadas zonas o sencillamente para lograr un mayor aprovechamiento del espacio.

g) *Subida o bajada de escaleras de acceso a otros pabellones:*

Aquellos pabellones que cuenten con más de un altura suelen tener estratégicamente situadas (en el centro y extremos del pabellón) diversas escaleras mecánicas y ascensores de acceso a los pisos superiores.

Es lógico pensar que un stand situado en su proximidad contará con un tráfico suplementario integrado por aquellos visitantes que se dirigen o regresan de los pisos superiores.

h) *Servicios generales de feria:*

La eficacia de algunas de estas zonas de servicios feriales (restaurante, sala de prensa, sala de conferencias, zona de demostraciones técnicas, etc.) es muy variable y altamente discutible en algunos casos pues una persona que se dirija, por ejemplo, a una cafetería no tiene por qué estar interesada en nuestra empresa o producto.

Por el contrario alguien que asiste a un concurso de diseño aeronáutico que se celebra frente a un stand en el que se exponen componentes de aviación probablemente se sienta más motivado para visitar ese stand.

i) *Zonas de hospitalidad de feria:*

Se trata de áreas de descanso, jardines, espacios abiertos, etc. muy similares a los servicios generales de feria y asimismo con las mismas ventajas e inconvenientes.

1.3. Zonas frías

Se consideran zonas frías aquellas áreas menos atractivas desde el punto de vista del visitante, bien sea por su mala situación o por la proximidad a determinadas zonas menos transitadas.

No existen «a priori» zonas frías absolutas y lo que en principio puede parecernos una mala ubicación puede transformarse en un buen emplazamiento siempre y cuando confluyan determinadas circunstancias.

Como norma general, muy matizable como hemos visto en otras ocasiones, pueden enumerarse las siguientes zonas poco favorables al tránsito de visitantes:

a) *Primeras plantas y alturas superiores:*

Por muy bien señalada que esté una primera planta siempre atraerá menos visitas que una planta baja y ello entre otras cosas porque en muchas ocasiones los accesos no resultan tan fáciles y localizables como sería deseable.

Según el grado de desarrollo del país de celebración de la feria, los accesos a la primera planta o alturas superiores serán más o menos confortables y rápidos; no siendo extraño encontrar algunas ferias en las que, por ejemplo, no se cuenta con escaleras mecánicas y, en ocasiones, ni tan siquiera con ascensores.

En cualquier caso, y en igualdad de condiciones (de promoción, productos expuestos, etc.) suele ser habitual percibir menor tráfico profesional en un primer piso en comparación con la planta baja de ese mismo pabellón, lo cual resulta lógico si consideramos que el visitante puede percibir erróneamente el primer piso como un nivel más desplazado y en consecuencia menos interesante.

Naturalmente si la organización ferial ha dado los pasos adecuados para «compensar» el desequilibrio existente entre planta baja y primer piso (promoción extra, señalizaciones visibles, celebración de actos paralelos, ubicación de empresas líderes o sectores «estrella», etc.) es más probable que el índice de visitas en ambos niveles sea más proporcionado.

b) *Pasillos «sin salida»:*

Suelen generar un cierto rechazo en el visitante por la sensación que le crean de «estar atrapado».

Lógicamente, para que la ubicación del stand no sea considerada buena la ausencia de salida debe ser claramente visible unos metros *antes* de llegar a ese stand en concreto pues, en ese caso, el visitante al comprobar que no hay salida probablemente optará por dar la vuelta antes de acceder al stand.

De nuevo, conviene señalar que siempre hay excepciones que pueden mitigar este factor negativo, por ejemplo, cuando al final del pasillo hay ubicada alguna empresa relevante o una zona de demostraciones técnicas.

c) *Pasillos estrechos:*

Pueden crear una cierta sensación de claustrofobia y agobio, lo que se verá acentuado por contraste en aquellas ferias y pabellones que cuenten con diversas anchuras de pasillos, unos amplios y otros estrechos.

El visitante generalmente opta por los pasillos amplios, dejando los más estrechos para realizar las visitas concertadas de antemano.

d) *Proximidad del stand a zonas «no profesionales»:*

Se trata de áreas tales como aseos públicos, guardarropía o bancos a las que se acude con un fin muy concreto y puntual que no es precisamente la visita del stand que se encuentra en las proximidades.

Esas zonas acaparan el interés puntual del visitante, eclipsando por completo a los stands que se encuentran en su vecindad.

e) *Localización en el extrarradio del pabellón:*

Como norma general cuanto más desplazado del corazón del pabellón esté situado un stand, peor ubicación tendrá.

Esta regla tiene su excepción en la proximidad a la puerta principal de entrada que, generalmente suele estar ubicada en alguno de los extremos del pabellón.

Aunque es extraño que ocurra no hay que descartar otro tipo de factores negativos que organizaciones feriales poco profesionales pueden tratar de ofrecer al expositor incauto, tales como la situación del stand en un área sectorial ajena a los productos expuestos (en ocasiones ocurre por falta de espacio en la zona correspondiente) o su emplazamiento en zonas habitualmente no habilitadas para exposición (exterior de la feria, áreas de carga y descarga, etc.)

Cuanto mayor sea la superficie de un pabellón ferial mayores deberán ser nuestras elucubraciones en cuanto a la idoneidad de la localización del stand, pues es lógico pensar que siempre que se trate de un pequeño pabellón expositor cual-

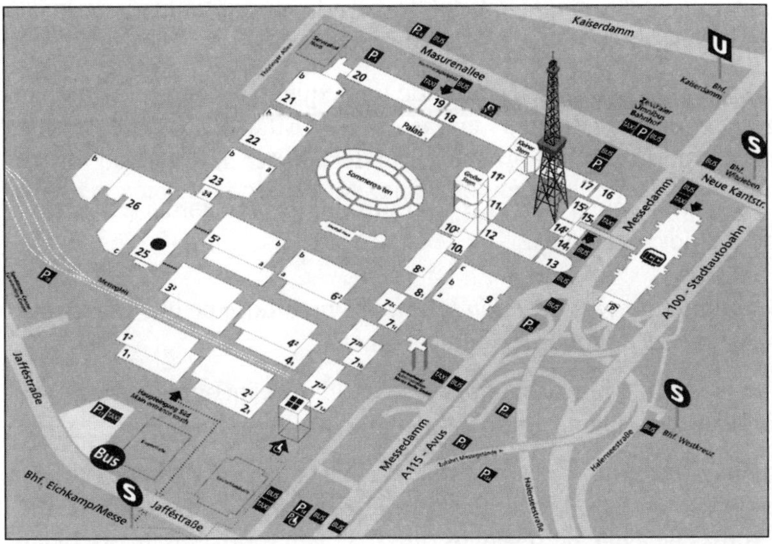

Ejemplos de mapa de recinto ferial y plano de un pabellón de feria.
Fuente: Brifer Services.

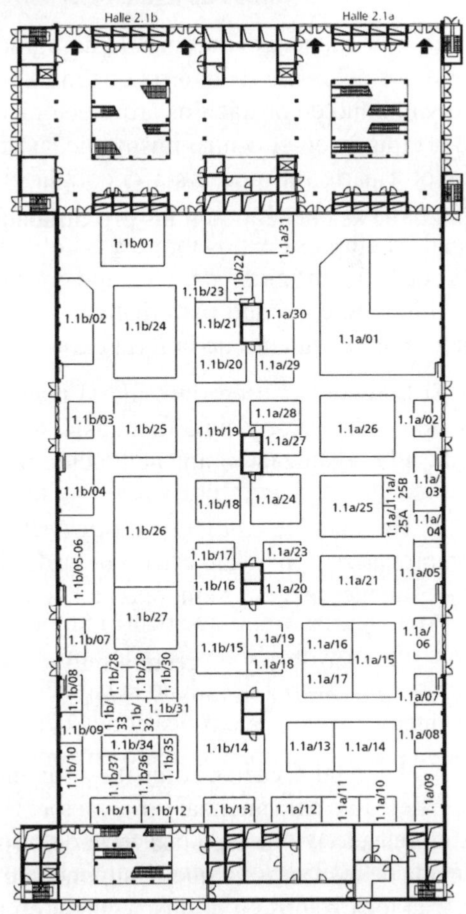

quier visitante que acceda al mismo tenderá a recorrerlo en su totalidad, lo que no ocurrirá si se trata de una feria de grandes dimensiones.

Pero aún en el caso hipotético de tratarse de un pequeño recinto ferial es muy probable que existan zonas «calientes» en las que el visitante permanecerá más tiempo. Un buen responsable del programa ferial debe saber detectarlas.

Algunos de los **medios para detectar con antelación las zonas calientes y frías** de una feria son los siguientes:

1. *Solicitar el plano a la organización ferial;* asegurándose de que está *actualizado* y es *claro* y *preciso* en todas sus indicaciones.

No es raro que la feria suministre un plano poco claro e incompleto, más próximo a un croquis que a un plano riguroso.

En esos casos hay que exigir el *plano oficial,* con todas las garantías de que los elementos arquitectónicos y eventuales servidumbres existentes (transformadores eléctricos, tomas de agua, etc.) son los que aparecen reflejados en ese plano.

De esta manera evitaremos la desagradable sorpresa de descubrir pocas semanas antes del inicio de la feria que nuestro stand, que sobre el plano aparecía limpio y diáfano de obstáculos arquitectónicos, cuenta con una voluminosa columna de hormigón en el centro mismo de su principal puerta de acceso; columna que, por otra parte, no podrá ser decorada ni revestida por acoger el transformador eléctrico del pabellón. Por último, y dada la servidumbre eléctrica que soporta ese stand, la empresa expositora tendrá que soportar estoicamente, durante todos los días de feria, infinidad de interrupciones por equipos de electricistas que entrarán y saldrán de ese stand para realizar todas las manipulaciones que la seguridad o buen funcionamiento de la feria exijan.

Si la feria está sectorializada el plano debe indicar claramente en donde está situado cada sector y si no fuera así o resultara ambigua la localización es preciso pedir a la organización una aclaración por escrito.

2. Estudiar los *catálogos de expositores de ediciones anteriores,* tratando de comprobar en donde han estado ubicadas las principales empresas del sector, pues es de suponer que estas empresas tenderán a negociar los mejores emplazamientos.

3. Si es posible y no resulta muy oneroso es muy aconsejable *visitar la feria o el recinto ferial con anterioridad.*

No hace falta visitar la misma feria en la que proyectamos participar, aunque sería deseable para analizar otros factores (situación de los stands de nuestros competidores, etc.), e incluso una feria de otro sector distinto nos dará una idea aproximada de los flujos ya que se supone que los pasillos, servicios, restaurantes, etc. estarán localizados en el mismo lugar en todos los certámenes que se realicen.

2. TIPOS DE STAND

Atendiendo a su superficie y distribución, los stands son generalmente de tres tipos:

2.1. Stands tipo «isla»

Se trata de stands abiertos por sus cuatro lados y que no lindan con ningún otro expositor.

Cada uno de los cuatro lados de este tipo de stands aboca a un pasillo de la feria, de tal manera que al estar totalmente flanqueado de pasillos da la sensación de que el stand es una «isla».

Las *ventajas* de esté tipo de stand son las siguientes:

- Puede accederse al stand desde cualquier pasillo de la feria; siendo este un factor estratégico de primer orden
- Suelen ser los stands con mayor superficie, con lo cual se consigue una mejor presentación de producto y un más holgado tránsito interno
- Permiten soluciones decorativas mucho más espectaculares, aunque este aspecto como veremos en el capítulo siguiente, no tiene por qué guardar proporción con la superficie contratada
- Son stands mucho más visibles y localizables desde cualquier punto de la feria

Como *limitaciones* propias de los stands tipo «isla» pueden citarse las siguientes:

- Necesidad de alquilar un espacio expositor, generalmente, de gran tamaño. Aunque cada feria tiene sus propias normas y fija los mínimos para optar a un stand «isla» no es extraño que para contratar un stand de esas características el organizador ferial exija una superficie mínima de 80 m^2 o mayor.
- Muchos reglamentos feriales obligan (razones de seguridad, estéticas, etc.) a dejar abierto un porcentaje de cada uno de los cuatro lados de la «isla». Aunque ese porcentaje varia según ferias, suele rondar el 50% de cada lado; no siendo posible por tanto cerrar totalmente uno o varios lados de este tipo de stands.
- El coste suele ser mayor, no solamente por la necesidad de contratar un stand de grandes dimensiones sino porqué el precio por metro cuadrado del alquiler del espacio de una «isla» suele ser mayor que el de un stand abierto por menos lados

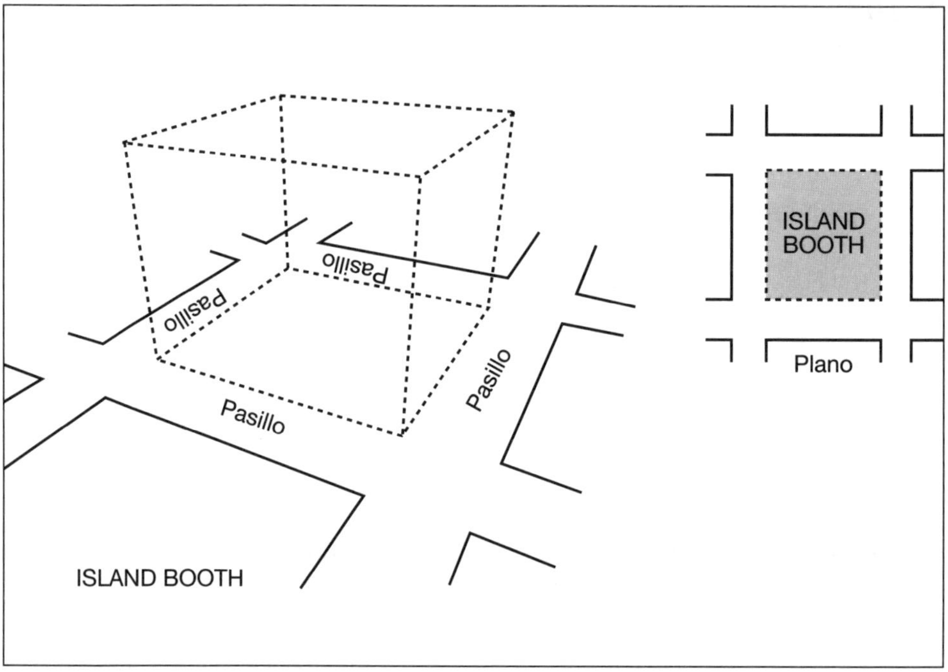

Stand tipo isla.

2.2. Stands con diversos lados abiertos

Se trata de stands que pueden tener de uno a tres lados abiertos y cuyas características básicas son las siguientes:

2.2.1. Stand con un lado abierto («Linear Stand»)

Generalmente es el tipo más pequeño de stand, cuenta con una única entrada (el lado abierto) y limita, como mínimo, con tres stands más que lo flanquean. Se accede a este tipo de stand desde un solo pasillo.

La superficie mínima para contratar este tipo de stands suele oscilar entre los 12 o 16 metros cuadrados, aunque esas dimensiones mínimas varían según países (en Estados Unidos, por ejemplo, los módulos básicos son de 3x3 metros; por tanto de 9 metros cuadrados).

No conviene identificar este tipo de stands con un tamaño necesariamente reducido, pues no es extraño contratar stands con un solo lado abierto y con una gran superficie expositora. Naturalmente en estos casos se trata de stands que cuentan con una amplia fachada, con una gran profundidad o bien con una combinación de ambos.

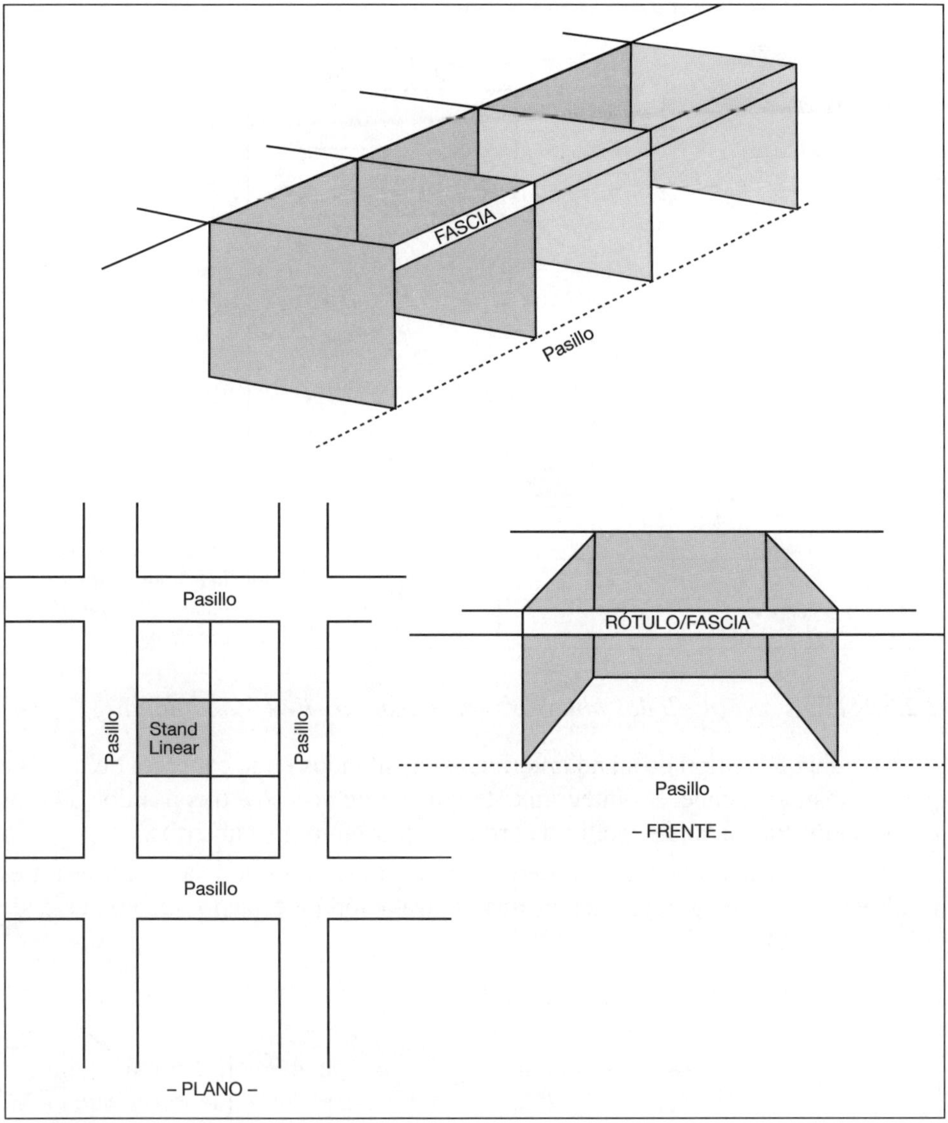

Stand abierto por un lado.

2.2.2. Stands con dos lados abiertos («Corner stand»)

Situados habitualmente en el extremo de una de las cabeceras de isla y lindando con otros dos stands vecinos.

Puede accederse a ellos desde dos pasillos distintos y de sus cuatro lados tienen dos cerrados. Habitualmente la organización ferial exige, tal y como ocurre en las «islas», que los lados abiertos no se cierren más de un 50%.

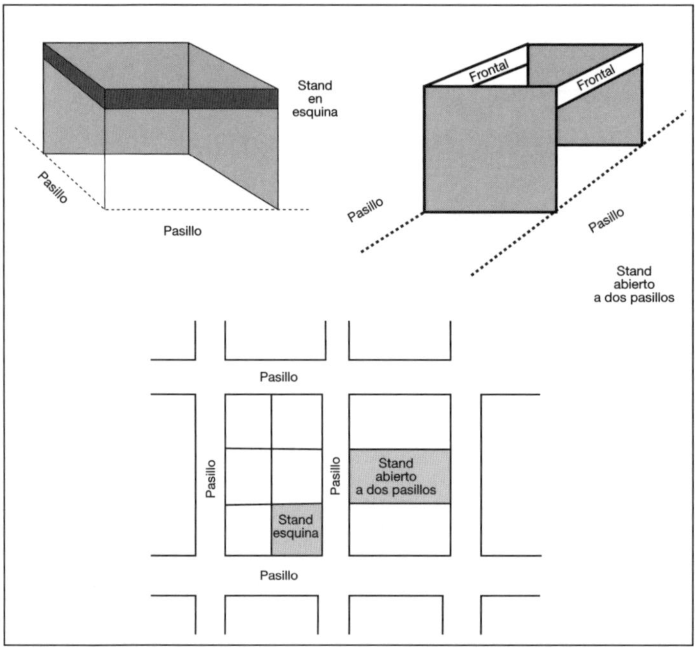

Stands abiertos por dos lados: en esquina y dando a dos pasillos paralelos.

2.2.3. Stands con tres lados abiertos («End Cap» o «End Stand/Booth»)

Al igual que el tipo de stand anterior, están situados en la cabecera de una isla pero ocupando la cabecera íntegramente y teniendo acceso a tres pasillos. De sus cuatro lados tienen solamente uno cerrado y, por tanto, tres abiertos.

Dada la situación estratégica que ocupan (la cabecera de isla y acceso a tres pasillos) la feria suele reglamentar una contratación de espacio que no suele ser inferior a 50 m^2.

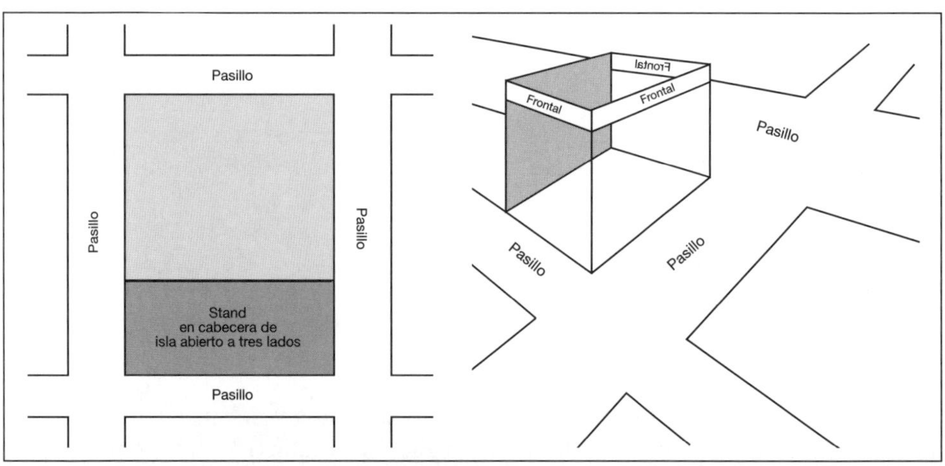

Stand abierto por tres lados: tipo cabecera de isla.

2.3. Stands especiales

2.3.1. Stand con un primer piso o altillo («Double-decker» o «Multiple Story Exhibit»)

Muchas ferias permiten la elevación del stand a una primera altura[1], lo que permite un mayor aprovechamiento del espacio e independencia con respecto a la zona de exposición, generalmente en la planta baja.

El primer piso suele dedicarse a sala de reuniones en las que se puede negociar con mayor intimidad o bien zona de hospitalidad (cafetería, etc.).

El espacio contratado horizontalmente suele resultar proporcionalmente más económico que si se alquilara verticalmente si bien la decoración, montaje y desmontaje de este especial tipo de stands puede resultar más cara que la de un stand ordinario; compensándose el ahorro de alquilar el espacio con el gasto extra al decorarlo.

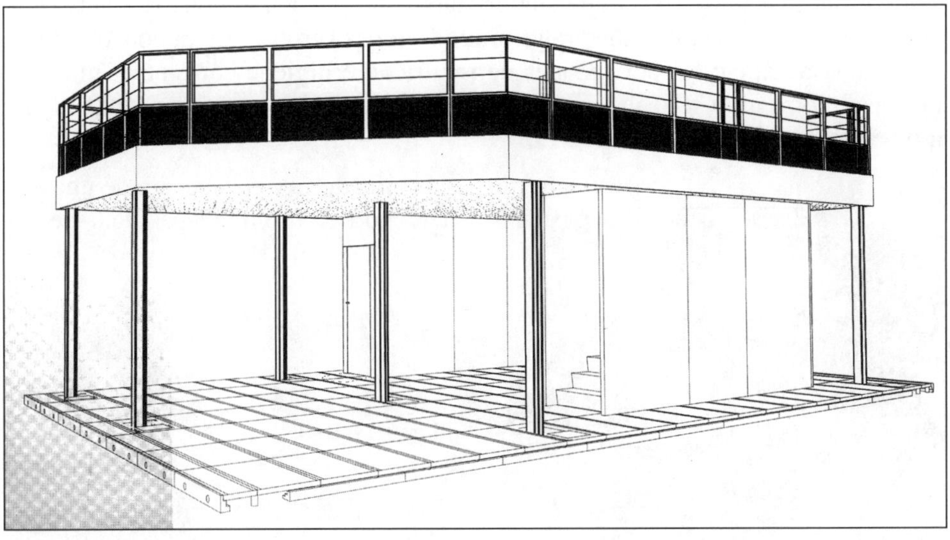

Stand de dos pisos.

Hay que hacer notar que no todas las ferias permiten o pueden permitir este tipo de stands (por ejemplo recintos feriales con techos bajos) y antes de iniciar el proceso de diseño del stand es muy importante asegurarse con la organización ferial que esa construcción con dos alturas es viable.

[1] Una segunda altura, aunque no es imposible, no resulta demasiado común y pierde gran eficacia pues el acceso al segundo piso podría resultar una «gesta» a la que todos los visitantes al stand no estarán dispuestos.

Las ferias que permiten la contratación de stands con una primera altura requieren, como *condición previa a la autorización,* que la empresa decoradora presente los planos del stand al Departamento Técnico o de Arquitectura de la feria a fin de que puedan comprobar la seguridad y resistencia de la construcción.

No hay que olvidar que este tipo de stand es, en la práctica, un autentica vivienda construida dentro de un recinto por el que van a transitar miles de personas y una estructura mal calculada o unos materiales de construcción inadecuados podrían ser la causa de dramáticos accidentes.

2.3.2. Stands en el exterior

Muchos stands no están situados dentro de un pabellón cubierto sino en la zona exterior del recinto ferial habilitada al efecto.

Estar situado en el área exterior de la feria no supone ninguna suerte de ostracismo o destierro infamante y las empresas con stands en el exterior habitualmente están ubicadas allí porque sus productos no pueden exponerse dentro del recinto ferial, bien sea por sus grandes dimensiones (grúas para la construcción, yates, aeronaves, etc.) o por razones de seguridad e higiene entre otros motivos (por ejemplo cuando se realicen demostraciones ruidosas o que produzcan algún tipo de emanación gaseosa, etc.).

Exposición exterior de producto en una feria del sector ferroviario en Alemania.
Fuente: Brifer Services.

Los stands pueden ser de muy diversas maneras aunque tienden a ser muy sencillos y abiertos (en ocasiones no existe stand de ningún tipo), siendo el producto el protagonista absoluto. Por ejemplo, un expositor de maquinaria agrícola puede exponer sus tractores y cosechadoras sin más aditamento decorativo que una sencilla carpa para evitar las inclemencias climáticas.

Naturalmente, este tipo de stands deberán diseñarse teniendo en cuenta el país de celebración y la estación climática.

3. EL TAMAÑO DEL STAND

Se trata de una decisión importante que afectará en gran medida al resto de la participación en la feria y muy especialmente a la imagen y al presupuesto; pues naturalmente cuantos más metros cuadrados se alquilen más superficie deberá ser decorada, más producto se podrá presentar y más visitas será posible atender.

La mayoría de las ferias alquilan el espacio por módulos concretados en un determinado número de metros cuadrados (o pies cuadrados si se trata de Estados Unidos).

La oferta de módulos fijos permite a la feria una mejor y más racional distribución y localización de stands una vez se ha cerrado el plazo de inscripción.

En ferias europeas es habitual la oferta de módulos de 4x4 metros (16 m^2) o 3x4 metros (12 m^2); mientras que en Estados Unidos el módulo básico suele ser de 3x3 metros (9 m^2) o, lo que es lo mismo, 10x10 pies.

La fijación del precio, como hemos visto, viene determinada por la superficie contratada y por el número de la lados abiertos del stand (cuantos más lados abiertos, más caro resulta el metro cuadrado).

3.1. El cálculo de la dimensión ideal del stand

Existen infinidad de elementos que directa o indirectamente determinan el tamaño del stand aunque partiendo de la base del número de visitas esperadas puede emplearse la siguiente fórmula:

1. Una conversación entre un vendedor y una o dos personas requiere un mínimo de entre 12 y 16 metros cuadrados. Esto viene a representar un *promedio de entre 4 y 4,5 m^2 por persona* (el vendedor y uno o dos visitantes).

Se trata, por tanto, de un stand básico de 3x4 ó 4x4 metros en el que, como mínimo, debería haber una mesa, cuatro sillas y los propios productos que se exponen.

Aunque puede pensarse que todo ese mobiliario puede ubicarse en un espacio inferior a los 16 m^2 sugeridos hay que tener en cuenta que el stand resultará muy angosto y, por tanto, poco atractivo (falta de espacio, falta de intimidad para la negociación, sensación de claustrofobia, etc.)

2. Calcule *las horas activas* (aquellas en las que su stand recibirá el mayor número de visitas) y las horas inactivas en las que se presume poco tráfico (por ejemplo, horario de comida, celebración de algún seminario importante, etc.).

Es muy importante tener en cuenta los hábitos comerciales, costumbres y eventos del país en que se celebre la feria, pues por ejemplo, la duración de la comida será más o menos larga y las visitas profesionales tenderán a ser por la mañana o a última hora de la tarde en función del país en que estemos.

Como ejemplo curioso pero ilustrativo, recuerdo una feria en Brasil cuyo flujo de visitantes se vio claramente menguado una tarde por celebrarse esa misma tarde un importante partido de fútbol. Naturalmente las horas correspondientes a esa tarde fueron horas bastante inactivas...

Para calcular las horas activas e inactivas de una feria puede prepararse una tabla similar a la siguiente. Cuantos más factores valoremos a la hora de calcular la actividad o inactividad más correcta será nuestra elección:

Día	Horario	Horas totales	Horas activas	Horas inactivas
Lunes	9:00-18:00	9	7	2
Martes	9:00-18:00	9	7	2
Miércoles	9:00-18:00	9	7	2
Juevees	9:00-18:00	9	7	2
Viernes	9:00-18:00	9	7	2
Sábado	9:00-17:00	8	4	4
Total		**53**	**39**	**14**

3. Una vez confeccionada la tabla, debemos *calcular el número de personas en el stand durante las horas activas* para lo cual tendremos que considerar el número de visitas previstas.

Supongamos que nuestro objetivo es contactar con 2.000 personas durante la feria de las cuales aproximadamente unas 400 serán clientes potenciales.

Dividiendo el número de personas con las que se estima hablar (2.000) entre el número de horas activas (39) tendremos el número de personas con las que tendremos que tratar cada hora. En este ejemplo; 2.000 entre 39 nos da un resultado de 51 personas cada hora (activa).

4. Partiendo de la premisa de que *cada vendedor puede atender aproximadamente unas diez personas a la hora* (se trata de un promedio de 6 minutos por persona) resulta que necesitaré un mínimo de 5 vendedores para poder atender las visitas previstas (51 cada hora).

5. Tal y como hemos visto en el punto 1, si para un vendedor se hacen necesarios entre 12 y 16 m^2 de stand (incluyendo uno o dos visitantes), en el caso que estamos viendo (5 vendedores) necesitaremos una superficie mínima que oscilara entre 60 y 80 m^2.

Si los módulos de la feria fueran de 12 metros cuadrados, entonces necesitaríamos contratar de 5 a 7 módulos.

Fórmulas

- **Horas Activas (H.A.)** = Nº total horas feria – Horas inactivas
- **Contactos por H.A. (C.H.A.)** = Contactos esperados/H.A.
- **Contactos por persona** = 10 x H.A.
- **Personal Atención Stand (P.A.S.)** = C.H.A./10
- **Tamaño Ideal del Stand** = P.A.S. x 12 m^2

3.2. Variables que afectan al cálculo del espacio del stand

Lógicamente el procedimiento y fórmulas anteriores son puramente orientativos y deben ser matizados al considerar alguno de siguientes aspectos:

a) *El producto:*

Debe considerarse que aproximadamente el 50% de la superficie del stand estará dedicada a exponer el producto; incluido el mobiliario y los expositores.

Naturalmente no es lo mismo exponer un producto muy variado que deba presentarse colgado en las paredes del stand que otro de gama más reducida que pueda exponerse en vitrinas o bien otro que exija un voluminoso mueble expositor. En el primer caso, necesitaremos un stand con paredes suficientes para poder mostrar claramente toda nuestra oferta.

Hay que tener en cuenta que, aparte el producto propiamente dicho, el stand incluirá muy probablemente mobiliario auxiliar (estanterías para catálogos y folletos, mostrador para atención al público, almacén, etc.) que también ocupará su espacio.

b) *La imagen:*

Es un factor a menudo muy importante a la hora de decidir el espacio que va a ser contratado.

Las empresas que desean presentarse como más grandes y mejores que la competencia están obligadas a comprobar cual es el tamaño del stand de sus principales competidores y, en la medida de lo posible, contratar un espacio mayor.

Si, por el contrario, el expositor está más interesado en presentar una línea novedosa de productos deberá contratar el espacio necesario para exponer claramente esos nuevos productos.

En otras ocasiones, el expositor desea mostrar una gama amplia o la totalidad de sus productos y, en estos casos, es necesario reservar espacio para exponer al menos una muestra representativa de cada uno de ellos así como material promocional suficiente.

c) *El coste:*

Aunque, como veremos, el coste del alquiler del espacio no supone más que una cuarta parte del coste total de la participación en una feria; es cierto que el tamaño del stand determina otros gastos muy relacionados; como por ejemplo, la decoración del stand, personal de atención del stand, etc.

d) *Stand ya fabricado*:

Suele ser una de las razones por las que una empresa opta por reservar unos determinados metros cuadrados sin entrar a valorar otros factores; evitando de esa forma tener que construir o contratar la decoración de un nuevo stand.

Aunque es cierto que la reutilización de un stand ya construido puede suponer un importante ahorro, hay que tener en cuenta los factores antes indicados para evitar que ese stand utilizado en otra feria resulte demasiado pequeño o demasiado grande.

Este problema se evita si se trata de un stand modular que pueda ser adaptado a las nuevas dimensiones de la nueva feria o superficie.

e) *Espacio disponible:*

Es, precisamente, en las ferias más populares en las que existen más dificultades para reservar espacio; no siendo extraño que el organizador ferial finalmente adjudique menos metros de los solicitados.

En estos casos, no tendremos más remedio que adaptarnos a esa limitación no deseada o, si creemos que dañará nuestra imagen y objetivos, cancelar nuestra participación y buscar otra feria alternativa.

f) *Personal disponible de atención al stand:*

De la aplicación de la anterior fórmula podría resultar la necesidad de contar con un importante contingente de personal en el stand, lo que a su vez implicará una superficie expositora mayor.

Supongamos que, partiendo de la base de los contactos previstos y el número de horas activas, resultara idóneo contar con 25 personas de atención en el stand y que aplicando la fórmula correspondiente (P.A.S. x 12 m^2) resulta un tamaño ideal de stand de 300 m^2. ¿Cuenta nuestra empresa con esa plantilla cualificada de 25 personas? ¿Está dispuesta a soportar el gasto de contratación de 300 m^2? ¿Hemos previsto el gasto de desplazamiento y dietas de esas 25 personas?

Aunque no sea lo más recomendable es práctica habitual realizar el cálculo a la inversa; esto es, primero se determina el número de personas disponibles o directamente el tamaño del stand, supeditándose el resto a esos factores.

De esta manera existe el riesgo de que nos encontremos durante la feria con la desagradable sorpresa de no poder atender adecuadamente a los visitantes profesionales que visiten nuestro stand, bien sea por falta de tiempo, bien por escasez de espacio.

Capítulo 5

La decoración del stand

«El hombre es una criatura excepcional con una serie de atributos que le convierten en una especie única entre los animales pues, a diferencia de ellos, no es una figura en el paisaje sino un creador de ese paisaje.»

JACOB BRONOSWSKI, *The ascent of man*

1. LA DECORACIÓN DEL STAND COMO IMAGEN DE LA EMPRESA Y LUGAR DE TRABAJO

En las ferias el punto crítico de contacto entre la empresa y el cliente es, en primer lugar, el stand y, en segundo lugar, el responsable del mismo y las personas que lo atienden, como veremos más adelante.

Un error en este área (y pueden cometerse muchos) puede dar al traste con nuestras expectativas.

Es el fenómeno que, en palabras de Michael Wolff, se conoce como *«la parábola de la toalla»:* alguien se aloja en un magnífico hotel, con modernas instalaciones y un personal altamente motivado y preparado; la inscripción es realizada rápidamente y sus maletas son llevadas a la habitación con celeridad y eficacia. El personal siempre ha tenido a punto una sonrisa cortés para con el huésped de la parábola de Wolff, pero cuando finalmente, ya en su habitación, se dispone a darse una ducha relajante y busca la toalla en el aseo, descubre con desagrado que está sucia. ¿Cuál será la impresión de este huésped de ese hotel o, yendo aún más lejos, cual será su imagen de todos los hoteles de esa cadena?

El ejemplo puede resultar un tanto exagerado pero no hay duda de que la identidad corporativa, la personalidad y la imagen de la empresa entran en juego en el reducido espacio que habitualmente supone un stand ferial y es, por tanto, de gran importancia cuidar al máximo hasta los más pequeños detalles.

Debemos evitar a toda costa la «toalla sucia» en nuestro stand.

No hay que olvidar que, aparte de ser la imagen de la empresa, también el stand cumple otros objetivos primordiales:

a) Proporciona un valor añadido a los productos o servicios expuestos

b) Es el punto de encuentro entre la empresa y sus clientes; por tanto un lugar de trabajo que debe contar con áreas adecuadas para ello, al tiempo que transmite la imagen de competencia, eficacia y profesionalidad. El personal de atención del stand debe sentirse agusto en ese entorno y contar con las herramientas necesarias para cumplir adecuadamente su cometido.

2. ELEMENTOS QUE DETERMINAN EL TIPO DE DECORACIÓN

La decoración del stand debe diferenciarnos visualmente del resto de expositores y llamar la atención.

En unos pocos segundos el visitante objetivo debe ser capaz de percibir quiénes somos, qué producto o servicio exponemos y qué soluciones ofrecemos.

Esto puede parecer de perogrullo, pues puede creerse erróneamente que por el simple hecho de «estar ahí», «de exponer en la feria», ya es más que suficiente para captar la atención del visitante; pero no hay que olvidar que junto con nosotros expondrán varias centenas o incluso millares de competidores y que el visitante puede llegar a sentirse abrumado por la inmensa oferta que ante él se presenta.

Una adecuada decoración es, por tanto, un elemento clave para el desarrollo de nuestras expectativas.

Antes de decidir qué tipo de decoración es la más idónea para nuestra empresa y dado que existen infinidad de diseños y tipos de stand debemos tener en cuenta los siguientes aspectos pues, en mayor o menor medida, determinarán la configuración del stand:

1. Limitaciones propias del espacio contratado

Naturalmente no es lo mismo decorar un stand tipo isla que otro abierto por un solo lado; un stand de 12 m^2 que otro de 150 m^2.

Debemos adaptar la decoración de nuestro stand al medio en que nos desenvolvemos y no pretender, por ejemplo, exponer toda nuestra producción en un stand demasiado pequeño para ello por el simple hecho de que algunos competidores, con stands mayores, si lo hacen

2. El presupuesto disponible

Según datos del Center for Exhibition Industry Research (CEIR[1]), el 23% del gasto total directo en una feria se invierte en la decoración del stand; mientras que si se trata de una simple rehabilitación del mismo el porcentaje se reduce al 10% del gasto total en la feria.

---

[1] Datos del CEIR (1988) basados en estadísticas de gasto promedio en decoración del stand de 255 expositores en 55 ferias a lo largo del periodo 1985 a 1987. No obstante, conviene tener en cuenta que los datos del CEIR tienen más de una década y es muy probable que, dada la importancia que en la actualidad tienen factores tales como «identidad corporativa», «imagen de empresa», etc., ese porcentaje sea en la actualidad aún mayor.

Naturalmente esos porcentajes podrán variar al alza o a la baja en función del tipo de decoración más o menos sofisticada que se vaya a emplear.

No hay que olvidar los gastos relativos a otros servicios feriales indirectamente relacionados con la decoración propiamente dicha (montadores, electricistas, etc.) y que en muchas ocasiones suponen un porcentaje significativo, como veremos en el capítulo dedicado a costes.

Resumiendo: si contratamos la decoración de un stand *ex novo* este gasto representará casi una cuarta parte del gasto total y este porcentaje puede suponer una importante cantidad.

3. Los objetivos fijados

Es importante definir a priori qué objetivos se pretenden al participar en esa feria: ¿Buscamos nuevos contactos?, ¿sólo ventas?, ¿formación del consumidor?, ¿queremos diferenciarnos de la competencia?, ¿aspiramos a informar a la prensa de nuestras novedades?, ¿una mezcla de todos ellos? y en este último caso ¿cuál es el prioritario?

Básicamente podemos reducir a dos grandes grupos los objetivos que se buscan al participar en una feria: ventas o comunicación.

4. El tipo de producto

¿Deseamos exponer un producto novedoso?, ¿se trata de un servicio; de un bien intangible? ¿es, por el contrario, necesario exponer una pequeña muestra de una amplia producción?, ¿son los productos a exponer de pequeño o gran tamaño?, ¿es la iluminación importante para la presentación del producto?, ¿deberá realizarse alguna demostración?

Por ejemplo: si contamos con muchos productos de tamaño pequeño o medio suele resultar muy práctico disponer una fila de estantes en la pared posterior del stand.

En algunos sectores muy marcados por la moda, por ejemplo, es frecuente ver stands cerrados para evitar que la competencia copie los diseños de la temporada antes de que lleguen al consumidor final. En otros sectores en cambio, en los que el «espionaje» no es tan clave, los stands tienden a ser más abiertos.

Cuando se presentan servicios, generalmente bienes intangibles, el diseño debe incorporar gráficos o fotografías de gran tamaño que muestren claramente el servicio en cuestión y opcionalmente mostradores en los que poder exponer las publicaciones de la empresa (catálogos, folletos, etc.).

Todos estos factores y otros muchos deberán ser previstos por el responsable del stand antes de decidirse por una decoración específica.

Ejemplos de stands, cerrado (superior) y abierto (inferior).
Fuente: Mad-Expo (International Fair of Poznan).

5. Lugar en el que el producto será expuesto dentro del stand

¿Estará el producto próximo a las paredes?, ¿será expuesto en mostradores, vitrinas o exige algún tipo especial de mueble expositor?, ¿obstaculiza el producto el desplazamiento dentro del stand?

Ejemplos de stands con productos que requieren una manera específica de ser presentados.
Fuente: Mad-Expo (International Fair of Poznan).

6. Uso futuro del stand

¿Va a ser reutilizado en otras ferias o es de un único uso?

En función de la respuesta dada, deberemos actuar de manera muy distinta; pues generalmente el stand «reciclable» debe ser fácilmente adaptable a otros espacios y condiciones mientras que el stand de un solo uso puede construirse siguiendo pautas más caprichosas.

Conviene tener en cuenta cuando se piensa en reutilizar un stand en otras ferias que, quizás, en la próxima edición nuestro espacio expositor sea diferente (existencia de alguna columna, imposibilidad de elevar el stand más de tres metros y medio, menos o más lados abiertos, etc.).

7. El peso y la movilidad del stand

Cuanto mayor sea el peso más caro nos resultará el transporte y manipulación de mercancías, sobretodo en ferias realizadas en otros países en donde, probablemente, deba pagarse una tasa de importación.

No obstante si el producto que va a exponerse es también pesado entonces resultará menos importante el peso del stand.

8. El color y la iluminación

Se trata de un importante apoyo de la imagen gráfica empleada que añade vistosidad y refuerza los «ambientes» creados.

3. NORMAS GENERALES PARA LA DECORACIÓN DEL STAND

Como norma general, deben aplicarse las siguientes pautas a la hora de decorar el stand:

- La decoración debe *llamar la atención y adaptarse a la idiosincrasia del país o segmento al que nos dirigimos.* No debemos olvidar que no existe un concepto estético universalmente valido y, por ejemplo, los conceptos «impactante» o «llamativo» pueden variar mucho según la zona geográfica en que estemos. Los colores asociados a tranquilidad, sosiego o agresividad, por poner un ejemplo, pueden diferir mucho si estamos en Europa o en Asia.
- Al igual que la publicidad, la decoración *debe suscitar el interés* y el deseo del visitante de dejar de transitar por los pasillos de la feria e introducirse en nuestro stand. La combinación estratégica de decoración, señalización, colores y equipamiento del stand ayudarán a crear ese interés y deseo.
- Debe *evitarse la congestión informativa.* Un exceso de mensajes, rótulos y colores no ayudarán a que su stand sea más visitado.

4. MERCHANDISING Y ESCAPARATISMO FERIAL

El *«merchandasing»* ferial es la técnica empleada para la correcta distribución del producto dentro del stand, del mobiliario y de los diversos elementos decorativos disponibles con el objetivo primordial de captar clientes y hacerles retener el mensaje transmitido.

La colocación de productos en el stand es una operación compleja que debe realizarse los últimos días de montaje entre otras razones para evitar robos o daños a las mercancías durante el trasiego de los días de montaje.

Su preparación y diseño, no obstante, debe haber sido estudiada con mucha antelación.

Los mismos principios que rigen la publicidad pueden aplicarse al diseño y decoración de un stand: si un anuncio debe captar rápidamente la atención del lector antes de que pase la página y olvide el mensaje, nuestro stand debe llamar la atención del visitante antes de que continúe su recorrido hacia otro stand.

Hemos visto en el capítulo anterior los criterios que deben valorarse a la hora de decidir cual será la mejor situación del stand dentro del recinto ferial. Veremos a continuación algunas técnicas para presentar los productos e identificar claramente nuestra empresa.

4.1. Logotipo y rótulo

Pueden parecer lo mismo pero no lo son.

Ambos suelen aparecer en los lugares más visibles del stand, pues actúan a modo de bandera de la empresa.

El *logotipo* de la empresa suele consistir en una combinación de diseño, colores y palabras (generalmente el nombre de la empresa o de su marca), que va íntimamente ligado a la imagen corporativa de la empresa.

El logotipo no solamente sirve para identificar a la empresa y a sus productos y a diferenciarlos de la competencia sino también, cuando ha sido bien diseñado, para asociarlo a una filosofía concreta, única e intransferible.

El *rótulo* del stand es algo más sencillo. Se trata del conjunto de letras (generalmente en color negro) que componen el nombre de la empresa expositora o cualquier otro tipo de mensaje.

Logotipo y rótulo suelen complementarse bien en los stands en ferias, pues en ocasiones hay logotipos tan «creativos» que es literalmente imposible descifrar el sentido de esa combinación alfacromática. El rótulo, en estos casos, viene en nuestra ayuda para indicarnos en letras mayúsculas, claras y grandes, que el stand que se presenta ante nuestros ojos con un colorido *«K&A»* es el de una empresa llamada «Kane & Abel Consultores».

Naturalmente esta precaución no será necesaria cuando el logotipo sea lo suficientemente legible o cuando, aún no siéndolo, se trate de una marca muy popular.

Ejemplo de stand señalizado tanto con el logotipo como con el rótulo de la empresa en una feria española de franquicias.

Fuente: Grupo Virto.

Ejemplo de stand señalizado sólo con el logotipo de la empresa en una feria industrial en Polonia.

Fuente: Mad-Expo (International Fair of Poznan).

4.2. El mensaje

El mensaje siempre debe ser *claro*. ¿Qué tipo de empresa somos, que ventajas ofrecemos?

En el stand de la fotografía, al lado del nombre de la empresa, se indica el producto («Bicycles») y el mensaje es acompañado por las bicicletas bien visibles en exposición.

Fuente: Mad-Expo (International Fair of Poznan).

No debemos olvidar que los compradores buscan ventajas antes que productos. No acuden a la feria buscando, por ejemplo, el juego *«Tongui 2000»*, sino que más bien buscan un juego pedagógico infantil para niños entre 7 y 12 años que pueda ser distribuido en Centro y Sudamérica.

El mensaje debe ser *conciso.*

Ocho letras o incluso menos son suficientes.

Los textos largos nunca son leídos. Nunca mejor que en una feria la máxima de que lo bueno, si breve, dos veces bueno.

Evite la acumulación de mensajes (aunque todos ellos sean breves), pues el visitante se sentirá saturado y no leerá ninguno.

Otro factor a tener en cuenta es el *idioma e idiosincrasia del país* y las posibles connotaciones que nuestro logotipo o rótulo pueden suponer. La marca

«JESÚS DEL POZO» optó por modificar su nombre comercial a *«J. DEL POZO»* entre otras razones por las implicaciones religiosas que el nombre *«Jesús»* podía tener en los países musulmanes.

Hay que prestar atención a los pequeños detalles y recordar que el gráfico o el diseño puede tener dos niveles distintos:

- El mensaje literal: lo que se dice expresamente
- El mensaje implícito: la forma en que se representa gráficamente (el color verde asociado a la ecología y al medio ambiente, por ejemplo)

4.3. Palabras «gancho»

Algunas palabras como *«nuevo»* o *«descuento»* actúan como un reclamo y suelen atraer la atención del público que tiende a sentirse interesado en conocer esa novedad o ese descuento.

Debe hacerse un uso imaginativo de la palabra «gancho»:

- Incorpore el término de manera que se note que ha sido añadido (efecto escritura intercalada, tipo de letras diferentes, etc.)
- Destáquela en colores llamativos o con algún tipo de signo señalizador (flechas, asteriscos, etc.)
- Si se trata de imágenes en movimiento (vídeo, CD-Rom, etc.) puede presentarse intermitentemente, con destellos o cualquier otro efecto especial diferenciador.

4.4. Grafismo y fotografías

En las ferias se confirma más que en ningún otro lugar, el dicho «una imagen vale más que mil palabras».

Del mensaje verbal se retiene un 10%, mientras que del gráfico se conserva un 35%. La adecuada combinación de ambos permite alcanzar niveles que rondan el 65%.

Las fotografías son un perfecto complemento a la gama de productos o servicios expuestos en el stand y permiten ofrecer una información que de otro modo no podría transmitirse (fotografía de la fábrica, de sus instalaciones, de su laboratorio, de las diversas aplicaciones del producto o su modo de uso, etc.).

Siempre es impactante la composición de un panel fotográfico (puede ser retroiluminado) con diversas fotografías del producto y un breve mensaje.

4.5. El acceso al stand

El stand debe diseñarse con el objeto facilitar la venta y la comunicación.

Esto puede parecer evidente pero basta visitar unas cuantas ferias para darse cuenta inmediatamente de que algunos stands no invitan a la visita y no, precisamente, por el producto expuesto, sino *por cómo está* expuesto y por la disposición general el stand.

A la hora de diseñar el stand deben considerarse las siguientes reglas básicas:

- Generalmente los *stands abiertos que facilitan la entrada y la exploración resultan más eficaces*, promocionalmente hablando, que aquellos otros que dificultan el tránsito o se presentan *«bunkerizados»*.

  Si hemos tomado la decisión de exponer en una feria es porque deseamos darnos a conocer; por tanto cerrar nuestro stand herméticamente sería un contrasentido (la norma tiene sus excepciones, por ejemplo, cuando se trata de productos susceptibles de espionaje industrial o cuando lo que busca precisamente la empresa es crear expectación mediante una cierta imagen de «misterio»).

- Los *productos* expuestos deben *verse desde el exterior* y sin necesidad de entrar al stand.

  La decisión de entrar generalmente vendrá después de haber visto algunos productos. No debemos, pues, dificultar su visión.

- La *entrada al stand debe estar claramente localizada*. Recuerdo un stand de un fabricante de puertas cuya entrada solo se descubría tras varios y enojosos intentos con diversas puertas decorativas que convertían al sofocado visitante en una especie de Peter Seller...

- La *salida también debe estar claramente visible* desde el mismo instante de entrar en stand. La impresión de sentirse atrapado puede retraer a algunos visitantes.

- Deje *espacio suficiente para que los visitantes puedan moverse* con facilidad. Al menos *una tercera parte del stand* debe dedicarse a zona de tránsito.

- *Evite colocar obstáculos* (una mesa o un mostrador) en la entrada del stand pues dificultará la entrada y la visión del interior.

  Puede colocar el mostrador o la mesa uno o dos metros hacia el interior del stand. Esto permitirá que lo visitantes accedan al interior con mayor facilidad.

  Trate de colocar el mobiliario próximo a las paredes y evite situarlo en el centro del stand pues obstaculizará el tránsito.

4.6. La presentación de productos y el entorno del stand

La gama de mobiliario y elementos complementarios para la presentación de producto en el stand es muy variada. Basta ojear someramente el Manual de Expositor para comprobar que prácticamente podremos alquilar cualquier mueble o complemento de uso común que pueda ser necesario.

Por otra parte, cada vez son más las empresas que ofrecen servicios de «escaparatismo» y *«attrezzo»* de stands, aportando ciertos elementos decorativos más personalizados (mobiliario antiguo, cuadros, equipo audiovisual especial, etc.) que no es fácil se encuentren en el Manual del Expositor.

A continuación se enumeran los elementos básicos para la presentación de producto y el equipamiento del stand.

4.6.1. El mueble expositor

Dependiendo del tipo de producto o servicio expuesto, el mueble expositor deberá reunir unas determinadas condiciones: ¿se trata de un producto de pequeñas dimensiones?, ¿requiere luz natural o artificial?, ¿es un producto único o existe una variada gama?, ¿se expondrá horizontal o verticalmente?, ¿es pesado o ligero?, ¿será necesario realizar alguna demostración técnica? ¿puede estar al alcance del público?

De entre la amplia variedad de muebles expositores existentes, algunos de los cuales son fabricados expresamente para un sector o industria específica, destacan por más comunes los siguientes:

1) *Paneles:*

Generalmente cuelgan de la pared aunque pueden presentarse expuestos tipo «caballete».

Las muestras del producto a exponer (habitualmente de poco peso y volumen; tales como lencería, ferretería, etc.) van fijadas al panel aunque en ocasiones pueden sustituirse por fotografías u otro tipo de grafismo:

- Tenga en cuenta el peso total del panel y el sistema de fijación a la pared del stand. Recuerde que ciertas estructuras no soportan más que un peso muy ligero o bien, cuando se trata de alquiler del stand, no es posible realizar perforaciones o taladros en la pared del stand para colgar el panel.
- Confirme con su decorador, siempre que emplee paneles, el peso máximo permitido por metro cuadrado de pared y la forma en que éste será fijado.

Ejemplo de stand con numerosos paneles.
Fuente: Mad-Expo (International Fair of Poznan).

Ejemplo de panel y estantes (horizontales e inclinados) de los que se ofrecen en los catálogos de feria.

2) *Estanterías:*

Mueble muy común y extendido en ferias por su versatilidad, pues permite exponer prácticamente cualquier tipo de productos y material promocional (catálogos, folletos, libros técnicos, etc.).

Es importante asegurarse el peso máximo soportado por sus baldas así como si debe ser colgada de la pared o se sustenta por su propia base.

Cuando su objeto es exponer folletos, revistas u otro tipo de literatura las baldas pueden presentarse ligeramente inclinadas.

Ejemplo de mostrador extraído de catálogo ferial.

3) *Mostradores*:

Es uno de los sistemas más extendidos para la exposición de productos o literatura y se presentan en infinidad de diseños, formas y materiales.

Permiten la exposición horizontal del producto a media altura, pues habitualmente tienen entre 1 y 1,2 metros de altura.

Pueden tener la parte superior acristalada y, en ese caso, realizan la función de vitrina.

4) *Vitrinas:*

Mueble acristalado, generalmente con puertas corredizas e iluminación interior, dentro del cual está expuesto el producto.

Sus dimensiones varían desde 100 cm. de altura si es tipo mostrador a 150 cm. o más si se trata de una vitrina propiamente dicha.

En ocasiones, según el tipo de producto, el propio pavimento del stand se ha empleado como una enorme y original vitrina permitiendo al visitante ver «bajo sus pies» el producto que se expone (por ejemplo las tuberías de gas de una vivienda, el cableado telefónico de fibra de vidrio, etc.). Debemos asegurarnos en esos casos que el cristal empleado tendrá la resistencia necesaria para soportar el tráfico de los días de feria.

La vitrina, por su especial configuración, impide generalmente el contacto directo del público con el producto lo que la hace muy adecuada para productos novedosos, frágiles (porcelana, vajillas, etc.), peligrosos (armas blancas o de fuego, algunos tipos de herramientas, etc.) o valiosos (joyería, antigüedades, obras de arte, etc.).

Ejemplo de vitrinas típicas de catálogo ferial.

5) *Podios:*

Habitualmente se trata de un pequeño mueble complementario de forma cúbica y altura variable sobre el cual puede exponerse alguno de los productos que se presentan.

Complementa perfectamente otro tipo de muebles expositores y resulta muy adecuado para productos que se desean resaltar.

Ejemplo de producto expuesto en podios.

4.6.2. El mobiliario del stand

Básicamente el stand debe contar con el mobiliario necesario para poder atender debidamente a las visitas que se esperan y ofrecer al personal de atención del stand las condiciones y elementos necesarios para poder desempeñar correctamente su trabajo.

El mobiliario básico del stand suele ser el siguiente:

1) *Mesa:*

Tenga en cuenta lo siguiente:

- Las mesas redondas son mejores que las cuadradas. Estás últimas dan la impresión de que comprador y vendedor deben situarse en extremos opuestos siendo percibidas como barreras. Una mesa redonda «aproxima» y acentúa la interacción entre comprador y vendedor.
- Debemos tener en cuenta el diámetro de la mesa en función del tamaño del stand o el número de mesas previstas. Un tamaño normalizado ronda los 70 u 80 cm. de diámetro.
- A efectos de poder calcular el espacio empleado por la mesa debe añadirse a su diámetro, al menos, medio metro más correspondiente al espacio que ocuparán las sillas.

2) *Sillas:*

- Como norma general hay que pensar que en las ferias las sillas deberían estar diseñadas para facilitar la venta y la comunicación y no solamente para descansar.

Ejemplos de mesas y sillas de catálogos feriales.

- El stand no debe dar la sensación de ser una «área de descanso» en la que se desparraman diversas personas hundidas en sofás sino de todo lo contrario; de ser un lugar activo con personal entusiasta. Para ello es recomendable hacer uso de sillas altas sin respaldo, tipo taburete o trípode, agrupadas en series de tres o cuatro.
- No deben excluirse el uso de las tradicionales sillas con respaldo para aquellas conversaciones o negociaciones más largas, aunque en este caso deberían estar en un lugar de más difícil acceso del stand.
- Calcule bien el número de sillas necesarias y tenga presente las dimensiones de su stand y el personal que lo integrará. No abarrote el stand con infinidad de sillas, pues no solamente impedirá el transito fluido sino que podría transmitirse la imagen de poca actividad al estar desocupadas muchas del numeroso surtido.

3) *Mobiliario auxiliar:*

Es necesario contar con papelera, cenicero, percha y con algún armario con cerradura en el que puedan guardarse documentos y material de oficina (cuadernos de notas, hojas de pedido, bolígrafos, grapadora, etc.).

Es imposible incluir una lista exhaustiva pues, cada vez más, las ferias y las empresas decoradoras ofrecen una gama más amplia de muebles auxiliares y especiales.

Baste señalar que hoy en día es fácil alquilar en feria muebles tan variados como mesas de juntas, sillones ergonómicos, carritos de servicios, taburetes con ruedas, sillas giratorias, mesas para ordenador, archivadores, sillas abatibles, mostradores hexagonales, atriles, soportes de equipo audiovisual, barra de bar, espejos, muebles «de época», etc.

4.6.3. La iluminación del stand

La iluminación del stand es un elemento clave para la imagen de conjunto, para la creación de ambientes adecuados y para la captación de visitantes.

Tenga en cuenta lo siguiente:

- Haga un uso estratégico de la iluminación y recuerde que el visitante tiende a fijarse en el punto más brillante del stand.
- Incorporando más luces orientables («*Spotlight*») se puede ganar hasta un 50% más de impacto visual del stand.

Ejemplo de stand con uso estratégico de la iluminación.
Fuente: Mad-Expo (International Fair of Poznan).

Esta norma básica no debe llevarse al exceso pues tan perjudicial resulta una pobre iluminación como un exceso de luminiscencia.

Tenga en cuenta que el poder calórico de cierto tipo de iluminaciones puede hacer literalmente insoportable una estancia de varios minutos dentro del stand.

Recuerdo una feria celebrada en un país tropical en la que varios empleados de un stand sufrieron desmayos e irritaciones oculares debido al calor desprendido por el exceso de luces, situadas a muy poca altura. Puede parecer exagerado pero es muy común encontrarse con stands que padecen el «síndrome de sauna».

- Estudie detenidamente la ubicación de las luces: evite deslumbramientos y zonas muertas u oscurecidas.
- Combine diferentes tipos de luces y colores para crear ambientes. Un stand «aburrido» puede revitalizarse haciendo uso de luces brillantes.
- Las luces halógenas cuentan con gran aceptación debido a su bajo consumo eléctrico y por su luz blanca, cálida y brillante. Como ejemplo; una sola luz halógena de 600 W puede iluminar perfectamente un pequeño stand de 9 m^2.
- Los enchufes, cables y conexiones eléctricas deben estar siempre ocultos y fuera del alcance del público por razones estéticas y de seguridad.

- Asegúrese con antelación de que su equipamiento eléctrico es compatible con el sistema del país. Recuerde que no sólo puede variar la potencia eléctrica (110 ó 220 voltios) sino también las clavijas de conexión o el tipo de enchufe. No olvide los adaptadores si fueran necesarios.
- Saque ventaja de la adversidad. Por ejemplo, algunos recintos feriales antiguos cuentan con una pobre iluminación general por lo que si se incrementa la luz en su stand éste resultará más rápida y fácilmente identificable.

4.6.4. El uso del color

De forma análoga a la iluminación el uso estratégico de los colores nos permitirá crear ambientes y estados de ánimo en nuestro stand.

No debemos olvidar que cada color está asociado, según la cultura de que se trate, a una o varias actitudes o emociones (en occidente, por ejemplo, el rojo se vincula a la agresividad y al valor; el verde a la ecología y a la naturaleza, el negro al luto, el azul al frío, etc.)

Las estadísticas del Center for Exhibition Industry Research (CEIR) indican que un 14% de los visitantes al stand recuerdan la empresa visitada principalmente por los colores empleados y el diseño.

Al igual que sucede con la moda, también existen tendencias de uso de determinados colores, pero siempre debemos tener en cuenta algunas normas básicas relativas a los colores:

- Es más importante enfatizar el color de los gráficos, rótulos y paneles informativos que el de la propia estructura del stand. De hecho los colores de las paredes del stand deberían ser neutros para que resalte el mensaje del grafismo.
- Combine los colores de todos los elementos que integran el stand: paredes, grafismo, mobiliario y pavimento.
- No dude en usar colores como el rojo, amarillo o naranja pues enfatizarán su mensaje y, lo más importante, destacarán a su stand frente a otros. Tampoco debe abusar de los más agresivos, pues su stand perderá intimidad.
- Las letras negras sobre un amarillo o naranja son un 60% más visibles que sobre un fondo blanco.
- Los colores brillantes se asocian a un mensaje importante.
- Los colores terrosos resultan confortables y tranquilos pero no son los más adecuados para resaltar un mensaje.
- No olvide que las tendencias de moda en colores duran un máximo de tres años y los colores que en la última edición impactaron puede que en la próxima ya no estén de moda.

- Evite la superposición de letras en color sobre fondos poco adecuados que impidan o dificulten la lectura (amarillo sobre blanco; azul sobre verde, etc.). En caso de duda pruebe la combinación elegida con antelación.

- En ferias internacionales la elección del color será aún más complicada pues deben tenerse en cuenta las modas autóctonas y la cultura del país en el que se expone. Un stand muy colorido que en Brasil resultaría adecuado quizás no lo fuera tanto en una feria en Noruega. El color blanco que en occidente se asocia a la pureza en oriente se identifica con la muerte, es el color del luto. El color verde en occidente se asocia a productos ecológicos pero en Malasia es sinónimo de enfermedad...

4.6.5. El almacén

En la mayoría de ocasiones será necesario contar con un pequeño almacén para guardar diversos materiales que por su cantidad o volumen no pueden guardarse en un habitáculo más pequeño (armario, mostrador con cerradura, etc.).

Hay que pensar que muchas cosas que deben estar en el stand no pueden o deben presentarse a la vista (cajas con catálogos, alimentos y bebidas, tarjetas de visita, hojas de pedido, material de escritorio e, incluso, un par de zapatos de repuesto).

Las dimensiones del almacén variarán en función del tamaño del stand y de las necesidades de almacenaje de la empresa, pero un pequeño almacén de uno o dos metros cuadrados ofrece las siguientes ventajas:

- Facilita el trabajo dentro del stand.
- Transmite imagen de orden y limpieza (oculta lo que no se desea mostrar).
- Evita el riesgo de robos y extravíos. La puerta del almacén debe estar provista de cerradura para mayor seguridad.

Es importante que el interior del almacén esté claramente compartimentalizado, con los estantes bien ordenados y que todo el personal del stand esté debidamente concienciado de la importancia de mantenerlo en orden.

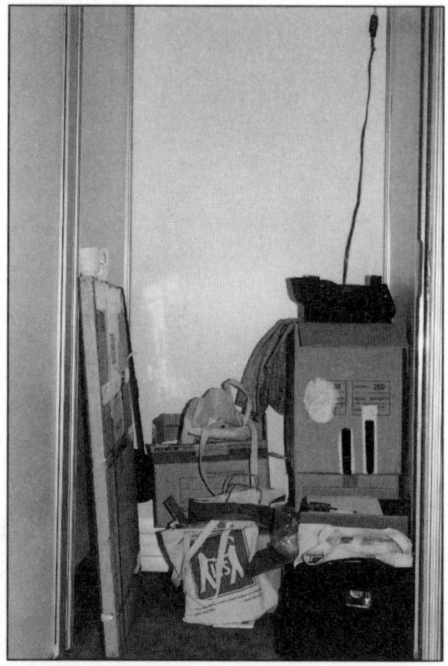

Ejemplo de almacén de 1 x 1 m. que en un stand pequeño permite «esconder» todo aquello que no se quiere tener a la vista.

4.6.6. El pavimento del stand

Dentro de la amplia gama de materiales para pavimentar el suelo del stand, la *moqueta* es la estrella indiscutible de las ferias.

Su economía, facilidad de colocación y durabilidad al menos durante los días de feria, son factores a favor.

Su suciedad y poca originalidad son los factores más negativos.

La mayoría de decoraciones básicas de feria incluyen un pavimento de moqueta, con la posibilidad de optar por diferentes colores básicos (gris, negro, rojo, azul, etc.). La limpieza del stand suele estar incluida en el servicio general de decoración.

Las empresas con una decoración propia más elaborada tienden a colocar otro tipo de pavimento en el stand, como fórmula de diferenciación. Las alternativas son varias: madera, vinilo, metal, PVC, etc.

Tenga en cuenta lo siguiente:

– Las irregularidades del suelo del recinto ferial. No todas las ferias cuentan con pavimentos lisos y nivelados. He visitado algún recinto ferial con auténticos cráteres en el suelo, por los que pasaban conducciones eléctricas y canalizaciones de agua. En caso de duda consulte con los organizadores.

Ejemplo de stand en que el propio suelo del stand permite exponer el producto de la empresa (azulejos).
Fuente: Mad-Expo (International Fair of Poznan).

- Asegúrese con la organización ferial de que no existe ninguna restricción de uso del pavimento que van a emplear. En ocasiones es necesaria una autorización previa para la colocación de ciertos tipos de pavimentos o sus soportes (tarimas de madera, por ejemplo).
- Si usa moqueta compruebe que ha sido bien colocada, sin ondulaciones, pliegues ni agujeros, pues podría ser causa de tropezones o accidentes.
- Los diseños marmoleados y los materiales metálicos inspiran poder y puede resultar algo intimidatorios. Las superficies rugosas, textiles o la madera parecen menos agresivas y más intimistas.
- Use el pavimento como un canal más de comunicación. No todos los mensajes deben colgar del techo del stand: ¿porqué no señalar el camino a seguir en la moqueta con unas grandes flechas?

4.6.7. Plantas y flores

Una decoración floral adecuada alegra el stand y lo revitaliza; transmitiendo la imagen de que el expositor lo ha tenido todo en cuenta, incluso los más mínimos detalles.

- Si se trata de plantas naturales tenga en cuenta su ubicación, pues si están muy próximas a alguna fuente de luz muy potente pueden secarse en pocos días.
- Evite que las plantas impidan o dificulten la visión del stand. Colóquelas estratégicamente en aquellas «zonas muertas» en las que no hay ni producto, ni mobiliario.
- No permita que las plantas dificulten el tránsito dentro del stand. En ocasiones, recorrer ciertos stands evoca las aventuras de Indiana Jones en la selva amazónica.

4.6.8. Las comunicaciones y el equipamiento audiovisual

Vivimos la era de las telecomunicaciones. Lo que hace algunos años se limitaba a la conexión de línea telefónica y a una televisión en el stand, hoy en día se ha transformado en una oferta tan variada como la tecnología del momento permita.

Así, al inicio del siglo XXI, no es extraño poder contratar en la propia feria el alquiler de teléfonos móviles con acceso a Internet, ordenadores portátiles, videoconferencias, correo electrónico, demostraciones informáticas «virtuales», equipos DVD, cañones para presentaciones, pantallas gigantes y equipos multimedia de todo tipo.

Asegúrese con antelación cuales son sus necesidades exactas (potencia eléctrica, compatibilidad de cables o sistemas de vídeo, clavijas especiales, etc.) pues una vez en destino podrá resultar difícil encontrar una solución. Por ejemplo el sistema de vídeo empleado en Europa es incompatible con el utilizado en los Estados Unidos.

4.6.9. Distintivos y reclamos: Banderolas, estandartes, columnas, globos, etc.

Otra fórmula de *merchandising* ferial es el uso estratégico de distintivos y reclamos que atraigan la atención del público.

Este tipo de distintivos generalmente emplean el logotipo de la empresa o bien incluyen un mensaje muy concreto (*«nuevo»*, *«premio al diseño»*, *«Ahorre hasta un 75%»*, *«Garantía de por vida»*, *«50º Aniversario»*, etc.). Ya hemos visto que la brevedad el mensaje es necesaria para que pueda ser asimilado.

Ejemplos de stand con señalización colgante.

Ejemplo de stands con torre de señalización (izquierda) y con señalización colgante (derecha).
Fuente: Mad-Expo (International Fair of Poznan).

Los signos distintivos pueden revestir diversas formas, dentro y fuera del stand, de entre las que señalamos las siguientes:

- Banderas y estandartes
- Pancartas
- Columnas
- Rótulos luminosos
- Globos estáticos (dentro del pabellón si sus dimensiones lo permiten o fuera del recinto ferial)

5. TIPOS DE DECORACIÓN

Dentro de la amplia gama de decoraciones posibles que se le ofrecen al expositor ferial, podemos tipificar dos grandes grupos en función del grado de complejidad de la misma.

5.1. La decoración básica: el «*Shell Scheme stand*»

La decoración básica, también conocida como «*Shell Scheme*», consiste en un «paquete» preestablecido de servicios de montaje y desmontaje de la estructura básica del stand (en ocasiones demasiado básica). En la mayoría de los casos estos servicios son prestados por una empresa designada por el organizador ferial a tal efecto.

Cuando se trata de una decoración básica pura, suele contratarse al mismo tiempo que el alquiler del espacio.

Habitualmente la decoración básica incluye los siguientes elementos:

- La estructura del stand (paredes laterales de separación, frontales, techumbre, etc.).
- El pavimento del stand; habitualmente moqueta (a elegir entre una reducida gama de colores). La moqueta es colocada por la feria directamente sobre el suelo del recinto si éste es regular y nivelado o sobre una tarima de madera previamente construida si el pavimento es irregular o no está perfectamente nivelado.
- Conexión eléctrica.
- Iluminación (luces orientables, enchufes, etc.).
- Rotulación; generalmente muy sencilla y en un solo color (negro o rojo son los más comunes); sobre fondo blanco. No debe confundirse el rótulo del nombre de la empresa expositora con el logotipo de la empresa, habitualmente con el diseño y colores corporativos.
- Mobiliario básico. Suele consistir en una mesa y dos o tres sillas, una papelera, un cenicero y una percha por cada módulo mínimo de superficie contratada (entre 12 y 16 m^2).
- Limpieza diaria del stand. Se trata de una limpieza muy superficial, básicamente de la moqueta o pavimento del stand.

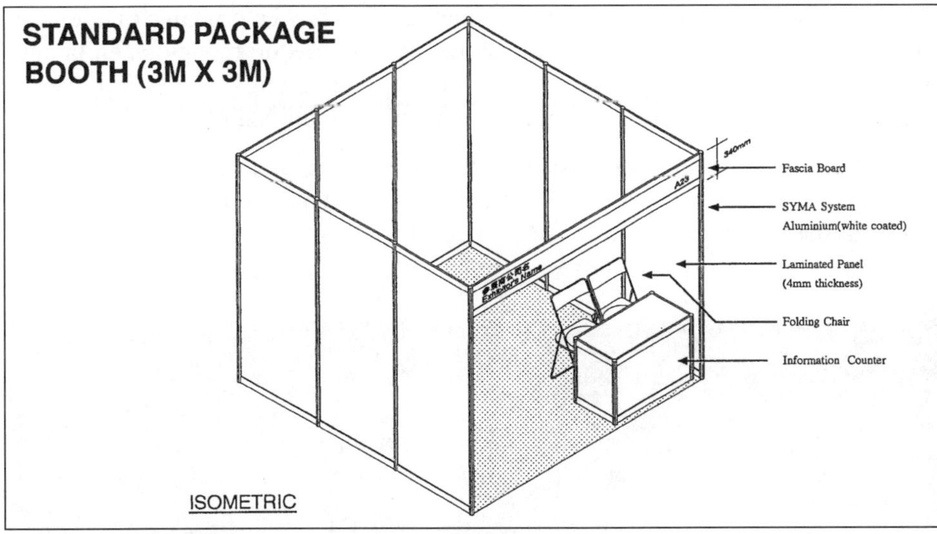

Ejemplo de stand modular tipo Shell Scheme ofrecido para una feria de vinos en China.
Fuente: Brifer Services.

A modo puramente orientativo, se recogen en la siguiente tabla los elementos básicos que generalmente se incluyen en el paquete de un stand *«Shell Scheme»*, variables según las dimensiones del stand.

ELEMENTOS BÁSICOS INCLUIDOS EN UN STAND «SCHELL SCHEME» (según superficie contratada)

Stand «Schell Scheme»	Hasta 12 m²	De 13 a 25 m²	De 26 a 38 m²
Alquiler del espacio	Sí	Sí	Sí
Estructura básica del stand (paredes)	Sí	Sí	Sí
Rótulo de la empresa	Sí	Sí	Sí
Moqueta	Sí	Sí	Sí
Oficina, con cerradura e iluminación	No	No	Sí
Iluminación (nº de focos regulables)	3	5	5
Potencia eléctrica (13 amperios, 3 enchufes, 500 W. máx.)	1	1	2
Paneles para exposición de productos	2	4	4
Estantes	2	3	3
Mesa redonda	1	1	1 ó 2
Sillas	2	3	4 ó 5
Taburetes	2	3	3
Mesa auxiliar	1	1	2
Mostrador	No	No	1
Armario con cerradura	1	1	1

Fuente: Elaboración propia según contraste con varias ferias internacionales.

Los elementos enumerados son sólo una referencia y es probable que, en función de la feria u organización ferial, se incluyan extras no recogidos en la anterior lista (estanterías, mayor potencia lumínica, mostradores, frigorífico, medios audiovisuales, plantas, etc.) o bien que se excluya alguno de ellos.

En EE.UU. la decoración básica suele ser, en lugar de la estructuras modulares que estamos acostumbrados a ver en el resto del mundo, unas divisiones a base de cortinillas de media altura.

Ejemplo de un stand básico de cortinillas típico de la mayoría de las ferias en EE.UU.

La decoración básica suele ser encomendada por el organizador ferial a una o varias empresas «oficiales» *(«Official Contractor»)* que serán las encargadas, muchas veces en exclusiva, de realizar las tareas de diseño, montaje, mantenimiento y desmontaje de los stands tipo *«Schell scheme»*.

Estas empresas oficiales no se limitan, como podría pensarse, a realizar únicamente la construcción de los stands con decoraciones básicas; y, a instancia del expositor, pueden también realizar proyectos de decoración más personalizados.

La contratación de la decoración con el decorador oficial de ferial cuenta con las siguientes **ventajas**:

1) *Coste reducido:*

No hay duda de que este tipo de decoración resulta mucho más económico que optar por una decoración propia más elaborada.

No solamente nos ahorramos el coste de transporte del stand (muy considerable cuando se trata grandes distancias), sino que al ser un diseño de stand normalizado y de uso común la empresa decoradora puede ajustar el presupuesto al máximo.

2) *Facilidad y rapidez de montaje y desmontaje:*

El hecho de que se trate de un modelo de stand normalizado supone que su montaje sea sumamente fácil y rápido.

3) *Apoyo directo e inmediato del decorador oficial:*

Como norma general, y sin que ello implique la exclusión de otros proveedores, contratar con uno de los decoradores oficiales nos garantiza el apoyo directo e inmediato del organizador ferial, pues se presenta como avalista del decorador.

Además, el decorador oficial suele tener oficinas propias de atención al cliente y almacenes en el mismo recinto ferial, lo que facilita y agiliza las gestiones en el supuesto de presentarse algún imprevisto.

Recuerdo una feria en Sao Paulo; una de las ciudades con el tráfico más congestionado del mundo, en la que todo un equipo de montadores estuvo esperando durante un día entero la llegada al recinto ferial de Parque Anhembi de unos materiales indispensables para continuar el montaje del stand. El problema fue que el responsable del stand no había previsto que la empresa decoradora con la que había contratado tenía sus almacenes a más de 60 kilómetros de la feria...

Los **inconvenientes** de este tipo de decoración son los siguientes:

1) *Impersonalidad:*

Si contratamos una decoración básica con el decorador oficial debemos irnos haciendo a la idea de que el día de la inauguración veremos muchos stands idénticos o muy similares al nuestro.

Por supuesto, se trata de una «impersonalidad» muy relativa y que a menudo se verá compensada por el tipo de producto expuesto (en ocasiones el producto es el stand), la superficie del stand, la localización, la promoción realizada o los complementos incorporados «motu propio» por el expositor que personalicen esa decoración básica.

Pensemos que, muchas veces, una sencilla decoración floral, una iluminación cálida o el uso de los colores corporativos de la empresa pueden «maquillar» una decoración básica hasta hacerla parecer propia o hecha a medida.

2) *Simplicidad:*

Aunque la oferta actual se decanta hacia decoraciones básicas personalizadas (una estructura básica a la que se le pueden incorporar infinidad de elementos extra a gusto del expositor) en general las opciones de decoración básica tienden a ser muy reducidas en su gama, no siendo extraño que se ofrezcan dos o tres posibles alternativas.

Dado que se trata de proyectos de decoración polivalentes (igual sirven para un stand de pequeñas dimensiones que para uno tipo isla; para una empresa que expone maquinaria de gran tamaño que para otra de joyería) lo habitual es que sean de muy sencilla estructura y construcción, no siendo posible la realización de obras más elaboradas o ciertos ajustes que adapten el stand a nuestras necesidades.

3) *Calidad de los materiales:*

Una de las características de la decoración básica es su bajo coste en comparación con otras alternativas y es razonable pensar que los materiales empleados no serán de la mejor calidad ni, probablemente, sean de estreno.

El mobiliario se contrata en régimen de alquiler y algunas veces se presenta algo castigado.

Aunque no sería razonable esperar que la mesa alquilada fuese de madera maciza de nogal es perfectamente legítimo reclamar a la empresa decoradora que reponga el material cuando el que nos ha proporcionado no se encuentra en buenas condiciones de uso (muebles astillados, puertas que no cierran bien, mesas desniveladas, paredes abombadas, moqueta desgastada o mal fijada, etc.).

La decoración básica suele ser recomendable cuando concurren todos o alguno de los siguientes factores:

1. *Limitaciones presupuestarias:* ya hemos visto que una decoración básica resulta mucho menos gravosa que una decoración propia. Probablemente el gasto de una decoración básica suponga un porcentaje inferior al 23% de gasto promedio que, según datos del CEIR, se invierte en la decoración el stand.
2. *Introducción o prospección de nuevos mercados.* Nunca es aconsejable invertir demasiado dinero en una feria que se celebra en un mercado desconocido para la empresa, pues no sabemos los resultados que obtendremos. Quizás, tras la participación, lleguemos a la conclusión de que nues-

tro producto no es adecuado para ese mercado. En estos casos, el principal objetivo del expositor es sondear y estudiar el mercado.

3. *Primera participación en la feria.* De forma análoga al punto anterior, tampoco resulta aconsejable invertir un porcentaje alto del presupuesto total en la decoración del stand cuando se participa por vez primera en una feria; pues es posible que tras esa primera experiencia lleguemos a la conclusión de que esa no es la feria adecuada para nuestra empresa.

4. *Cuando sólo se participa en una feria al año.* La decoración básica resulta más rentable y cómoda cuando la empresa solo participa en una feria al año. En aquellos casos en los que se participe en varias ferias al año, puede resultar más interesante optar por un stand «reciclable».

5. *Distancia geográfica entre la empresa expositora y la feria.* Cuanto mayor sea esa distancia más importantes será el coste del transporte; por tanto si la feria se celebra a gran distancia geográfica del punto de destino del stand resultará menos gravoso contratar la decoración básica con la propia feria. Veremos con mayor detalle en el capítulo dedicado a la logística ferial cuales son esos costes.

5.2. Decoración propia

La decoración propia es un tipo especial de decoración *realizada a medida* de las necesidades específicas del expositor y suele formalizarse mediante un contrato entre el expositor (contratante) y una empresa decoradora (contratado) de su país de origen o bien del propio país de celebración de la feria.

Puede ser contratada con empresas decoradoras ajenas a la feria o incluso con el propio decorador oficial de feria quién, como hemos visto en el punto anterior, no solamente se dedica a realizar decoraciones tipo *«shell scheme»* sino que también puede fabricar stands personalizados.

La característica esencial de este tipo de decoración es que se adecua estrictamente a las necesidades específicas del expositor, pudiendo éste aportar cuantas indicaciones considere convenientes.

Es importante subrayar, no obstante, que el expositor no debe tratar de imponer soluciones estéticas al decorador. Si hemos elegido bien a la empresa decoradora deberían ser ellos los que encontraran la mejor solución y diseño del stand.

Con ello no quiero decir que no se coopere con ellos informándoles, proveyéndoles de información y de material promocional relativo a nuestra empresa (elementos básicos para que puedan hacerse una idea de nuestra identidad corporativa), mostrándoles fotografías de otros stands en otras ferias (nuestros o de la competencia) o bien indicándoles cuales son nuestros objetivos (venta, comunicación o ambos) pues, sin duda, toda esa información permitirá al decorador estudiar y preparar el diseño más adecuado a las circunstancias específicas de la empresa expositora. Pero, insisto, una cosa es apoyar al decorador y otra bien distinta es acaparar sus funciones sin los conocimientos técnicos ni artísticos para ello.

Ejemplo de un stand de decoración propia con un alto componente de imagen marquista en una feria de electrónica de consumo en Alemania.

Fuente: Brifer Services.

La decoración propia es recomendable en los siguientes casos:

1. *Ferias celebradas en mercados consolidados* o prioritarios para el expositor, en los que sus productos o servicios ya cuentan con distribución y en los que se justifica el gasto importante que supone este tipo de decoración.
2. *Empresas con fuerte política «marquista»* y que desean diferenciarse de los competidores. Lógicamente con una decoración básica es más difícil conseguir ese objetivo y se hace recomendable optar por una decoración propia más elaborada.
3. *Empresas que participan en varias ferias al año.* Solo en algunos casos puede ser recomendable optar por una decoración propia y habrá que estudiar detenidamente en cuantas ferias se participa, distancias geográficas, adaptabilidad del stand a esas ferias y coste de su rehabilitación y mantenimiento.

Es indudable que un stand con decoración propia resulta mucho más personalizado y ajustado a la imagen que la empresa quiere transmitir, pues ha sido diseñado expresamente con ese objeto.

No obstante existen ciertos aspectos que deben tenerse en cuenta antes de optar por esta modalidad de decoración:

- *Implica un mayor coste.* La originalidad e imagen se pagan. La calidad de los materiales también. En algunos países los costes de transporte e impuestos aduaneros pueden dispararse hasta extremos inimaginables.

- *Supone una alta preparación logística e inversión de tiempo.* Tal y como veremos en los próximos capítulos hay que contar con plazos de salida de las mercancías y de montaje del stand mayores de lo habitual

La fórmula habitual de contratar este tipo de decoración es dirigirse a una empresa especializada en decoración de stands en ferias, pues no es corriente que sea la propia empresa expositora quien diseñe y construya su propio stand (salvo que se trate de una empresa dedicada precisamente a esa actividad).

Es recomendable contratar todo el proceso en bloque (diseño y construcción del stand) con una sola empresa, pues cuantos más intermediarios tengamos más caro resultará el producto final y más complicada será la comunicación.

Aunque es probable que la empresa de decoración subcontrate parte del trabajo con una o varias empresas más, siempre tendremos un único interlocutor válido y no será necesario que andemos negociando y tratando de coordinar las diversas actividades de varios proveedores distintos.

Pueden encontrarse multitud de empresas especializadas en decoración y montaje de stands en las páginas amarillas (nacionales o internacionales) directorios profesionales, Cámaras de Comercio o Asociaciones sectoriales del ramo (carpintería, mobiliario, decoración, etc.). Las propias ferias, además, cuentan siempre con un listado de empresas decoradoras (oficiales o no) especializadas en construcción de stands.

Otra cuestión importante que debe decidirse principalmente en ferias internacionales, es la contratación de una decoradora en el país de origen del expositor o en el país de celebración de la feria. Ambas alternativas ofrecen ventajas e inconvenientes; tal y como se desprende de los siguientes cuadros:

En el país de origen	**En el país de destino**
Ventajas:	*Ventajas:*
– Facilidad y rapidez de la comunicación (posibilidad de mantener entrevistas periódicas y visitas recíprocas de las instalaciones). – Mayor facilidad para obtener referencias de la empresa decoradora. – Sinergias derivadas de una relación contractual continuada (conocimiento de las necesidades de la empresa, de su política de imagen, etc.).	– Escasos o inexistentes costes de transporte (el stand ya está allí). – La decoradora conoce la «estética» propia del país (los gustos son muy cambiantes y variables según países). – Más facilidades logísticas (si surgen problemas la decoradora autóctona tendrá más recursos para solucionarlos rápidamente).
Desventajas:	*Desventajas:*
– Mayores costes de transporte. – Menor conocimiento de las tendencias y gustos estéticos del país de destino. – Mayor complicación logística en destino (montaje, desmontaje, retorno de mercancías, etc.).	– Comunicación más dificultosa (idioma, distancia, reuniones, etc.). – Al contratar con una empresa decorada en cada país resultará, a medio plazo, más dificultoso aprovecharse de las sinergias (comunicación e imagen) que supone un único interlocutor para varias ferias.

5.3. Criterios para seleccionar una empresa decoradora

Hay dos factores clave que deben ser considerados antes de proceder a la selección de una empresa decoradora: la experiencia y el presupuesto.

a) La experiencia de construcción de stands en la feria en la que vamos a participar es, por encima de todo, un factor importantísimo para evitar problemas durante la fase crítica de montaje.

Una empresa decoradora que ya haya construido otros stands en ese mismo recinto ferial conocerá las limitaciones técnicas de la feria (altura máxima permitida, certificados de ignifugación obligatorios, horarios de montaje, etc.); los problemas habituales que suelen darse en cada uno de los pabellones del recinto (zonas habitualmente congestionadas, mejores zonas de acceso de camiones, etc.) y conocerá personalmente al equipo directivo de la feria.

Esos y otros factores derivados de la experiencia resultan muy útiles cuando llega «el momento de la verdad» y debemos proceder al montaje del stand durante un periodo probablemente muy reducido de días.

Si se trata de nuestro primer contacto con la empresa decoradora es conveniente solicitarle fotografías de otros stands montados en esa feria y pedirle referencias.

Sus antiguos o actuales clientes así como la propia organización ferial serán fuentes de información muy valiosas.

b) El presupuesto es otro aspecto importante aunque naturalmente es la propia empresa expositora la que tendrá que decidir cuánto está dispuesta a invertir en la construcción de un nuevo stand; analizando en su caso, cuanto supondrá su mantenimiento si tiene previsto usarlo de nuevo en otras ferias.

Recordemos que la construcción de un stand supone aproximadamente una cuarta parte del presupuesto total de gastos en una feria.

Con respecto al presupuesto tenga en cuenta lo siguiente:

- La *claridad y concisión* del presupuesto son cruciales. Asegúrese qué incluye y qué no incluye ese presupuesto (solicítelo por escrito), a fin de evitar sorpresas de última hora que pueden llegar a duplicar el presupuesto de gastos (¿está incluido en el presupuesto el transporte del stand hasta la feria? ¿se ha previsto el mantenimiento durante todos los días de feria?).
- *Desconfíe de las ambigüedades, de los condicionales y de las frases que admitan múltiples interpretaciones* tales como *«excluidos del presupuesto otros materiales o gestiones imprevistas que resulten necesarias para el montaje del stand», «salvo que sea necesario hacer tal o cual tarea», «a no ser que se deba trabajar a partir de las 18:00 horas», «en el supuesto de que la feria nos dé todas las facilidades»,* etc.
- Su empresa desea la construcción de un stand «llave en mano» y la decoradora contratada debe prever todas las gestiones y materiales que serán necesarios para ello, sin dejar nada al azar.

6. EL MONTAJE Y DESMONTAJE DEL STAND

Nada resulta más triste y penoso que un stand inacabado durante el primer día de feria.

Para evitar algo tan dañino para la imagen de la empresa es indispensable establecer un programa detallado de montaje y desmontaje del stand y fijar un *calendario*.

Todas las ferias fijan unos plazos y horarios claramente determinados para proceder al montaje y desmontaje de los stands.

Desconocer esos plazos o no respetarlos puede suponer no solamente multas, paralizaciones de mercancías y costes extra sino, lo que es más importante, la imposibilidad de llevar a cabo el montaje del stand antes del inicio de la feria.

Una vez inaugurada la feria ya no será posible continuar con las tareas de montaje[2] y el stand se presentará tal y como se encuentre en ese momento.

La planificación debe hacerse concienzudamente pues, según en qué países y en qué ferias, el montaje del stand puede llegar a ser una de las fases más difíciles y complicadas de todo el proceso de marketing ferial. Alguien que haya sido testigo directo del montaje de stands en ferias sabe perfectamente que esa semana suele ser una actividad que a muchos puede llegar a evocarles los campos de batalla de Vietnam a finales de los sesenta...

Dos visiones de un mismo pasillo ferial: a la izquierda, terminando el montaje, y a la derecha, durante la feria.

Naturalmente una vez empieza la feria no quedan señales del caos que ha tenido lugar durante varios días pues los restos del combate han sido retirados frenéticamente la noche que precede la inauguración. Todo se presenta limpio y ordenado ante el visitante profesional recién llegado, pero los que estuvieron allí sólo unas horas antes de la apertura al público saben perfectamente el esfuerzo, capacidad de trabajo en equipo y planificación que han tenido que desarrollar.

Existen algunas pautas que deben seguirse siempre para que las tareas de montaje se desarrollen de la mejor manera posible:

---

2 Sí será posible realizar pequeños arreglos o incorporaciones (iluminación, mobiliario, etc.) más propios de las tareas habituales de mantenimiento que del montaje propiamente dicho.

Imágenes de una feria del sector cerámico en Rusia. Durante la feria (izquierda) y durante el montaje (derecha).

Fuente: Decoexpo.

1) *Reuniones previas* con el decorador (en el caso de haber optado por decoración propia) en las que se planificará la estratégica de montaje y desmontaje y se preverán los problemas que puedan ocurrir. Debemos pensar que un stand que requiere seis días para ser montado exige seis semanas de concienzuda preparación. Si todo ha sido previsto con detalle, será más difícil que nos encontremos con problemas importantes o, si suceden, que estos nos desborden.

2) *Durante el montaje* podemos ganar tiempo aplicando las siguientes normas:

– *La descarga de la mercancía en feria y su entrega a pie de stand debe ser realiza paulatinamente y en el orden en que serán necesarios los bultos* para el montaje. Si la casa se empieza a construir por los cimientos no tiene sentido recibir primero las tejas.

  Ésta es una precaución que a menudo se olvida y da lugar a terribles congestiones de los pasillos de la feria durante los días de montaje pues si *todos* los expositores reciben *toda* su mercancía al mismo tiempo es evidente que van a encontrarse, todos ellos sin excepción, con un problema de espacio; salvo que se trate de algún moderno recinto ferial con amplios y numerosos pasillos.

  Es recomendable tener esta estrategia presente el día de la carga de la mercancía pues los bultos deberán ser cargados en orden inverso a su entrega. En este caso se puede aplicar la máxima de «los últimos serán los primeros».

– Debemos asegurarnos de que *la zona circundante al stand está limpia de restos* (embalajes, maderas, plásticos, etc.) de una posible feria anterior o de un expositor vecino. Si no lo hacemos con antelación, a la hora de recibir las mercancías podemos llegar a perder mucho tiempo tratando de retirar los restos que obstaculizan la entrega.

– Cuando se trata de grandes volúmenes de mercancía conviene evitar la descarga simultánea de todos los bultos. Deben entregarse paulatinamente y en el momento en que sean realmente necesarios; para ello cada bulto puede llevar una identificación (un número o una letra) que permita determinar cuando debe ser entregado. Antes de proceder a la recepción de la segunda remesa deberán haberse retirado los embalajes vacíos de la entrega anterior.

– En stands grandes, puede ganarse mucho tiempo y manipulaciones innecesarias mediante la *división de la superficie del stand en cuadrantes* numerados y depositando las cajas (con una numeración adecuada) en el cuadrante correspondiente[3]. Imaginemos que nuestro stand ha sido dividido en cuatro cuadrantes (1, 2, 3 y 4) y nuestros bultos deben ser entregados en tres fases la primera de las cuales es señalada con la letra «A» (estructura del stand y herramientas) la segunda con la «B» (muebles expositores e iluminación) y la última con la «C» (productos, catálogos, material promocional y productos de limpieza).

Un ejemplo de cómo debería ser la etiqueta es el siguiente:

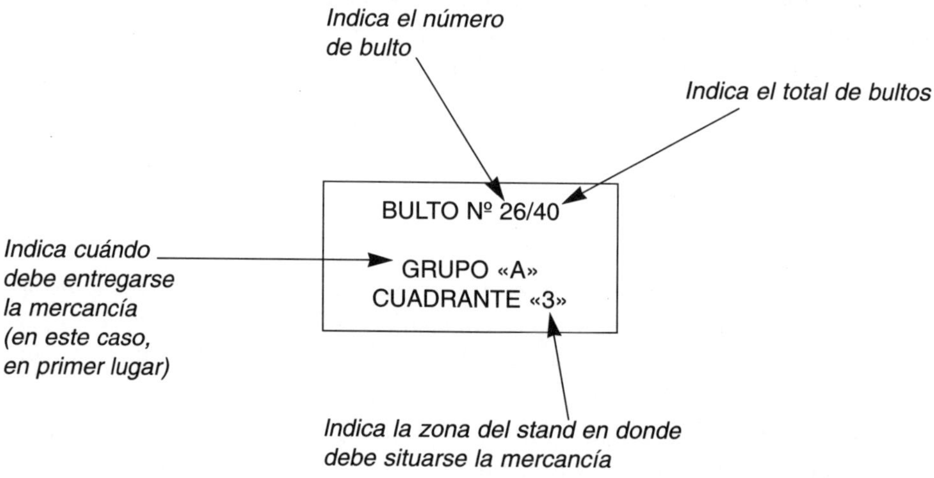

[3] Hay que tener en cuenta que también puede depositarse la mercancía en los pasillos circundantes al stand, siempre que las normas de la feria no lo prohiban, que las mercancías no entorpezcan o impidan la circulación por esos pasillos y que no ocupen la «zona de influencia» del expositor vecino. La demarcación de esa «zona de influencia» viene dictada por el sentido común y las normas más elementales de cortesía.

STAND DIVIDIDO EN CUADRANTES

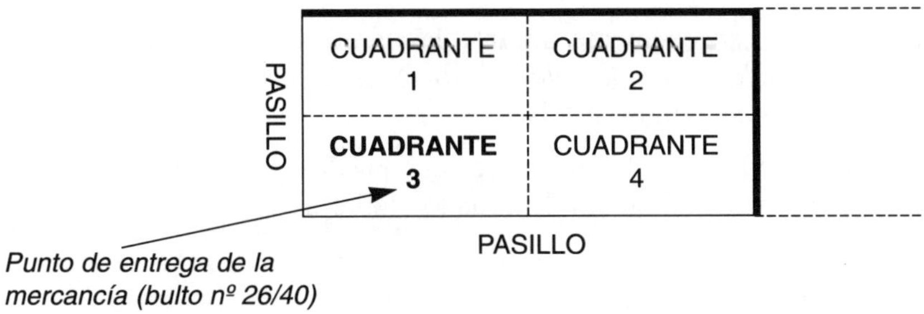

- Es recomendable trabajar contrarreloj durante el periodo más largo que sea posible ya que no hay que olvidar que la feria puede haber fijado un horario máximo de trabajo en el recinto, transcurrido el cual no será posible continuar dentro del mismo (algunas ferias son muy estrictas en este punto y a la hora establecida desconectan la electricidad, luces, ventilación, etc.) o bien nos resultará muy onerosa la hora extra trabajada. En ocasiones será necesario un régimen de turnos.
- Establecer un programa de *reuniones diarias con los montadores* para contrastar y atajar posibles problemas con la antelación suficiente.

  Si no se hace así a diario, puede suceder que nos planteen todos los problemas el último día de montaje con muchas menos posibilidades de solucionarlos.

  Imaginemos que sucedería si el último día de montaje el decorador contratado nos informara de que la iluminación del stand es de un voltaje distinto al del país anfitrión, que uno de los muebles expositores no cabe en el stand, que las sillas han llegado rotas o que nuestros catálogos y material promocional se han extraviado...
- *Crear espíritu de equipo*. Cada miembro del equipo de montaje debe saber cuales son sus funciones y estar debidamente concienciado de que un error o pérdida de ritmo en sus tareas implicará un perjuicio para el conjunto.

3) *Durante el desmontaje:*

La tentación de abandonar precipitadamente la feria será grande al terminar el último día de exposición, pero no olvide que la feria, al menos para el responsable del stand, no termina hasta que éste ha sido desmontado y toda la mercancía ha sido debidamente embalada y almacenada.

Asegúrese de que deja el área correspondiente a su stand limpia de residuos (restos de embalaje, maderas, desperdicios, etc.) pues muchas organizaciones feriales multan severamente a aquellos expositores que no dejan la superficie del stand en las mismas condiciones en que les fue entregada.

No olvide nunca, especialmente durante las tareas de montaje, la Ley de Murphy: *«Si algo puede salir mal, saldrá mal»*. Murphy estaba pensando en las ferias cuando elucubró su famoso aforismo.

Planifique calculando todos los percances que pueden ocurrir y concédase el tiempo suficiente para maniobrar sin demasiados sobresaltos.

LISTA DE CONTROL DE HERRAMIENTAS BÁSICAS PARA MONTAJE Y DESMONTAJE

✓ Sierra.
✓ Martillo.
✓ Juego de destornilladores.
✓ Tornillos.
✓ Taladro a batería (y recargador de batería).
✓ Brocas.
✓ Alicates y tenazas.
✓ Clavos.
✓ Tuercas.
✓ Arandelas.
✓ Juego de llaves «allen».
✓ Cable eléctrico.
✓ Alargador.
✓ Enchufes y apliques.
✓ Cinta aislante.
✓ Cuerda.
✓ Cinta métrica.
✓ Regla.
✓ Linterna.
✓ Bombillas de repuesto.
✓ Pilas.
✓ Cinta adhesiva.
✓ Navaja y «cutter».
✓ Tijeras.
✓ Pegamento rápido.
✓ Sellador.
✓ Ganchos para colgar cuadros.
✓ Cinta adhesiva para moqueta.
✓ Cepillo.
✓ Rotulador para marcar (varios colores).
✓ Lápices y bolígrafos.
✓ Botiquín de primeros auxilios (aspirinas, tiritas, alcohol, algodón, vendas, etc.).

Capítulo 6

La logística de transporte hasta la feria

«Existe el orden, no cuando nadie puede actuar, sino cuando todos se ponen en movimiento dentro del círculo legal, sin estorbarse mutuamente; cuando todas las voluntades se ejercitan con armonía; cuando los intereses de todos se encuentran protegidos y se encauzan hacia su regular desarrollo.»

A. GRÜN

1. La importancia del transporte de mercancías hasta la feria
2. El transitario oficial
   2.1. Ventajas
   2.2. Inconvenientes
   2.3. Servicios prestados por el transitario
   2.4. El precio
3. La logística de transporte: la entrega en feria. Problemas habituales y soluciones
   3.1. Congestión de los pasillos y del recinto ferial en general
   3.2. Extravíos
4. El embalaje de la mercancía
5. El seguro de mercancías
6. El procedimiento de transporte hasta ferias comerciales
   6.1. Documentación de transporte
   6.2. Desduanamiento de las mercancías

1. LA IMPORTANCIA DEL TRANSPORTE DE MERCANCÍAS HASTA LA FERIA

La importancia del transporte hasta la feria es indudable, pues sin la correcta y puntual recepción de las mercancías en el stand difícilmente será posible la exposición.

Al prepararse la participación en una feria suele minimizarse la importancia que tiene el transporte de las mercancías para el correcto desarrollo del resto de operaciones; pero no hay que olvidar que el transporte es el cordón umbilical que conecta el trabajo de muchos meses de preparación con el «momento de la verdad» del montaje del stand y exposición.

Un transporte mal planificado y coordinado puede implicar multitud de riesgos y problemas que afectarán al normal desarrollo de la participación en la feria o incluso, en sus casos más graves, podrían llegar a frustrarla.

Algunos de los contratiempos más comunes en las operaciones de transporte son los siguientes:

- Perdida o extravío de la mercancía
- Daños a la mercancía (al embalaje, al contenido o a ambos)
- Retraso en la entrega.

Es conveniente formalizar claramente por escrito con la empresa transportista seleccionada los servicios incluidos y los excluidos.

Desconfíe de declaraciones genéricas del tipo *«transporte hasta la feria ABC»* o *«excluidos costes extra hasta entrega a pie de stand»* pues pueden dar lugar a sorpresas indeseadas y extremadamente caras. Veremos en el siguiente epígrafe los servicios que es recomendable se tengan en cuenta a la hora de contratar el transporte de mercancías a la feria.

La formalización por escrito permite a ambas partes tener la seguridad de que no existen malentendidos en aspectos tan importantes como lugar y fecha de entrega.

Imagen de mercancía que llega dañada a la feria.

a) El lugar de entrega de las mercancías debe señalarse claramente y sin ambigüedades.

Los recintos feriales suelen ser muy grandes y hacer mención a algo tan poco concreto como que *«la mercancía se entregara en la feria ABC»* es la vía más rápida para que esa mercancía se pierda, robe o entregue con retraso.

Debe precisarse si la mercancía se descargará y almacenará en los depósitos del transitario oficial de la feria, se colocará a pie de stand o se almacenará fuera del recinto ferial.

b) La fecha de entrega es crucial, pues un retraso en la entrega de mercancías podría dar lugar a la imposibilidad de montar el stand dentro de los plazos fijados por la organización ferial o bien a tener que contratar personal de apoyo o a trabajar horas extra para poder cumplir con el programa de montaje.

Si la fecha de entrega ha estado claramente determinada y se incumple ese «término esencial[1]» estaremos en posición legal de reclamar a la empresa transportista.

[1] El incumplimiento del término esencial es un concepto jurídico que implica que un servicio (o bien) no se considera prestado (o entregado) cuando se ha incumplido un plazo o término preestablecido y esencial; o sea, indispensable para que ese servicio (o bien) tenga valor. El ejemplo habitual es la entrega del traje de novia para antes del día de la boda, pues una entrega posterior a la boda ya no tendría ninguna utilidad.

Los medios habituales de enviar la mercancía hasta la feria son los tradicionales para el transporte nacional o internacional:

- *Transporte terrestre:* es el más habitual para destinos en Europa occidental y oriental. El medio de transporte más generalizado es el camión, aunque en el segundo caso es cada vez más común el transporte combinado ferrocarril/camión.
- *Transporte marítimo:* es el empleado generalmente para ferias celebradas en América, Asia y África. Pueden emplearse contenedores de veinte o de cuarenta pies en función del mayor o menor peso de la mercancía. Los contenedores de cuarenta pies son más adecuados para mercancía más voluminosa que pesada (capacidad volumétrica 60 m^3; peso máximo: 26 Tm.); mientras que los de veinte pies resultan más rentables para mercancía de mayor peso y menor volumen (capacidad volumétrica 30 m^3; peso máximo: 21 Tm.).
- *Transporte aéreo:* en la mayoría de las ocasiones el flete aéreo sólo resulta rentable para envíos urgentes y de escaso volumen. El coste por kilo o m^3 resulta muy caro y conviene valorar bien qué mercancía se envía y cómo se envía.

El transporte de mercancías requiere el empleo de una logística especial que resultará tanto más compleja y elaborada cuanto más distante esté la feria. Estas operaciones son generalmente realizadas por empresas transportistas especializadas o por transitarios pero deben ser planificadas y coordinadas por el responsable del stand.

Camión cargado de mercancía.

2. EL TRANSITARIO OFICIAL

La mayoría de las ferias cuentan con un transitario oficial; empresa especializada en el transporte y manipulación de mercancías hasta y en la feria.

El carácter *«oficial»* del transitario supone que todos o ciertos servicios de transporte y manipulación de mercancías dentro del recinto ferial solamente pueden ser realizados por esa empresa, con exclusión de las demás.

La exclusividad puede ser absoluta o relativa. Es *absoluta* cuando la feria sólo cuenta con un transitario oficial y no se permite la entrada de mercancías por ninguna otra empresa. Es *relativa* cuando una misma feria tiene varios transitarios oficiales (es habitual en muchas ferias europeas) y el expositor puede elegir libremente entre todos ellos, o bien cuando existe un «oficial» recomendado por el organizador ferial pero no se impide la entrada de mercancías realizadas por otras empresas.

La contratación con un transitario oficial puede tener ventajas e inconvenientes.

2.1. Ventajas

a) *Experiencia:*

Lo más probable es que lleve varios años realizando el transporte y manipulación de mercancías en esa feria, razón por la cual conocerá los problemas logísticos habituales y la forma de solucionarlos.

Algunos recintos feriales son auténticas «ratoneras», angostos y laberínticos, y la experiencia del transitario oficial puede ahorrarnos muchos problemas y retrasos.

b) *Apoyo del organizador ferial:*

En buena lógica el transitario oficial contará con todo el apoyo del organizador ferial lo que, en momentos de dificultad, puede ser de gran utilidad pues resultará más sencillo obtener determinados permisos, autorizaciones, etc. que si se actúa a través de alguna empresa independiente.

El compromiso de la feria con el transitario oficial se confirma cuando en el «Manual del Expositor» se incluyen los impresos correspondientes a la contratación del transporte de mercancías con una empresa determinada a la que se califica de oficial.

Forwarding Services
Schenker Eurocargo

Messe Berlin

Hall	Stand No.

Request
Fax-No. +49 30/3 02 70 93

Postal address:	Messe Berlin GmbH, Servicebereich Technik, Messedamm 22, D-14055 Berlin
Contractor Exhibition Grounds:	**Schenker Eurocargo Messen, Jaffé-/Harbigstraße, D-14055 Berlin** **Telephone +49 30/3 02 60 94, Fax +49 30/3 02 70 93**

We request a quotation for the below marked services:

Transport to Messe Berlin

B 4

from (place): .... Date: .... Time: ....
Qty.: .... packaging: ....
Contents: .... Dimensions/m³: .... Weight: ....
Required shipping: ....

Transport after the event

to (place): .... Date: .... Time: ....
Qty.: .... packaging: ....
Contents: .... Dimensions/m³: .... Weight: ....
Required shipping: ....

Order of technical equipment

Forklift with driver: ....
Weight: .... t lifting height: .... m Date: .... Time: ....
Palett truck: .... Date: .... Time: ....
Crane with driver: .... Date: .... Time: ....
Packer: .... Date: .... Time: ....
Supply of a 20" container: □ Store □ Office□ Chill Date: .... Time: ....
Miscellaneous: ....

Handling of empty containers

Volume approx. .... m³ Collection: .... Delivery to the stand: ....

Import/Export
(please mark where applicable)

Import
□ **Temporary – under bond for the time of the fair**
Payment of the custom bond fee, securities and handling charges through the exhibitor/employer
□ **Definitive – clearance for free circulation in the states of "EU" before the fair**
Payment of taxes, duties and handling charges through the exhibitor/customer

Export
□ **Transit after temporary import for the time of the fair for re-export in the country of origin or transit to another country**
Payment of the custom bond fee, security fee, handling charges for export-clearance of T/1 or carnet TIR – through the exhibitor/customer

Exhibitor/Invoicing address

Street

Postal code/City/Country

Contact at the stand

Telephone

Telefax

E-mail

All order placed are executed on basis of the German Forwarder's Standard Terms and the signed insurance police of SVS/RVS

Date Name of customer (in block letters)

Legally binding signature and company stamp

As of: April 1999/Subject to alteration

1 2 3 4 5 6 7 8 9 10 11 12 13 14 15 16

Ejemplo de impreso de contratación de los servicios del transportista oficial, utilizado por Messe Berlin para varias de sus ferias.

Fuente: Brifer Services.

c) *Precios competitivos:*

El hecho de que el transitario oficial pueda consolidar grandes volúmenes le permite aplicar una política de precios muy competitiva.

Veremos que ésto no siempre es así, precisamente por ese carácter oficial y monopolístico que, en ocasiones, impide la libre competencia entre proveedores y distorsiona los precios de mercado.

d) *Instalaciones en la propia feria:*

Lo habitual es que el transitario cuente con oficinas y almacenes propios en el mismo recinto ferial o muy próximos al mismo.

Los costes de almacenaje y manipulación de mercancías serán menores que si los depósitos se encuentran fuera de la feria.

e) *Prioridad en la descarga y entrega de mercancías:*

Las congestiones y colapsos durante la entrega de mercancías son un mal endémico en muchas ferias. En caso de conflicto entre transitario oficial u otra empresa transportista independiente prevalecerá siempre la entrega del transitario oficial.

2.2. Inconvenientes

El principal inconveniente es la situación de monopolio en que se desenvuelve el transitario oficial absoluto.

Al no existir competencia de otras empresas puede resultar muy difícil negociar precios y condiciones especiales con el transitario oficial y no es raro encontrarse con situaciones del estilo de «*o lo tomas o lo dejas*».

En cualquier caso, el transitario oficial sabe que su nombramiento no es vitalicio y siempre trata de ofrecer un buen servicio a precios lo más competitivos posibles.

2.3. Servicios prestados por el transitario

Los servicios más habituales que un transitario puede ofrecer son los siguientes:

a) *Flete*

Se trata del transporte de mercancías propiamente dicho, desde el punto de carga hasta el puerto de destino o hasta la puerta de acceso al recinto ferial.

b) *Desduanamiento de mercancías*

En ferias celebradas fuera de la Unión Europea será necesario exportar la mercancía que se pretende exponer o vender.

El procedimiento de exportación (temporal o definitiva) puede llegar a ser extremadamente dificultoso y caro por lo que la experiencia del transitario será de nuevo un factor vital para el correcto desarrollo de esa operación.

Es muy recomendable cumplir estrictamente las instrucciones dadas por el transitario, pues en caso contrario nos encontraremos con problemas a veces imposibles de solucionar.

c) *Manipulación de mercancías desde la llegada a feria hasta su entrega a pie de stand («Drayage»).*

Se trata de un aspecto esencial para la prestación el servicio de transporte aunque muchas veces se minimiza la trascendencia que tiene la manipulación en feria; olvidándose que la mayoría de problemas suelen acaecer precisamente en la fase de entrega de mercancías a pie de stand.

Conviene tener en cuenta que la manipulación y entrega de mercancías desde el muelle de descarga hasta pie de stand suele suponer un coste importante sobre el total del transporte (con frecuencia resulta más caro transportar una caja desde la entrada de feria hasta el stand que desde el puerto español hasta el puerto de destino).

En algunas ocasiones el coste del *«drayage»* suele estar incluido en el precio del alquiler de espacio (en ferias norteamericanas es muy común), por lo que no será necesario contratar ese servicio con el transitario.

En cualquier caso, siempre hay que comprobar si la manipulación de mercancías dentro de feria está incluida, pues como hemos visto puede suponer una suma muy importante.

d) *Almacenaje de embalajes vacíos*

Otro aspecto a menudo olvidado es el almacenaje de los embalajes vacíos durante los días de duración de feria; pues es de suponer que, una vez terminado el certamen, la mercancía que hemos expuesto deberá enviarse a algún lugar (reexportación a país de origen o a un tercero; envío a clientes, etc.).

El almacenaje de embalajes puede resultar muy caro según la feria de que se trate y conviene asegurarse con antelación de ese coste y de los criterios de facturación (generalmente se factura una cantidad fija por metro cúbico de embalaje almacenado).

Una buena fórmula para reducir el coste de este almacenaje es tratar de guardar las cajas más pequeñas dentro de las más voluminosas, a modo de «caja china», pues de esa manera reduciremos el cubicaje total almacenado.

e) *Seguro de mercancías*

Existen diversas modalidades de aseguramiento de las mercancías (todo riesgo, pérdida, destrucción de mercancía, etc.) y debe elegirse la más adecuada para el tipo de transporte que se realiza y el valor intrínseco de la mercancía. Más adelante analizaremos con mayor detalle este apartado.

f) *Otros servicios*

En ocasiones el transitario oficial, al disponer de infraestructura logística en la propia feria, puede ofrecer servicios complementarios al transporte y manipulación de mercancías; por ejemplo, mano de obra para montaje de los stands.

Cuando se trata de ferias celebradas en el extranjero, generalmente el transitario oficial cuenta con una **empresa corresponsal en el país de origen**, lo que facilitará en gran medida las comunicaciones. Las grandes empresas transitarias cuentan con delegaciones en muchas ciudades españolas, algunas de las cuales cuentan con un Departamento de Ferias específico.

Cuando el transitario oficial en la feria extranjera sea una empresa desconocida debemos averiguar si cuentan con corresponsal en España, pues probablemente lo tengan. Los precios habitualmente están concertados y no habrá variaciones entre las tarifas de feria y los precios ofertados por la empresa corresponsal; salvo los derivados de los tipos de cambio.

Es muy importante asegurarse por escrito de que la empresa corresponsal realmente lo es; pues si no fuera así nos podríamos encontrar con muchos problemas.

La confirmación por escrito debe provenir del transitario oficial de feria. Si no la obtuviéramos debemos desconfiar de esa «corresponsalía». Aunque no es habitual, tampoco hay que excluir la posibilidad de que una empresa determinada se presente como corresponsal exclusivo de un transitario en destino sin serlo realmente. Este tipo de fraude es más común de lo que pudiera creerse y puede darse en todo tipo de países.

Por tanto, ante la duda, es mejor solicitar confirmación por escrito y contactar con la empresa transportista matriz a la que se supone el corresponsal está representando.

2.4. El precio

La fijación de precios puede revestir diversas formas:

a) *Precio global para el servicio completo* (*«puerta a puerta»*)

En este caso se cotiza por camión o contenedor completo (o una fracción si se trata de grupaje) y en la misma se incluyen todos los gastos desde el punto acordado de recogida hasta la entrega a pie de stand.

Habitualmente la entrega a pie de stand suele incluir la cláusula «primer posicionamiento» lo que implica que las ulteriores manipulaciones de la mercancía quedan excluidas de la cotización y se facturarán aparte.

b) *Precio para servicios concretos* (flete, desduanamiento, almacenaje de mercancías, manipulación de mercancías en el recinto ferial o *«drayage»*, almacenaje de embalajes vacíos, etc.).

En este caso la cotización se basará en el peso o en el cubicaje de la mercancía, no siendo extraño que se fijen unas tarifas dobles para peso (precio por kilogramo) y para cubicaje (peso por m^3) aplicándose la que resulte mayor en función del tipo de mercancía. Este sistema se conoce también como *«peso dimensional» (dimensional weight)*[2] y al final lo que implica es que ante dos unidades de medida (Kg y m3) la facturación se basará en la más alta de las dos.

Imaginemos un envío más voluminoso que pesado, por ejemplo unos paneles de goma-espuma de grandes dimensiones, cuyo peso total fuese de 150 Kg y cuyo cubicaje fuera de 4 m^3 (embalaje incluido). Si la cotización recibida fuese de 300 US$ por 100 Kg ó 200 US$ por m^3. ¿Cuál de las dos tarifas aplicaría el transitario? Probablemente facturaría partiendo de la base de la tarifa correspondiente al volumen; esto es, 800 US$ para el transporte y manipulación de esos 4 m^3. Si aplicaran las tarifas para el peso, dado lo ligero del envío, el coste sería de 450 US$. La mercancía enviada sería la misma pero el coste del envío habría variado sustancialmente.

Un asunto a menudo fuente de conflictos es contratar el transporte de mercancías hasta la feria con diversos proveedores: el flete con una empresa transportista y la manipulación dentro del recinto con el transitario oficial.

[2] La equivalencia del «peso dimensional» supone 7 libras (15,5 Kg.) por pie cúbico.

Si la empresa transportista tiene experiencia en ferias y está bien coordinada no tiene por qué haber ningún tipo de problemas, pero cuando carece de esa experiencia y coordinación es muy probable que al llegar la mercancía al recinto ferial empiecen los problemas. ¿Se han reservado las carretillas elevadoras para la descarga del camión? ¿se ha especificado cuando y donde debe entregarse la mercancía? ¿se concretó cuando debían ser recogidos los embalajes vacíos y qué hacer con ellos (almacenaje o destrucción)?

Deben detallarse claramente por escrito las obligaciones y responsabilidades de cada prestatario de servicios de tal manera que no queden lagunas. ¿Es la empresa transportista quien debe contratar con el transitario oficial para la reserva de carretillas elevadoras o debe hacerlo directamente la empresa expositora? ¿Quién se encarga del pago de ese servicio? ¿se ha efectuado el pago de las eventuales tasas de entrada de mercancía en feria?

Incluso empresas con gran experiencia en exportación y logística de transporte han sufrido percances importantes en sus envíos a feria, esencialmente porque enviar mercancías a una feria no es lo mismo que hacerlo al almacén de un distribuidor o un cliente.

Para introducirla dentro del recinto ferial hay que tratar con diversos intermediarios (aduanas, transitario oficial, organizador ferial, etc.) lo que convierte el proceso en algo más largo y costoso.

Aparentemente contratar con un transportista el flete hasta el recinto ferial puede parecer más económico que hacerlo con un transitario pero no debe olvidarse que su cotización solamente incluirá el transporte hasta la entrada del recinto ferial; excluido el *«drayage»* o manipulación de mercancías dentro de la feria (desde descarga del camión o contenedor hasta la entrega en el stand). En los casos en que la aduana está dentro del propio recinto ferial es muy probable que ni siquiera se haya incluido el coste de desduanamiento y nacionalización de mercancías (pago de aranceles e impuestos).

Todos esos gastos serán facturados aparte por el transitario oficial y ya hemos visto que muchas veces suelen ser incluso mayores que el flete propiamente dicho.

Es recomendable tratar de realizar el transporte hasta feria con el menor número de intermediarios posible pues cuanto más manipulaciones y traspasos existan mayor será el riesgo de daños a la mercancía y más difícil determinar las responsabilidades.

3. LA LOGÍSTICA DE TRANSPORTE: LA ENTREGA EN FERIA. PROBLEMAS HABITUALES Y SOLUCIONES

Cualquiera que haya visto una feria unos pocos días antes de su inauguración ya sabe el alto grado de caos existente dentro del recinto ferial: pasillos congestionados, embalajes vacíos que obstruyen vías de acceso, cajas desaparecidas o muy alejadas del stand, bultos mal identificados, etc.

Hay que partir, por tanto, de la base de un *previsible* nivel de caos; pero un caos que puede ser controlado si somos capaces de anticiparnos a los problemas.

Naturalmente no todas las ferias alcanzan las mismas cotas de conflictividad y aquellas exposiciones con recintos más amplios y modernos suelen resultar más cómodas para trabajar que otras con instalaciones más precarias.

Es muy importante, al menos en la primera participación, conocer el recinto ferial y los obstáculos que éste pueda implicar para la entrega y manipulación de mercancías.

Algunos de los problemas más habituales durante la entrega de mercancías son los siguientes:

3.1. Congestión de los pasillos y del recinto ferial en general

Es un mal endémico en la mayoría de las ferias y prácticamente inevitable.

Tiende a ser mayor y más grave cuanto más reducido y angosto sea el pabellón y de cuantos menos días se disponga para el montaje de los stands.

Como norma general conviene tener en cuenta que los primeros días de montaje suelen ser más tranquilos que los últimos ya que son los días empleados por las empresas con stands más grandes (también por las más previsoras) para introducir sus mercancías e iniciar el montaje de sus stands. Los stands de dimensiones más reducidas suelen dejar para los dos últimos días de montaje la recepción de sus mercancías.

Es, por tanto, aconsejable disponer con antelación del plano del pabellón en el que estamos situados a fin de comprobar el tamaño de los stands próximos al nuestro pues, en función de sus dimensiones, podremos prever que días serán los más congestionados. Si se trata de vecinos con stands pequeños lo más probable es que empiecen a recibir sus cajas uno o dos días antes de iniciarse la feria. Si se trata de stands grandes lo lógico es que empiecen a recibir mercancías desde el primer día.

Las normas de entrega para evitar o paliar la congestión varían en función del tipo de feria (barreras arquitectónicas, fechas de montaje, etc.), el mayor o menor volumen de mercancías y la complicación intrínseca del montaje del stand, pero resulta recomendable seguir las siguientes pautas:

- *Contratación del stand dando a pasillos amplios.* Un pasillo ancho no solamente es recomendable porque por él transitarán más visitantes durante la exposición sino, además, porque nos ofrecerá más espacio útil para dejar los bultos durante la fase de entrega de mercancías.

Hay que tener presente que muchas ferias cuentan con pasillos secundarios que en ocasiones no llegan a los dos metros de anchura, lo que dificultará y ralentizará cualquier manipulación de embalajes (entrega y recogida).

Aplicando el mismo criterio la entrega de mercancías resultará más sencilla y rápida en un stand abierto por varios lados (y, por tanto, orientado a varios pasillos).

- *Antelación suficiente:* cuanto antes se entregue la mercancía menos riesgos habrán de congestiones y extravíos.

  Por supuesto la antelación dependerá mucho del tipo de envío y de su volumen, pues no es lo mismo enviar la estructura completa de un stand que necesita para ser montado cuatro o cinco días que limitarse a enviar algunas muestras que pueden ser colocadas en el stand en unas cuantas horas.

  Muchos organizadores feriales suelen fijar un calendario escalonado para la manipulación de mercancías en función del tipo de pabellón y lo alejado que esté el stand de las puertas de acceso, entregándose primero aquellas mercancías correspondientes a los stands más alejados. Incumplir esos plazos puede suponer que nuestra mercancía se entregue a última hora.

  En cualquier caso, hay que evitar siempre dejar la entrega para el último día pues por muy pequeño que sea el envío siempre es posible la irrupción del algún imprevisto que retrase o complique la entrega (paralización en aduana por problemas administrativos, extravío de la mercancía, etc.).

  En muchas ocasiones se producen situaciones de «pánico» cuando, unas horas antes de cerrarse el plazo de entrega de mercancías, algún responsable de stand todavía no ha conseguido localizar las suyas; y ello por haber apurado hasta el último minuto la fecha de entrega de sus mercancías.

- Cuando la mercancía se transporta en contenedores (el contenedor sólo tiene una puerta para carga y descarga) *la carga de las cajas debe hacerse en sentido inverso al deseado para la entrega* a pie de stand (o sea, primero se cargan las que deben entregarse al final) pues al abrirse el contenedor en destino las cajas que aparezcan en primer lugar serán las primeras en entregarse. Un contenedor cargado desordenadamente y sin criterio implicará una entrega igualmente desordenada (por ejemplo, podría dar lugar al absurdo de entregar primero los complementos de decoración y dejar para el final la estructura básica del stand sin la cual los complementos no solamente no tienen ninguna utilidad sino que congestionan más los pasillos).

  Esta es una regla de sentido común que rara vez se tiene en cuenta al cargar la mercancía en el punto de origen.

- *Entrega escalonada.* En muchas ocasiones no es aconsejable recibir toda la mercancía al mismo tiempo o el mismo día y es más adecuado acordar con el transitario oficial la entrega escalonada a lo largo de varios días o de un periodo de tiempo determinado.

Esta modalidad de entrega resulta muy adecuada cuando se trata de envíos grandes o voluminosos (no tendría sentido una entrega escalonada para un envío de dos bultos pequeños).

- *Retirada periódica de los embalajes vacíos,* ya que no hacerlo supondrá nuevos obstáculos para nuestras siguientes entregas y las de nuestros vecinos.

  Para lograr que los embalajes vacíos sean retirados rápidamente hay que pegar en cada uno de los bultos a medida que se vayan vaciando la etiqueta indicativa de embalaje vacío *(«empty-crate»)* que nos habrá suministrado el transitario oficial o empresa transportista con quien hayamos contratado ese servicio.

  Los bultos que no lleven esa etiqueta de vacío no serán retirados y por consiguiente permanecerán en el pasillo obstruyendo el paso e incrementando la congestión.

- *Segmentación del stand en cuadrantes para la entrega de mercancías.* Tal y como se desarrolló en el capítulo de montaje (cap. 5) los stands de grandes dimensiones pueden ser divididos en varios cuadrantes de tal forma que permita el posicionamiento de los bultos en la sección adecuada.

  Cada cuadrante debería ir señalizado con un número o una letra, debiendo los bultos llevar el número o letra correspondiente al cuadrante en que deban ser entregados.

  Es importante especificar qué bultos pueden dejarse dentro del área del stand y cuales fuera.

3.2. Extravíos

Suele ser más corriente de lo que sería deseable el que todos o alguno de los bultos se extravíen en la feria.

La mercancía ha llegado a destino y se ha nacionalizado pero cuando llegamos al stand descubrimos con gran desasosiego que falta algún bulto.

Excluyendo las razones de fuerza mayor o imprevisibles (robo, etc.) conviene tener en cuenta que en la inmensa mayoría de los casos el extravío suele obedecer a un defectuoso *etiquetaje* de los bultos.

Un bulto mal etiquetado tiene muchas más posibilidades de entregarse en el stand equivocado o de perderse en la vorágine de la feria que otro correctamente marcado.

Cada bulto debe llevar una *etiqueta* claramente visible en cada uno de sus lados, recogiendo al menos la siguiente información:

Bultos etiquetados para su envío a feria.

- Nombre de la empresa.
- Nombre de la feria (ciudad y país).
- Número de pabellón o Hall y número de stand. Este es un dato importante que muchas veces se omite en la errónea creencia de que indicando el nombre de la empresa ya se da por conocido el número de pabellón y stand.
- Número de bulto/número total de bultos («1 de 3, 2 de 3, 3 de 3»). La numeración debe coincidir con la que conste en la documentación a efectos de una eventual inspección en aduana.
- Nombre de la empresa transitaria contratada, incluyendo teléfono y persona de contacto.
- Otros datos: peso del bulto, indicación de bulto apilable o no apilable, mercancía frágil, orientación del bulto, etc.

4. EL EMBALAJE DE LA MERCANCÍA

El embalaje de transporte protege a la mercancía durante las múltiples manipulaciones que tendrá que sufrir hasta la entrega a pie de stand y una vez terminada la feria desde el stand hasta el exterior del recinto ferial.

El embalaje debe ser el adecuado a la mercancía a transportar y adaptarse a ella teniendo siempre en cuenta factores tan diversos como su peso, volumen, fragilidad, valor, manipulaciones previstas y climatología en destino.

Cada producto tiene un tipo de embalaje específico. No es lo mismo transportar revistas y catálogos que lámparas de cristal. En el primer caso serviría un embalaje de cartón plastificado, mientras que en segundo sería altamente recomendable preparar una sólida caja de madera rellena de poliestireno u otro material similar.

Las normas básicas aplicables al embalaje en general son las siguientes:

1. *El embalaje debe facilitar la manipulación de la mercancía*

Las cajas deben ser cuanto más pequeñas mejor, pero no tanto como para facilitar su extravío.

Si se trata de mercancía pesada o voluminosa debe estar debidamente «palletizada»[3].

No olvide que cuanto más facilite la manipulación al transitario de feria, antes y en mejor estado recibirá la mercancía en su stand.

2. *Debe ser resistente*

La resistencia debe ser mayor cuantas más manipulaciones tenga que sufrir la mercancía.

Por ejemplo, no es lo mismo preparar un embalaje para una mercancía que se envía directamente desde la fábrica al stand (dos manipulaciones, una en origen y otra en destino) que otra que antes de su entrega en feria debe almacenarse en otro recinto intermedio (aduana, etc.). En este último caso la mercancía tendrá que pasar por un mínimo de cuatro manipulaciones y debería ser más resistente, pues con cada movimiento el embalaje sufre un paulatino deterioro; mayor cuanto más débiles sean los materiales de que está hecho.

Imagen de manipulación en feria de mercancía que ha llegado dañada.

[3] Una mercancía se considera «palletizada» cuando la caja que la contiene ha sido depositada sobre un paleta de madera o «pallet», lo que permitirá su fácil manipulación con una carretilla elevadora o transpallet.

Cualquiera que haya sido testigo de la forma despiadada en que suelen tratarse las cajas durante su manipulación en el recinto ferial (golpes, caídas, etc.) tiene que estar plenamente convencido de la importancia vital que tiene el embalaje en esos momentos.

Un embalaje poco resistente suele ser causa directa de la mayoría de daños, en ocasiones irreparables, a la mercancía.

Exponer en una feria con mercancía deteriorada es perder el dinero invertido y puede dañar seriamente la imagen de la empresa.

3. *Debe ser impermeable*

No todas las ferias cuentan con locales adecuados para almacenar la mercancía. En muchas ocasiones estás son apiladas en una zona descubierta y pueden quedar expuestas a todo tipo de inclemencias climatológicas.

La lluvia y la nieve pueden causar estragos a la mercancía si el embalaje no es impermeable. Imaginemos que ocurriría con los catálogos de novedades si estuvieran expuestos a una lluvia torrencial durante diez días y llevaran como único embalaje unas simples cajas de cartón...

4. *Debe ser opaco*

Al menos siempre que se trate de mercancía de valor o susceptible de ser robada.

Debe evitarse que la mercancía valiosa o llamativa (reclamos publicitarios tales como llaveros, bolígrafos, agendas, etc.) quede visible o identificada pues es la manera más eficaz de motivar a los ladrones.

5. *Debe estar cerrado* (con llave, o bien atornillado)

Se trata de otra regla derivada del sentido común para evitar robos.

6. *Debe ser reciclable*

Las empresas que participen en varias ferias al año y cuya mercancía sea reenviada a origen una vez terminada la feria deben plantearse usar un embalaje lo suficientemente recio y resistente para ser empleado en varios certámenes.

A medio plazo resulta mucho más barato que la utilización de embalajes de un solo uso.

5. EL SEGURO DE MERCANCÍAS

El seguro cubre el riesgo de una eventual perdida o daños (totales o parciales) a la mercancía.

Existen diversas modalidades de seguro (robo, daños, destrucción, todo riesgo, etc.) y la prima se calcula aplicando un porcentaje sobre el valor declarado de la mercancía.

Los porcentajes aplicados oscilan entre un 0,5% y un 2.5% dependiendo del tipo de seguro y mercancía asegurada.

Asegurar la mercancía es importante aunque no hay que olvidar que el perjuicio que puede suponer su pérdida o destrucción nunca será realmente compensable con el importe de la cobertura del seguro.

El aseguramiento de la mercancía puede ser realizado por la propia empresa transportista con quien realicemos el transporte o con la aseguradora con la que habitualmente trabajemos.

La prima del seguro se calcula aplicando un porcentaje sobre el valor declarado de la mercancía y en caso de siniestro esa es la cantidad sobre la que se indemnizará al asegurado en las condiciones previstas por la póliza de seguro.

Cuando se produce el siniestro el asegurado debe informar a la compañía aseguradora y realizar los trámites que correspondan en cada caso (por ejemplo, en los supuestos de robo debe presentarse el documento de denuncia ante la policía de ese delito).

El reembolso de la cantidad asegurada suele recibirse con mayor o menor rapidez dependiendo de que exista o no oposición por parte de la compañía aseguradora que, en ocasiones, puede requerir un informe pericial de daños para contrastar la valoración efectuada por el asegurado con la realizada por los peritos.

Los tipos de seguro más comunes son los siguientes:

- Todo riesgo
- Daños
- Pérdida
- Robo
- Guerra

6. EL PROCEDIMIENTO DE TRANSPORTE HASTA FERIAS COMERCIALES

Transportar mercancía hasta una feria no es lo mismo que realizar una exportación o venta intracomunitaria producto de una operación de compraventa.

El tipo de productos transportados y su destino final suelen ser distintos a los enviados como resultado de una exportación normal, pues la mercancía que se transporta a feria generalmente no va ser vendida. En muchas ocasiones, además, retorna a su país de origen una vez terminada la feria.

Todo esto implica que exportar mercancía hasta una feria exija un procedimiento especial que debe ser conocido con antelación y seguido al pie de la letra. ¿Qué tratamiento debemos dar a esa especial forma de exportación?

Aunque no existe un procedimiento internacional aplicable por todos los países (cada Estado tiene sus propios reglamentos de importación, más estrictos cuanto más proteccionista o cerrado sea el país) si que concurren algunos elementos comunes que, con ligeras diferencias de matiz (mayor o menor rigidez en su aplicación, etc.), suelen ser práctica habitual.

6.1. Documentación de transporte

Los transportes realizados entre estados miembros de la Unión Europea suelen implicar el mínimo de documentos, al no tratarse de una exportación en sentido estricto.

Dado que el camión es el medio de transporte generalmente empleado (el transporte combinado está aún poco desarrollado en lo que atañe a ferias) únicamente será necesaria la carta de porte o CMR.

Las complicaciones pueden ocurrir cuando se participa en ferias celebradas fuera de la Unión Europea. En estos casos hay que estar atento al caso concreto y las legislaciones propias de cada país en materia de importación, pues no es lo mismo exponer en una feria en Rusia que en otra celebrada en Argentina.

Los *documentos esenciales* para el transporte de mercancías hasta la feria son los siguientes:

- La *carta de porte o CMR* para transporte terrestre o el *conocimiento de embarque o «Bill of Lading»* para envíos marítimos.
- *Factura comercial.* Aunque habitualmente la mercancía expuesta en ferias no se vende al público (se regala como muestras o se entrega al cliente o distribuidor como material promocional de apoyo) es necesario preparar una factura comercial detallada en la que figure el precio estimado «a efectos estadísticos». Una fórmula del tipo *«Mercancía sin valor comercial; precios únicamente indicados a efectos estadísticos»* suele ser aceptada en muchos países aunque, como hemos visto, conviene estudiar el caso concreto antes de optar por ésta o cualquiera otra fórmula.
- *Lista de contenido o «packing-list».* Se trata de desglosar detalladamente el contenido de cada uno de los bultos que se envían.

Un «*packing-list*» incompleto o poco detallado suele ser una de las causas más comunes de paralizaciones en la aduana, de multas y, en el peor de los casos, de embargo de mercancías.

El «*packing-list*» debe incluir como mínimo la siguiente información:

- ✓ Numero de bulto.
- ✓ Tipo de bulto (caja de madera, pallet, etc.).
- ✓ Dimensiones del bulto (alto, largo y ancho).
- ✓ Peso bruto y neto.
- ✓ Relación detallada de mercancías (descripción y unidades) y partida arancelaria[4] de cada una de ellas. Es muy importante ser muy precisos, evitándose generalizaciones del tipo de «sillas, mesas y catálogos». Debe especificarse con claridad que ese bulto contiene *«4 sillas de madera, lacadas en verde, modelo Renacimiento, dos mesas de madera de 200 x 150 cm. modelo Imperio y 275 catálogos promocionales de novedades»*.

Algunos países cuentan con procedimientos bastante estrictos que pueden exigir la presentación de otro tipo de documentos (certificado de calidad, certificado de origen, certificación de productos no radioactivos, etc.) y cuya inobservancia puede implicar la paralización de mercancías en la aduana hasta la subsanación del error.

6.2. Desduanamiento de las mercancías

Es el procedimiento administrativo que debe seguirse ante las autoridades de aduanas del país receptor de la mercancía con el objeto de importar esos productos en el país.

Las mercancías que se envían a una feria pueden ser exportadas temporal o definitivamente:

– *Exportación temporal*

Cuando las mercancías vayan a ser reenviadas a su país de origen o a un tercer país, distinto al de celebración de la feria.

La exportación temporal supone que la mercancía estará en el país receptor durante un periodo limitado de tiempo, transcurrido el cual se reexportará a otro país.

---

[4] Asegúrese de que las partidas declaradas son las correspondientes a los productos incluidos en cada bulto, pues un error en esa tipificación puede suponerle el pago de aranceles distintos a los que le corresponderían y probablemente la paralización de mercancías durante el desduanamiento si tras la inspección aleatoria se descubriera la inexactitud de las partidas arancelarias. En caso de duda consulte con su agente de aduanas o con su transitario.

La nota más distintiva de este tipo de exportación es que la mercancía no está sujeta a aranceles ni a impuestos.

– *Exportación definitiva*

También conocido como procedimiento de *«nacionalización»*.

Se da cuando las mercancías, una vez terminada la feria, se quedan en el país de destino bien sea porque se regalan, porque se venden o porque se destruyen. La exportación definitiva supone el pago de los aranceles e impuestos correspondientes[5] a las partidas arancelarias declaradas.

Siempre es posible combinar ambos tipos de exportación y puede ocurrir que haya productos que van a ser nacionalizados (catálogos y material promocional, por ejemplo) y otros que van a ser exportados temporalmente (la estructura del stand, los expositores, etc.). En estos casos deben prepararse dos documentaciones (factura y packing-list) diferentes para cada tipo de exportación (la temporal y la definitiva).

Toda insistencia es poca respecto a la importancia que tiene seguir estrictamente las instrucciones recibidas del transitario seleccionado.

Un transitario es algo más que un transportista de mercancías; es nuestro asesor de transporte, conoce las peculiaridades administrativas de ese mercado, probablemente conoce la feria y nos indicará que tipo de documentos debemos preparar y que mercancías debemos evitar para ahorrarnos problemas y agilizar los trámites.

A pesar de que calculemos adecuadamente el tiempo de transporte, un error de calculo en el tiempo que llevarán los trámites aduaneros puede igualmente suponer un retraso en la recepción de la mercancía en feria, con los consiguientes perjuicios.

No hay que olvidar que existen muchos países *«sui generis» (*Rusia, Ucrania, Brasil, Estados Islámicos, etc.) con normativas de importación específicas y en ocasiones altamente restrictivas[6].

---

[5] Si la mercancía ha sido considerada «sin valor comercial» porque no va a ser vendida durante la feria y los valores que se la han dado son puramente «a efectos estadísticos» es razonable pensar que los aranceles e impuestos (habitualmente «ad valorem») no representaran una gran suma. Hay que tener siempre la precaución de no fijar precios exageradamente bajos, aunque sean a efectos estadísticos, pues en ciertos países (Brasil, Rusia, etc.) cuentan con precios mínimos de referencia para cada partida arancelaria por debajo de los cuales el funcionario de aduanas puede decidir la paralización de la mercancía para una inspección más profunda. Compruebe siempre con su transitario oficial los precios mínimos recomendables para cada país.

[6] Ejemplos hay a cientos. Baste citar la prohibición en países de religión musulmana de imágenes de mujeres más o menos ligeras de ropa (muy habitual en cierto tipo de material promocional), de bebidas alcohólicas; de ciertos alimentos (jamón); la exigencia de certificados de calidad según normas *Gosstandard* en Rusia y en Ucrania, la censura que se aplica a material videográfico en Singapur, la exigencia del *«Made in Spain»* en las cajas de producto exportadas a Estados Unidos y Puerto Rico, la obligatoria fumigación de contenedores con destino a Australia, etc.

Por otra parte, cada sector industrial tiene un tratamiento arancelario y procedimental distinto y es conveniente conocer con antelación las normas de importación que afectan a nuestro sector.

En estos casos la experiencia y conocimiento del transitario resulta esencial para cumplir con dichas normativas y evitar los graves problemas que su inobservancia puede ocasionar.

Por último, conviene tener en cuenta que, aunque cada expositor decide que material ha de llevar a la feria en función del tipo de stand y de los objetivos marcados, como norma general los siguientes elementos son siempre de utilidad en el stand:

- ✓ Formularios de pedido.
- ✓ Papel con membrete de la empresa, sobres y sellos.
- ✓ Block de notas.
- ✓ Grapadora, grapas, quita-grapas, clips, cinta adhesiva.
- ✓ Bolígrafos, lápices y rotuladores fosforescentes.
- ✓ Tijeras.
- ✓ Calendario.
- ✓ Agenda.
- ✓ Tarjetas de visita.
- ✓ Traveller's cheques.
- ✓ Etiquetas de repuesto para pegar en los embalajes al término de la feria (sólo en aquellos casos en que las originales hayan desaparecido o estén deterioradas).
- ✓ Botiquín.
- ✓ Linterna.
- ✓ Ordenador portátil (compruebe que el stand tendrá las conexiones compatibles con su equipo).
- ✓ Documentación de transporte (Bill of Lading, factura, packinglist, etc.).

Capítulo 7

La promoción

«Los negocios de hoy en día consisten en convencer a la multitud.»

GERALD STANLEY LEE, *Crows, Lib. II, cap. V*

Un aspecto esencial para captar visitantes y, en consecuencia, para obtener unos buenos resultados al exponer en una feria es la promoción que realicemos antes, durante y después de nuestra participación.

Hay que tener en cuenta que, según el tamaño de la feria, ésta será visitada por unos cientos o por millares de profesionales y nunca debemos olvidar que nuestro stand será, desde el punto de vista del visitante, uno de tantos que ante su vista se ofrezcan.

Además, ese visitante ideal que acude a la feria con la intención de comprar, comercializar o representar nuestro producto o servicios y cuya atención deseamos captar, no contará con mucho tiempo para visitar la feria; tendrá por tanto que discriminar unas empresas de otras y esto lo hará en función de la información previa que haya recibido o de la que pueda captar y asimilar durante su visita a la feria.

Aunque no hay reglas fijas, pues cada producto y feria cuentan con las suyas específicas, parece bastante lógico pensar que nuestro mensaje tendrá que adaptarse al grado de especialización de la feria, mediante la **«diferenciación sectorial»** o la **«diferenciación de producto»**.

Por ejemplo, un fabricante de juguetes que presente en una feria multisectorial un juego de mesa llamado *«TONGUI»* debería, en primer lugar, **identificar su sector** (juguetes) frente a la amplia gama de productos de otros sectores totalmente distintos (agroalimentarios, construcción, etc.) que se expondrán en esa misma feria.

La diferenciación sectorial debemos realizarla siempre, aunque la feria multisectorial esté internamente sectorializada (agrupados los productos en grandes bloques sectoriales), pues en ocasiones estas agrupaciones resultan poco adecuadas (grupos de productos demasiado amplios, ambiguos o poco naturales) o son resultado de una clasificación caprichosa motivada más por razones de índole logística de la organización ferial (falta de espacio, necesidad de «forzar» determinado tráfico de visitas, pocos productos del sector al que se pertenece para justificar un bloque diferenciado, etc.) que por un estricto sentido comercial.

Si, por el contrario, se trata de una feria especializada, el mensaje no deberá necesariamente identificar el sector juguetes (se supone que todos los productos expuestos en esa feria serán juguetes) y sí estar centrado en la **diferenciación de**

producto, enfatizando las características distintivas de *«TONGUI»* (juego de mesa para niños entre 7-14 años, educativo, etc.) frente a otros juguetes.

Para organizar una correcta estrategia de promoción hay que tener en cuenta que la feria durará pocos días, los visitantes al certamen serán varios miles, pertenecerán a sectores o grupos profesionales muy diversos, contarán con poco tiempo (desde unas pocas horas hasta seis o siete días) y podrán elegir entre una amplia oferta.

Partiendo de esas premisas, el objetivo primordial del expositor debería ser el de captar al profesional de su sector (si se trata de una feria multisectorial) o de su segmento (si se trata de una feria especializada) y no tener que enfrentarse a decenas de preguntas del tipo: ¿Es *«TONGUI»* un nuevo modelo de ordenador?, ¿se trata de un videojuego o de una bebida refrescante?

No hay que olvidar que el tiempo del expositor es importante, pero también el del profesional que visita la feria. Los minutos, que a la larga suman horas, perdidos de esta forma son minutos que resultan muy caros no solamente por la inversión económica que toda feria supone sino por el «lucro cesante» o, lo que es lo mismo, por los buenos contactos que ha perdido mientras aclaraba ciertas cuestiones que pudieron despejarse inicialmente.

Las acciones de promoción orientadas a informar acerca de nuestra participación en una feria, deberían siempre incluir los siguientes elementos básicos:

a) **Identificación de la empresa**

Cuanto más clara, mejor; consignándose no solamente la dirección completa, sino también el teléfono, fax y, si lo hubiere, dirección de correo electrónico y página web. Piense siempre desde el punto de vista del receptor del mensaje. No cometa el error de dar por sabido algo que a usted le parece evidente (por ejemplo, el cliente no tiene porque saber que Valencia es una ciudad Española o que el prefijo telefónico para llamar a esa ciudad desde el extranjero es el 00 34 96).

b) **Identificación del producto o servicio**

Qué productos o servicios encontrará el visitante en su stand y qué problemas está su empresa en condiciones de solucionar.

No se trata de hacer una enumeración exhaustiva; en ocasiones y en función del tipo de producto, una simple imagen (si se trata de un anuncio, folleto, catálogo, etc.) con un texto complementario es suficiente.

Hay que tener en cuenta que una información demasiado completa podría hacer pensar que ya no es necesario visitar su stand, pues todo ha sido aclarado previamente.

c) **Localización del stand**

Es indispensable indicar no solamente el número del stand sino también el número de Pabellón en que está ubicado (hay que tener en cuenta que muchas ferias disponen de varios pabellones).

Si el acceso al stand fuese dificultoso, es recomendable añadir un pequeño croquis indicando el itinerario más sencillo. El itinerario se realizará, a ser posible, siguiendo las grandes arterias o corredores feriales (debe evitarse que el croquis se convierta en un confuso laberinto de pasillos sinuosos), señalándose cuando proceda algún elemento orientativo claramente visible (por ejemplo, las oficinas de información de la feria; la cafetería, los servicios, cabinas telefónicas, centro de negocios, etc.).

La referencia a otros stands de marcas o empresas conocidas es otra alternativa, siempre que no se trate de competidores suyos (en ese caso, se arriesga a que el visitante termine su recorrido, precisamente, en el stand de su competidor y ello gracias a su eficaz y generosa promoción).

d) **Invitación**

Debe invitar expresamente a que se visite su stand.

La fórmula empleada variará en función del medio promocional empleado: breve, si se trata de un anuncio *(«Visítenos»* ó *«Visite nuestro stand»);* más elaborada cuando se trate de una carta de invitación personal.

Es muy recomendable incluir un pase de entrada a la feria siempre que ello no resulte muy oneroso (algunas ferias regalan un número determinado de pases a sus expositores, en función de los metros cuadrados contratados).

e) **Otros datos de interés**

No olvide añadir a su mensaje promocional cualquier otro dato que distinga a su empresa frente al resto de expositores.

¿Ha ganado recientemente algún premio a la calidad, excelencia empresarial, etc.?, ¿Van a realizar algún sorteo durante los días de feria? ¿Visitará su stand tal o cual personalidad?, ¿Tienen previstas demostraciones técnicas de producto? Indíquelo siempre con la mayor precisión posible, añadiendo cuando proceda el día y la hora del acontecimiento.

En ocasiones (publicidad, *«mailings»*, etc.) es recomendable indicar que su empresa está buscando agente, representante o distribuidor en alguna zona o provincia (siempre que esa información no desvele algún «secreto» empresarial), pues de esta manera su mensaje cumple una doble función: la puramente promocional y la de «anuncio por palabras». Lógicamente no procede señalar que buscan compradores o importadores, pues se supone que todos los expositores en la feria, en mayor o menor medida, buscan lo mismo.

Por lo que respecta a las herramientas de promoción que podemos utilizar para reforzar nuestra participación en la feria, conviene distinguir tres tipos diferentes:

1. Las herramientas de promoción empleadas antes de la feria
2. Las utilizadas durante la feria
3. Por último, las que se usan después de la feria.

A continuación se exponen con mayor detalle cada una de ellas con una descripción de las técnicas a usar en cada caso.

1. PROMOCIÓN PREVIA A LA FERIA

Según estadísticas del *Center for Exhibition Industry Research* (1989), el 33% de los visitantes a un stand había recibido algún tipo de promoción previa a la feria por parte del expositor.

Algunas de las principales fuentes de información previa a las que accede el visitante son las que se recogen en la siguiente tabla:

FUENTES DE INFORMACIÓN UTILIZADAS POR VISITANTES A FERIAS

Mailing directo	36%
Directorios feriales	24%
Página web en Internet	22%
Revistas y periódicos comerciales	18%

Fuente: Incomm Research (1998), publicado en Internet.

Analizaremos con mayor detalle las más eficaces:

1.1. «Mailing»

Para que el «mailing» o envío de publicidad por correo sea eficaz hay que tener en cuenta los siguientes aspectos:

1.1.1. Calidad de la base de datos empleada

Si la base de datos que usted emplea para realizar el *«mailing»* no ha sido filtrada, es muy probable que muchas de las cartas enviadas no lleguen nunca a su destinatario; o sean recibidas por empresas cuyo ámbito de actuación nada tiene que ver con su sector; o vayan a parar a manos inadecuadas.

Según datos recientes del Incomm Research el 72% de los visitantes que responden a un mailing previo a la feria (fundado en una buena base de datos) son compradores cualificados.

Existen muchas formas de acceder a buenas bases de datos; desde la simple adquisición de las *«Páginas Amarillas»* del país en cuestión (según en que países la información es más o menos completa) hasta la consulta a ciertos organismos públicos o privados, tales como el Instituto Español de Comercio Exterior (ICEX), las Oficinas Comerciales de España en el extranjero, Cámaras de Comercio, Confederaciones y Asociaciones empresariales (a ser posible su asociación sectorial, pues contará con una información más especializada).

Las propias ferias, como veremos, suelen ofrecer a los expositores el listado completo y detallado de visitantes de la edición anterior. Se trata de una fuente muy importante de información relativa a los visitantes, y a menudo poco conocida. Las organizaciones feriales cuentan generalmente con una base de datos de visitantes; base de datos que en función del grado de madurez y organización de la feria suele ser más o menos detallada, pero que en cualquier caso siempre incluye el nombre de la empresa, así como su dirección, teléfono y fax. En ocasiones, y cuando la feria lleva un correcto control de visitantes, se añaden el nombre y apellidos del visitante, puesto en la empresa, el sector profesional (fabricante, importador, agente, etc.) y productos demandados.

Muchas ferias ofrecen, *gratuitamente* o a un coste reducido, esas bases de datos a sus clientes; esto es, a los expositores. Pero hay que estar atentos, pues en ocasiones no se trata de un ofrecimiento «motu propio» de la feria sino *a instancia de parte;* o sea, que el expositor debe solicitar por escrito esa valiosa información.

Dado que la feria puede hacer entrega de esa información en soporte informático (desde CD Rom hasta diversas versiones para Access, Excel, etc.) nos resultará muy sencillo incorporarla a nuestra propia base de datos teniendo la certeza que todas esas empresas realizaron el esfuerzo de visitar la feria en cuestión y, en consecuencia, están realmente interesadas por la gama de productos que en la feria se ofrecían. Se trata, por tanto, de una información que difícilmente nos puede proporcionar a ese coste una empresa de informes comerciales.

Una vez incorporadas a nuestra base de datos contamos con una importante información de la que podremos hacer uso de forma inmediata mediante la realización de nuestro «mailing».

Otro recurso que nunca se debe excluir es la compra de la base de datos a una empresa especializada, con lo cual se eliminan gran parte de los riesgos antes apuntados.

Por último, y dada la proliferación que este sistema de envío de publicidad ha adquirido durante los últimos tiempos, existen en el mercado diversas empresas especializadas en la realización de *«mailings»* que pueden encargarse de la elaboración integral del *«mailing»* o sólo de algunas fases del mismo (etiquetado, ensobrado, franqueo, etc.).

1.1.2. Personalización

El *«mailing»* siempre deberá estar dirigido a una persona concreta y determinada nunca a un puesto genérico o, peor aún, *«a quien corresponda»*. Si en algunos casos no dispusiera de esa información, es mejor tratar de averiguarla mediante llamadas telefónicas. El tiempo invertido en esas llamadas no habrá sido en balde.

1.1.3. El contenido

El objetivo del *«mailing»* es invitar al destinatario a que visite nuestro stand; por tanto el mensaje deberá ser claro y conciso; debiendo incluirse, al menos, los elementos anteriormente mencionados (dirección, producto o servicio ofrecido, localización del stand, la invitación propiamente dicha y cualquier otra información de interés).

Puede incluirse, además de la carta de invitación, cualquier otro material promocional que refuerce la imagen de su empresa (folleto, adhesivos, tarjeta de entrada a la feria, etc.). Recuerde los riesgos que conllevan tanto un exceso de información como un extremo raquitismo.

1.1.4. El idioma

La carta debe ser inteligible para el receptor y, por tanto, debe estar escrita, a ser posible, en su idioma o en alguno extendido en la zona. Ante la duda, consulte con sus contactos en el país (la Oficina Comercial de España en el país de celebración de la feria es siempre una fuente fiable de información) o emplee el inglés, idioma internacionalmente aceptado como lenguaje del comercio. No se arriesgue a emplear dialectos, por simpático que este gesto pueda resultar, salvo que tenga la certeza de que el receptor los comprende y acepta, ya que si no fuera así su carta podría llegar incluso a resultar ofensiva.

No excluya la contratación de los servicios de un buen traductor. En la sociedad multimedia en que hoy nos desenvolvemos es posible acceder, vía Internet ó correo electrónico, a traductores de cualquier idioma y recibir el texto traducido en unas pocas horas. El coste de la traducción no supone una cantidad significativa (recuerde que se trata de un breve escrito) y, además podremos utilizar el mismo texto con distintos clientes; realizando los cambios pertinentes en lo concerniente a identificación del destinatario (lo cual no resulta difícil con la ayuda de los modernos tratamientos de textos).

Evite hacer uso de programas informáticos de traducción, al menos en este tipo de cartas, pues no consiguen, en la actualidad, realizar correctas traducciones.

1.1.5. El plazo de recepción

La fecha de envío de nuestro *«mailing»* variará en función de la extensión del país y del buen funcionamiento de su servicio de correos.

En cualquier caso, nuestra carta debería ser recibida entre diez y doce días (en países pequeños) y quince o veinte días (países grandes) antes del inicio de la feria. En caso contrario el receptor no tendrá tiempo de programar su visita y ajustar su agenda.

Si el presupuesto lo permite es aconsejable realizar varios mailings. El primero debería recibirse 8 semanas antes de la feria, el segundo 4 semanas antes y el último entre 1 y 2 semanas antes. El segundo y tercer mailing suelen tener un 50% más de respuesta que el primero.

El plazo debe ser mayor cuanto más extenso sea el país (Estados Unidos, China, Rusia, ...) o bien en aquellos lugares (Japón, por ejemplo) en los que la toma de decisiones no acostumbra a ser tan rápida como en el nuestro o sus hábitos empresariales exigen conocer con suficiente antelación su agenda de trabajo.

Los envíos a través de mensajería internacional ofrecen una garantía mayor de entrega puntal, si bien resultan más caros que el correo ordinario. Haga uso de este medio cuando quiera asegurarse que su carta llegará a un destinatario muy importante para su empresa.

Una fórmula para asegurar no sólo la recepción sino también la visita a nuestro stand es incluir una tarjeta de respuesta solicitando confirmación. Una vez recibidas y clasificadas las respuestas es el momento de realizar un turno de llamadas telefónicas para concretar el día y la hora de la entrevista.

Existen otros medios altamente sofisticados, cuando no extravagantes, para obtener la confirmación de asistencia (generalmente de personas VIP) y entre los cuales, según cita E. Chapman en su libro[1], han llegado a emplearse en ocasiones palomas mensajeras a una de cuyas patas se debía adherir la confirmación.

---

1 Chapman, Edward A. Exhibit Marketing: a success guide for Managers (McGraw-Hill, Inc., 1995).

1.1.6. El número de envíos

Un único envío debería ser suficiente, pero nunca está de más realizar un segundo *«mailing»,* recordatorio del primero, en el que además de los elementos básicos ya vistos, podría incorporarse algún aspecto novedoso o de «fidelización» (por ejemplo, la tarjeta de invitación a la feria, un cupón-descuento para compras durante la feria, etc.). El plazo entre el primer y el segundo *«mailing»* debería oscilar entre diez o quince días, sin olvidar que el último envío debería llegar a destino entre doce o veinte días antes del inicio de la feria.

1.2. Publicidad en revistas especializadas

Es muy probable que en el país en donde se celebre la feria exista alguna revista o periódico especializado en el grupo de productos o servicios que su empresa pretende vender o comercializar.

El éxito o fracaso de este tipo de promoción depende, primordialmente, de la *adecuada elección de la revista o periódico.*

En la medida de lo posible el periódico o revista elegido debe ser especializado, tener alguna relación con su sector (aunque sea indirecta) o, al menos, que su público objetivo sea el mismo al que usted quiere dirigirse. No tiene sentido, por ejemplo, realizar un anuncio en una revista de historia si usted vende muebles, salvo quizá que se trate de réplicas históricas de muebles de época.

Tampoco resultaría eficaz un anuncio en una revista dirigida al consumidor final si usted es fabricante de un producto que todavía no cuenta con distribución en el país. Su stand podría ser literalmente invadido por particulares demandando su producto y a los cuales usted no podría hacérselo llegar.

Si existen varias revistas y no cuenta con presupuesto para contratar publicidad con todas ellas, debe analizar los diversos medios que se le ofrecen. Trate de obtener la información de fuentes distintas a la propia revista (sin excluir estas últimas), y valore los siguientes factores:

- *Temática de la revista.* Cuanto más especializada en su sector tanto mejor.
- *Tirada.* Obviamente una tirada mayor le permitirá a usted llegar a más potenciales visitantes.
- *Tipo de lectores.* Las revistas suelen poner a disposición del anunciante el desglose de lectores por grupos profesionales (gerentes, directores de compras, comerciantes, ingenieros, fabricantes, consumidor final, etc.). Cuanto mayor sea el número de lectores de su grupo objetivo, más adecuada resul-

tará la revista o periódico. La regla es perfectamente adaptable si usted pretende llegar al consumidor final.

- *Fechas de distribución.* Asegúrese del calendario editorial de la revista ya que un error en la concreción de fechas de publicación puede implicar que su anuncio aparezca después de terminada la feria. Lo ideal sería contar con una revista que fuese distribuida entre dos y tres semanas antes del inicio de la feria y que durante su celebración tuviese una distribución especial dentro de la feria. Esta distribución especial en feria demostrará el «compromiso» de la revista con la feria y le permitirá a usted conseguir el máximo rendimiento de su anuncio. Algunas revistas publican un número especial previo a la feria *(«preview issue»)* en el que se incluye habitualmente el listado de expositores e información variada acerca de las novedades a presentarse durante el certamen. Aprovéchese de ésta oportunidad.

- *Apoyo de la feria a la revista.* Muchas ferias tienden a elegir a determinadas revistas como la «publicación oficial de la feria», lo que nos permitirá dilucidar, en primer lugar, que se trata de una revista con un nivel mínimo de calidad (en temática, distribución y lectores).

  Por otra parte la publicidad en la «revista oficial» nos permite asegurarnos que su anuncio va a llegar a los lectores adecuados, ya que obviamente la feria tratará de alcanzar a través de esa revista oficial al mayor número de lectores potencialmente visitantes de la feria y que son, al menos una parte de ellos, los mismos que a usted le interesan.

- *Coste de la publicidad, descuentos y servicio al lector («Reader's Service»).* Este último aspecto es importante pues la editora le enviará periódicamente información relativa a cada lector que solicite información de su publicidad.

La publicidad que podemos hacer a través de una revista o periódico especializado puede revestir las siguientes formas:

1.2.1. Anuncio («advertising»)

Puede ser realizado en blanco y negro (habitualmente en periódicos) o en color (en revistas). El tamaño del anuncio depende del presupuesto disponible y del mensaje que se pretenda transmitir.

1.2.2. Encartes, sueltos y retractilados («insert»)

Consiste en insertar dentro de la revista (encarte) o adjunto a la misma (sueltos y retractilados) un folleto promocional de su propia empresa. El folleto puede esta suelto o fijado a la revista. La principal ventaja es que nos beneficiamos de la base de datos y distribución de la revista para realizar un «mailing» especial con información relativa a nuestra participación en la feria. Suele resultar muy práctico incluir en el folleto adjunto un cupón respuesta para ser enviado por telefax (cuanto más sencillo de rellenar mayor será el número de contestaciones).

1.2.3. Publirreportajes («advertorial»)

Se trata de un sistema híbrido entre el anuncio y el artículo periodístico, con la ventaja de que usted decide el contenido del reportaje. El coste suele ser mayor al de un anuncio pues, generalmente, implica un mínimo de entre dos y cuatro páginas de publicidad.

También su eficacia promocional resulta mayor ya que el publirreportaje, al presentarse como un artículo periodístico, tiende a ser percibido como una información más «objetiva» y completa que la publicidad tradicional.

Aproveche el mayor espacio disponible para dejar clara la situación de su stand, añadiendo si fuese necesario, un croquis de acceso.

1.3. Promoción vía Internet

La publicidad a través de Internet cada día esta más extendida. Lo problemático resulta decidir donde se realiza la inserción dada la infinidad de alternativas existentes, algunas de las cuales son las siguientes:

En su propia página web, si cuenta con ella. Una simple reseña, indicando nombre de la feria, ciudad, fechas y coordenadas de su stand es suficiente, aunque no hay límite para la información que deseen incluir. Con esta publicidad no solamente informa al «navegante» (y eventual visitante) que acceda a su página que su empresa expondrá en la feria en cuestión sino que al mismo tiempo refuerza su imagen de empresa comprometida y activa en mercados exteriores.

En la página web de la propia feria. Los expositores pueden beneficiarse de descuentos o condiciones especiales.

En la página web de su asociación sectorial ya que es de suponer que será visitada por potenciales clientes de su empresa o, al menos, por personas o empresas interesadas por su sector.

En la página web de alguna revista especializada en el país de celebración de la feria.

2. PROMOCIÓN DURANTE LA FERIA

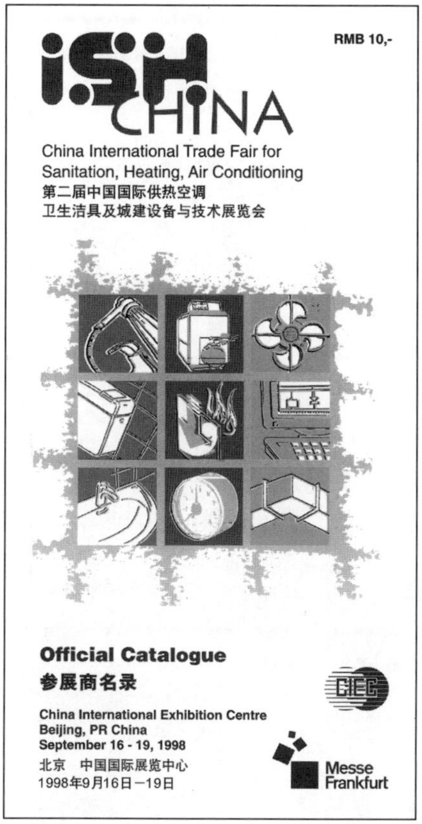

Alphabetical List of Exhibitors
展商目录(按字母顺序)

Compania Roca Radiadores, S.A. **ROCA** **Heating Division** **洛卡暖气片有限公司** **洛卡供暖部**	Avenida Diagonal, 513 08029 Barcelona, Spain 迪亚哥诺大街513号 08029-巴塞罗那（西班牙） Tel: ++34-3-405 3200 Fax: ++34-3-430 1984	**3512**

Boilers for heating and domestic hot water (gas, oil and solids) from 10 to 1800kW, aluminium, cast-iron and steel radiators, accessories for heating installations and D.H.W.
10kW至1800kW输出范围之采暖及家居用热水锅炉(天然气、油及固体燃料)、铝、铸铁及铁散热器、采暖装置配件及D.H.W。

Rothenberger Werkzeuge AG	Industriestr. 7 65779 Kelkheim, Germany Tel: ++49-6195-80 01 Fax: ++49-6195-80 01	**4323**

ROTHENBERGER - excellence in pipe tool technology. The international manufacturer of tools and equipment for all areas of pipe and tubing installation, plastic pipe technology, diamond-core drilling and drain cleaning offers a strong brand in a wide competitive range with global distribution.
ROTHENBERGER是管线工具技术翘楚，享誉国际，生产各类管线及管道装置之工具及设备，另可提供塑胶管技术、金刚石芯钻孔及排水管清理服务，本公司之产品及服务傲视国际，价格合理。

Representative:
Rothenberger Tools FarEast Pte Ltd., 49 Jalan Pemimpin #05-08 APS Industrial Building, SGP Singapore 57 72 03
Tel: ++65-354 4236, Fax: ++65-354 3369

Ejemplo de listado alfabético de expositores en el catálogo oficial de una feria del sector de calefacción y acondicionamiento de aire en China.

Fuente: Messe Frankfurt.

2.1. Catálogo oficial de la feria

Todas las ferias cuentan con un catálogo oficial de expositores que suele incluir la siguiente información:

- *Índice alfabético de expositores;* con indicación del Pabellón y stand en que se encuentra cada empresa expositora. Cuanto más elaborado es un catálogo oficial mayor información relativa al expositor suele incluir (dirección, productos fabricados, logotipo de la empresa, etc.); no siendo raro que, además del *índice alfabético,* se añada otro clasificando los expositores *por categorías de productos, por países de origen,* etc.

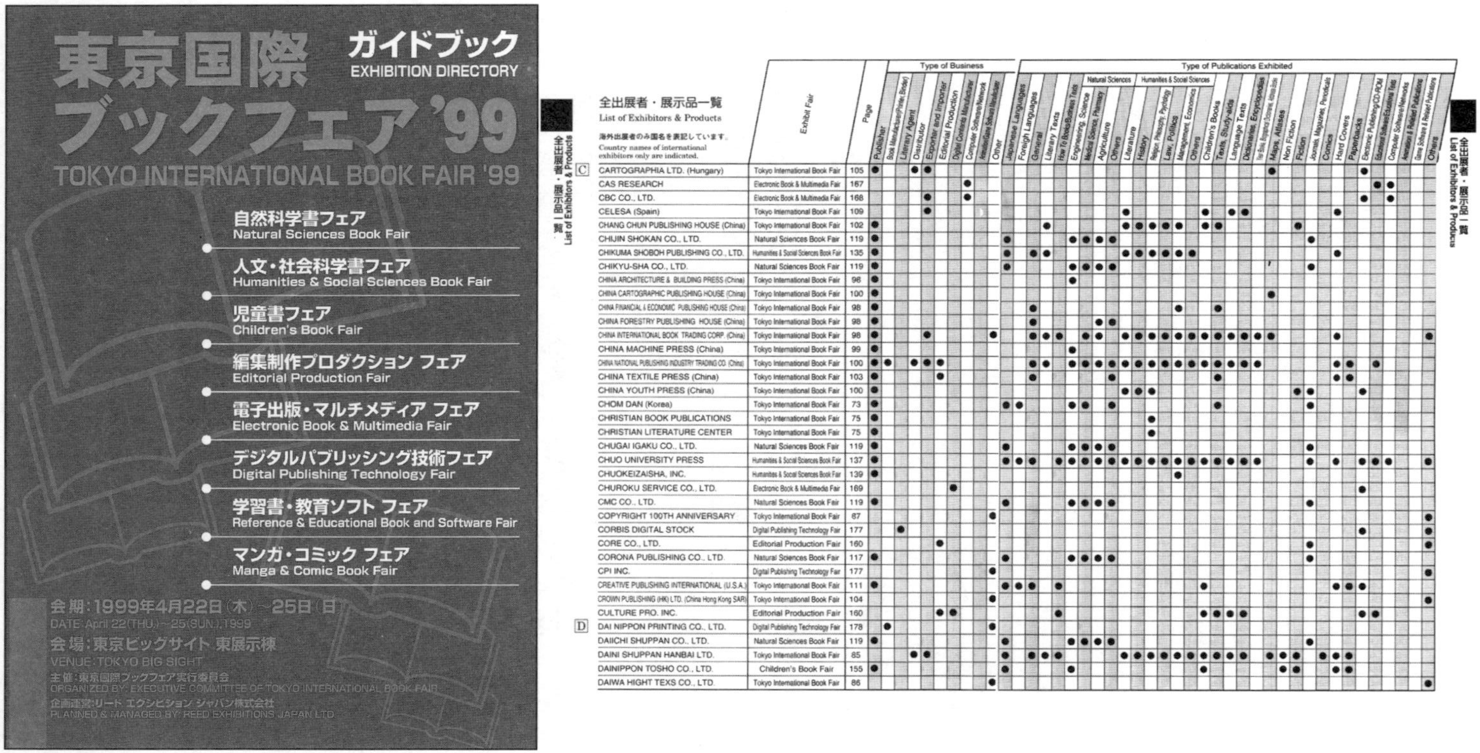

Tabla de expositores clasificados por productos en el catálogo de una feria del sector editorial en Japón.

Fuente: ERSI.

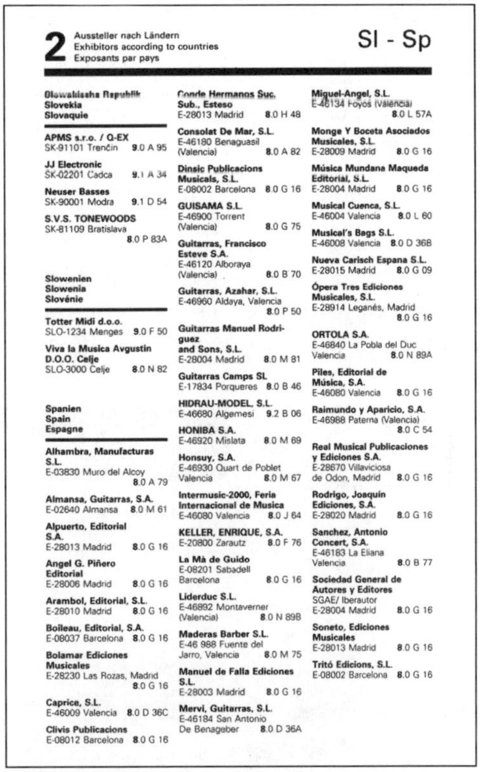

2 Aussteller nach Ländern
Exhibitors according to countries
Exposants par pays

Sl - Sp

Slowakische Republik
Slovekia
Slovaquie

APMS s.r.o. / Q-EX
SK-91101 Trenčin 9.0 A 95

JJ Electronic
SK-02201 Cadca 9.1 A 34

Neuser Basses
SK-90001 Modra 9.1 D 54

S.V.S. TONEWOODS
SK-81109 Bratislava 8.0 P 83A

Slowenien
Slowenia
Slovénie

Totter Midi d.o.o.
SLO-1234 Menges 9.0 F 50

Viva la Musica Avgustin D.O.O. Celje
SLO-3000 Celje 8.0 N 82

Spanien
Spain
Espagne

Alhambra, Manufacturas S.L.
E-03830 Muro del Alcoy 8.0 A 79

Almansa, Guitarras, S.A.
E-02640 Almansa 8.0 M 61

Alpuerto, Editorial S.A.
E-28013 Madrid 8.0 G 16

Angel G. Piñero Editorial
E-28006 Madrid 8.0 G 16

Arambol, Editorial, S.L.
E-28010 Madrid 8.0 G 16

Boileau, Editorial, S.A.
E-08037 Barcelona 8.0 G 16

Bolamar Ediciones Musicales
E-28230 Las Rozas, Madrid 8.0 G 16

Caprice, S.L.
E-46009 Valencia 8.0 D 36C

Clivis Publicacions
E-08012 Barcelona 8.0 G 16

Conde Hermanos Suc. Sub., Esteso
E-28013 Madrid 8.0 H 48

Consolat De Mar, S.L.
E-46180 Benaguasil (Valencia) 8.0 A 82

Dinsic Publicacions Musicals, S.L.
E-08002 Barcelona 8.0 G 16

GUISAMA S.L.
E-46900 Torrent (Valencia) 8.0 G 75

Guitarras, Francisco Esteve S.A.
E-46120 Alboraya (Valencia) 8.0 B 70

Guitarras, Azahar, S.L.
E-46960 Aldaya, Valencia 8.0 P 50

Guitarras Manuel Rodriguez and Sons, S.L.
E-28004 Madrid 8.0 M 81

Guitarras Camps SL
E-17834 Porqueres 8.0 B 46

HIDRAU-MODEL, S.L.
E-46680 Algemesi 9.2 B 06

HONIBA S.A.
E-46920 Mislata 8.0 M 69

Honsuy, S.A.
E-46930 Quart de Poblet Valencia 8.0 M 67

Intermusic-2000, Feria Internacional de Musica
E-46080 Valencia 8.0 J 64

KELLER, ENRIQUE, S.A.
E-20800 Zarautz 8.0 F 76

La Mà de Guido
E-08201 Sabadell Barcelona 8.0 G 16

Liderduc S.L.
E-46892 Montaverner (Valencia) 8.0 N 89B

Maderas Barber S.L.
E-46 988 Fuente del Jarro, Valencia 8.0 M 75

Manuel de Falla Ediciones S.L.
E-28003 Madrid 8.0 G 16

Mervi, Guitarras, S.L.
E-46184 San Antonio De Benageber 8.0 D 36A

Miguel-Angel, S.L.
E-46134 Foyos (Valencia) 8.0 L 57A

Monge Y Boceta Asociados Musicales, S.L.
E-28009 Madrid 8.0 G 16

Música Mundana Maqueda Editorial, S.L.
E-28004 Madrid 8.0 G 16

Musical Cuenca, S.L.
E-46004 Valencia 8.0 L 60

Musical's Bags S.L.
E-46008 Valencia 8.0 D 36B

Nueva Carisch Espana S.L.
E-28015 Madrid 8.0 G 09

Ópera Tres Ediciones Musicales, S.L.
E-28914 Leganés, Madrid 8.0 G 16

ORTOLA S.A.
E-46840 La Pobla del Duc Valencia 8.0 N 89A

Piles, Editorial de Música, S.A.
E-46080 Valencia 8.0 G 16

Raimundo y Aparicio, S.A.
E-46988 Paterna (Valencia) 8.0 C 54

Real Musical Publicaciones y Ediciones S.A.
E-28670 Villaviciosa de Odon, Madrid 8.0 G 16

Rodrigo, Joaquín Ediciones, S.A.
E-28020 Madrid 8.0 G 16

Sanchez, Antonio Concert, S.A.
E-46183 La Eliana Valencia 8.0 B 77

Sociedad General de Autores y Editores
SGAE/ Iberautor
E-28004 Madrid 8.0 G 16

Soneto, Ediciones Musicales
E-28013 Madrid 8.0 G 16

Tritó Edicions, S.L.
E-08002 Barcelona 8.0 G 16

Listado de expositores clasificados por países en el catálogo de una feria del sector de música en Alemania.
Fuente: Messe Frankfurt.

- Información práctica relativa a la propia feria (servicios ofrecidos, horarios, etcétera).
- Plano detallado del pabellón o pabellones feriales, señalándose claramente la numeración de pasillos y stands y el sector o sectores expositores en su caso.
- Páginas de publicidad (de algunos expositores, de la propia feria, etc.).

Generalmente la organización ferial ofrece la posibilidad a todos los expositores de ser incluidos gratuitamente en el listado alfabético y eventualmente en el de categorías de producto. Dentro de los impresos que se incluyen en el «Manual del Expositor» suele haber uno dedicado a la inserción en el catálogo oficial.

La inserción básica (nombre de la empresa, dirección, pabellón y stand) en el catálogo oficial es generalmente gratuita pero de carácter obligatorio; siendo posible, por un pequeño coste suplementario, la posibilidad de resaltar esa información básica mediante diversas fórmulas:

- Recuadrando la información relativa a su empresa.
- Añadiendo el logotipo en color de su empresa o su marca comercial.
- Añadiendo información extra, tal como una descripción más detallada de sus productos o servicios; direcciones puntos de venta en el país, etc.
- Añadiendo alguna fotografía de producto.

La otra alternativa que ofrece el catálogo de expositores, aparte de la inserción básica obligatoria, es la contratación de publicidad. No hay que olvidar que el catálogo oficial cuenta con una alta eficacia durante y después de la feria:

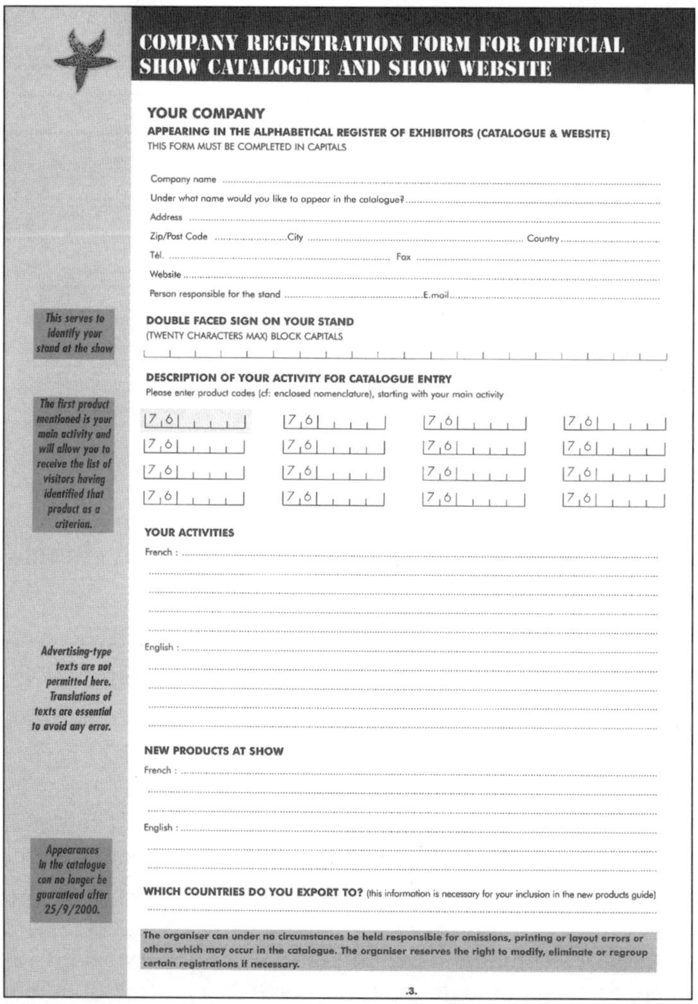

COMPANY REGISTRATION FORM FOR OFFICIAL SHOW CATALOGUE AND SHOW WEBSITE

YOUR COMPANY

APPEARING IN THE ALPHABETICAL REGISTER OF EXHIBITORS (CATALOGUE & WEBSITE)

THIS FORM MUST BE COMPLETED IN CAPITALS

Company name ....

Under what name would you like to appear in the catalogue? ....

Address ....

Zip/Post Code .... City .... Country ....

Tél. .... Fax ....

Website ....

Person responsible for the stand .... E.mail ....

This serves to identify your stand at the show

DOUBLE FACED SIGN ON YOUR STAND

(TWENTY CHARACTERS MAX) BLOCK CAPITALS

DESCRIPTION OF YOUR ACTIVITY FOR CATALOGUE ENTRY

Please enter product codes (cf: enclosed nomenclature), starting with your main activity

The first product mentioned is your main activity and will allow you to receive the list of visitors having identified that product as a criterion.

7 6	7 6	7 6	7 6
7 6	7 6	7 6	7 6
7 6	7 6	7 6	7 6
7 6	7 6	7 6	7 6

YOUR ACTIVITIES

French : ....

English : ....

Advertising-type texts are not permitted here. Translations of texts are essential to avoid any error.

NEW PRODUCTS AT SHOW

French : ....

English : ....

Appearances in the catalogue can no longer be guaranteed after 25/9/2000.

WHICH COUNTRIES DO YOU EXPORT TO? (this information is necessary for your inclusion in the new products guide)

The organiser can under no circumstances be held responsible for omissions, printing or layout errors or others which may occur in the catalogue. The organiser reserves the right to modify, eliminate or regroup certain registrations if necessary.

.3.

Ejemplo de impreso de inserción básica en el catálogo de una feria del sector de piscinas en Francia.
Fuente: ERSI.

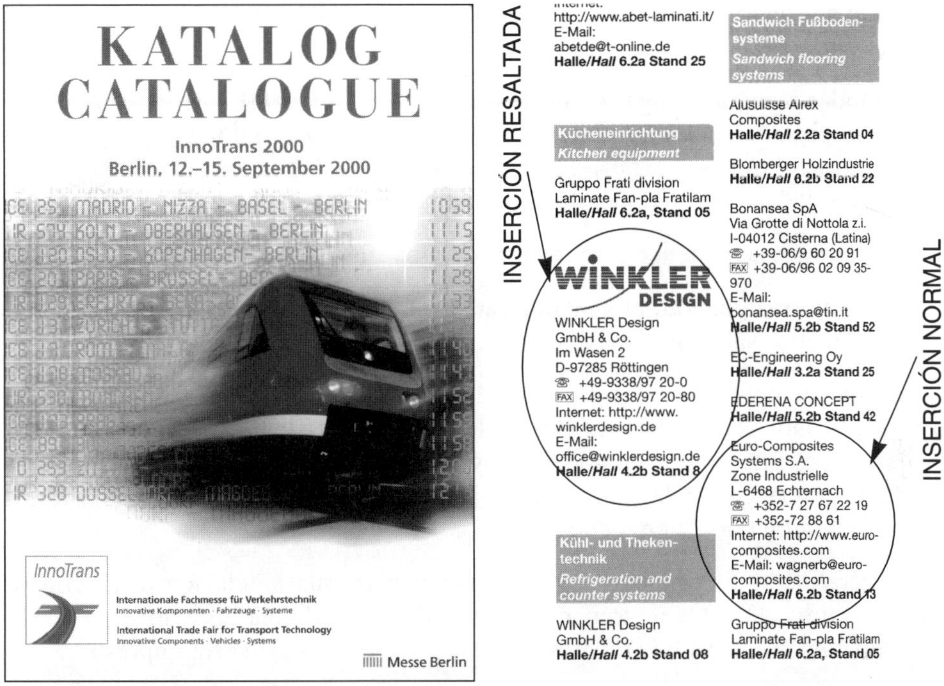

Ejemplo de impreso de inserciones normal (gratuita) y resaltada (pagada) en el catálogo oficial de una feria del sector ferroviario en Alemania.

Fuente: Brifer Services.

- Durante la feria, porque el catálogo se distribuye masivamente todos los días de duración del certamen siendo una herramienta de búsqueda y trabajo muy útil para el profesional que visita la feria. La inmediatez del anuncio con la posibilidad de visitar su stand refuerza notablemente la eficacia que toda publicidad tiene.
- Después de la feria, porque generalmente, dada la valiosa información que contiene, el catálogo suele ser conservado por el profesional y puede circular entre diversas manos.

2.2. Catálogo de la empresa expositora

Se trata del propio catálogo de la empresa en el que figuren todos o una muestra representativa de sus productos o servicios. Incluyen información gráfica, técnica y comercial acerca del producto o servicio ofertado.

Como herramienta promocional tiene una gran importancia pues es la documentación que el visitante a su stand va a llevarse y sobre la que fundará su decisión. De ahí que una información completa e inteligible sean elementos básicos para la consolidación de la relación comercial que se gestó durante la feria.

De todas maneras, tenga en cuenta que entre el 64 y el 80% de los catálogos y literatura promocional son tirados a la basura una vez terminada la exposición. Por esta razón muchos expositores ya no tienen catálogos en sus stands ante la decepción de los compradores que les visitan.

La cuestión no es tener o no tener catálogos, sino *cómo se distribuyen.*

Como norma general, el visitante interpreta que cuanto más accesible está el catálogo menor valor tiene.

Estime siempre catálogos para un 5% de las visitas previstas. Como media 50 o 100 catálogos deberían de ser suficientes para atender la demanda de auténticos profesionales interesados en obtener hoy y no más tarde información de nuestro producto o servicio. Pida siempre la tarjeta profesional. Los visitantes profesionales no pondrán objeción a ello.

Generalmente el catálogo está impreso con mucha antelación a la feria (o incluso ya existía antes de tomarse la decisión de participar en la misma) por lo que debe tenerse especial cuidado con el *idioma* en que éste está impreso.

Un catálogo incomprensible para su destinatario terminará probablemente en la papelera. Una fórmula adecuada para evitar problemas es imprimir « a priori» el catálogo en edición bilingüe o trilingüe (español, inglés y/o un tercer idioma del área de influencia de su empresa). De esta manera el catálogo podrá ser empleado en la inmensa mayoría de mercados nacionales o internacionales, sin hacerse necesaria una impresión extraordinaria en el idioma correspondiente cada vez que participen en alguna feria.

Existen diversos tipos de catálogos, en función del tipo de información contenida y su orientación más o menos profesional:

- *Catálogo general:* muestra, generalmente exhaustiva, de todos los productos o servicios de la empresa, por lo que resulta muy ilustrativo para un potencial comprador o socio comercial. Su impresión suele resultar muy costosa, por lo que es recomendable tratar de hacer entrega de los mismos solamente a profesionales muy interesados en sus productos o servicios.

  Tenga en cuenta que, muy probablemente, su stand será visitado por innumerables personas y el personal de atención del mismo debería saber discernir a quienes el catálogo general resultará realmente de utilidad y a quienes no.

  Como antes indicamos, es aconsejable llevar solamente los catálogos necesarios (equivalentes al 5% o 10% de las visitas previstas) ya que más vale hacer llegar a nuestro visitante el catálogo «a posteriori», una vez terminada la feria, que arriesgarse a entregarlo a alguno de los innumerables «coleccionistas de catálogos» que sin duda visitarán nuestro stand y que tras reventar su bolsa (también un reclamo promocional) por exceso de peso de material diverso optará por arrojarlo todo a una papelera. El catálogo general puede estar igualmente presentado en soporte informático (diskette, CD-Rom).

- *Folletos y trípticos:* La información que recogen suele estar más centrada en la imagen de empresa que en la descripción detallada de sus bienes o servicios, sin excluirse una pequeña reseña de los productos «estrella». Los folletos y trípticos están pensados para su distribución masiva y su coste de impresión suele ser mucho más económico que el del catálogo. Resultan muy adecuados para entregar a aquellos visitantes «dudosos» o no profesionales.

- *Reclamos («Giveaways»)*: pueden revestir innumerables formas (bolígrafos, mecheros, llaveros, cuadernos de notas, etc.) y es importante que el nombre de su empresa o marca figuren claramente impresos. La eficacia de este tipo de promoción es muy relativa pues no debemos esperar que alguien entable o consolide relaciones comerciales con nuestra empresa gracias a estos reclamos.

  Se trata más bien de un detalle de cortesía con los visitantes a nuestro stand o bien de un «faro» que indique donde está situado nuestro stand. Este último caso casi se ve limitado a las bolsas promocionales siempre y cuando nuestro logotipo y número de stand estén claramente visibles y las letras sean lo suficientemente grandes para ser vistas a distancia y en movimiento.

2.3. Inserción publicitaria en la prensa local

Teniendo en cuenta el amplio número de lectores a los que nos dirigimos, la publicidad realizada en la prensa local durante la feria puede ser una eficaz herramienta promocional si se consideran los siguientes aspectos:

- *La elección del diario o periódico.* Generalmente existen tres alternativas:

  a) Prensa ordinaria

  b) Prensa económica y financiera

  c) Prensa profesional especializada (Diario de la construcción, Inmobiliario, Automovilístico, Legal, etc.).

  La decisión depende de los hábitos de lectura del segmento al que desee llegar su empresa; aunque a falta de mayor precisión suele resultar más eficaz la inserción en la prensa especializada o en el diario de mayor difusión en la población en que se celebre la feria.

  Si hay varios periódicos similares, averigüe la circulación de cada uno de ellos y opte por el de mayor tirada. En ocasiones, dilucidar la línea editorial del periódico en cuestión (conservador, liberal, etc.) puede ser un nuevo elemento de juicio a la hora de tomar una decisión.

- *El momento para insertar la publicidad:* el anuncio debe publicarse el día antes del inicio de la feria o, a lo sumo, el primer día. Hacerlo más tarde no es recomendable, salvo que la feria tenga una duración más extensa de lo habitual (ocho o más días)[2].

  La periodicidad del medio elegido puede ser diaria o semanal; siendo posible que publique algún suplemento «especial» relacionado con su producto con ocasión de la feria. Tenga en cuenta que, en función de la importancia del certamen, éste suele ser un auténtico acontecimiento social y económico en la población en que se celebre y, sin duda, contará con repercusión en los medios de comunicación. Sepa aprovechar esas sinergias de comunicación.

- *Sección en la que inserta el anuncio:* Aunque la ubicación va a estar muy mediatizada por las normas de la propia editorial (que puede forzar la inserción de la publicidad en una específica sección del periódico) debe concretar previamente que secciones temáticas existen y en cuales se puede incluir el anuncio. No siempre el área económico-financiera es la más adecuada a su producto o servicio; por ejemplo si su empresa comercializa programas informáticos de gestión de nóminas quizás resulten más adecuadas las páginas de información laboral o las páginas dedicadas a la informática.

- *El tamaño del anuncio* dependerá del presupuesto disponible y del impacto que se pretenda causar. Hay que tener en cuenta que este tipo de publicidad suele resultar cara y conviene meditar bien las dimensiones del anuncio. Por supuesto que una página completa nunca pasa desapercibida, pero un anuncio de $^1/_4$ de página no siempre resultará pequeño o pasará desapercibido; ya que no todos los periódicos tienen el mismo formato. Si lo que busca es «reforzar» la promoción previa ya realizada («mailings», etc.) con una sección de página resultará suficiente.

- *Contratación agencia de Relaciones Públicas:* En ocasiones resulta muy eficaz la contratación de una agencia de Relaciones Públicas, local a ser posible, cuyo principal cometido sea el de informar a los medios de comunicación acerca de su empresa y de su participación en la feria (envío de notas de prensa diarias, organización de una rueda de prensa, etc.).

  No hay que olvidar que una buena agencia de RR.PP. debe conocer bien los medios de comunicación locales y a sus representantes y, por tanto, estos deberían ser más accesibles para ella.

  Por otra parte, la información publicada sobre su empresa revestirá la forma de «noticia», «artículo» o «editorial» y no de «publicidad» con lo que será percibida como más objetiva que un anuncio tradicional.

[2] Este tipo de ferias de larga duración son muy comunes en países árabes o cuando se trata de ferias multisectoriales.

2.4. Inserciones en la revista de la feria

Algunas ferias publican durante los días de feria una pequeña revista o folleto con noticias diarias (premios, seminarios, conferencias, actos sociales, etc.).

Su distribución se realiza dentro de la propia feria y suelen publicar breves reseñas gratuitas sobre aquellos expositores que tienen algo que decir. No pierda esta oportunidad y haga llegar a la oficina de prensa de la feria todas aquellas noticias que puedan tener repercusión.

2.5. Patrocinio o mecenazgo *(«sponsoring»)*

Se trata de una estrategia de promoción basada en que el patrocinador asume una parte o el total de los gastos derivados de un determinado acto (ceremonia de inauguración, conferencias, actos benéficos, etc.) aprovechándose indirectamente de la publicidad y promoción que dicho acto genera.

Lógicamente, y a cambio de su apoyo económico, el nombre del patrocinador suele figurar en un lugar visible como mecenas que es.

En función del tipo de actividad patrocinada y de su continuidad y coherencia a lo largo del tiempo puede conseguirse, además, una identificación de la empresa con la actividad objeto de patrocinio (actividades humanitarias, protección medioambiental, etc.); lo cual puede resultar muy rentable a largo plazo en términos de «balance social» de la empresa.

Es muy habitual en ferias el patrocinio conjunto por varias empresas de un mismo evento.

2.6. Demostraciones (técnicas) y degustaciones de producto

En función del tipo de producto o servicio ofertado la demostración práctica o la degustación de producto resultan herramientas de promoción insustituibles.

La mejor fórmula de mostrar el funcionamiento de una determinada maquinaria es ponerla en funcionamiento. Para apreciar el sabor de un buen queso nada como probarlo.

La demostración técnica y la degustación de producto han sobrepasado el ámbito de las ferias y son hoy comunes en otros terrenos, tales como grandes superficies, hipermercados o, incluso, en el comercio más tradicional.

En ocasiones una demostración técnica no puede ser realizada de cara al público (tamaño de la maquinaria, ruido, seguridad, etc.) y, en esos casos, puede ser sustituida por medios audiovisuales.

Antes de programar una demostración técnica o degustación de producto hay que tener muy en cuenta la normativa técnica de la feria ya que no siempre es posible realizar un determinado tipo de demostraciones (por ejemplo, suelen existir grandes limitaciones para aquellas demostraciones ruidosas, peligrosas, que requieran de determinados combustibles, etc.).

No tomar esta elemental precaución puede suponerle al infractor, en función de la mayor o menor rigidez de la organización ferial, desde una multa hasta la clausura de nuestro stand y el veto a participar en próximas ediciones.

Por tanto, consulte siempre con el organizador, remítale claramente por escrito el tipo de demostración técnica que proyecta y espere su confirmación expresa.

2.7. Seminarios y conferencias

Este tipo de promoción, de carácter esencialmente didáctico, suele revestir dos formas distintas en función de sus contenidos:

- *Seminarios comerciales:* Centrados esencialmente en la marca o producto de la empresa organizadora. Enfocados al distribuidor, importador, agente o comerciante de nuestro sector. Durante la conferencia se enfatizarán las características básicas del producto o servicio, sus aspectos más comerciales; los problemas que solventa, sin entrar en tecnicismos. El ponente suele ser un miembro de la plantilla de la empresa expositora (gerente, director comercial o de exportación, etc.) o estar muy vinculado a ella (agente, distribuidor exclusivo, etc.).
- *Seminarios técnicos:* tienen un contenido más «científico» y suelen estar dirigidos a profesionales, prescriptores y técnicos en la materia (ingenieros, arquitectos, químicos, físicos, etc.). No se enfatiza tanto el aspecto marquista de la presentación pues se pretende suministrar una información objetiva, técnica y científica.

  Para ello todos o alguno de los ponentes deberían ser profesionales independientes (investigadores, científicos, catedráticos, etc.), prestigiosos en su campo y en su país y sin vinculación directa con la empresa.

  Esta herramienta promocional se aproxima mucho al patrocinio de conferencias o seminarios, aunque en el caso de los seminarios técnicos el protagonismo de nuestra empresa es mayor ya que, en última instancia, la exposición técnica realizada siempre tiende a demostrar científicamente las virtudes técnicas del producto que ofertamos y los beneficios que el mismo reporta a la sociedad (ahorro energético, protección medioambiental, etc.).

El seminario o conferencia puede resultar una óptima herramienta de promoción ya que durante los días de celebración de la feria es de esperar que gran parte de los profesionales a los que nos queremos dirigir asistan a la misma.

No obstante, un seminario o conferencia durante la feria es siempre un arma de doble filo ya que no hay que olvidar que el visitante profesional asiste a la feria, esencialmente, para conocer la oferta de productos y servicios y para ello lo mejor es visitar los stands, no asistir a conferencias que les «robarán» una o varias horas de su preciado tiempo.

En consecuencia, el éxito de un seminario o conferencia variará en función de que se tengan en cuenta los siguientes aspectos:

a) **Horario de la feria**: cuantas más horas dure la feria más posibilidades de que su audiencia-objetivo dedique una parte de su tiempo a asistir a la conferencia.

b) **Horario y duración del seminario o conferencia**: cuanto más breve, mejor. No es recomendable que exceda la hora de duración y debería preverse, además, un tiempo dedicado al turno de preguntas. Las mañanas suelen resultar mejores que las tardes, aunque éste es un factor variable según los hábitos de cada país y conviene concretarlo «a priori».

c) **Elección del día**: en general resulta más conveniente celebrar la conferencia el primer o segundo día de feria. Los visitantes están más frescos y la repercusión que la conferencia puede tener en la prensa local o nacional le resultará muy favorable para incrementar las visitas a su stand.

d) **Local adecuado:** casi todas las ferias ponen a disposición de los expositores el alquiler de salas de conferencias en la propia feria. Recuerde que son muchos los expositores y pocas las salas.

   Es importante, por tanto, que realice con suficiente antelación la reserva de la sala más adecuada a sus previsiones (capacidad, ubicación, día y horario).

   La capacidad de la sala es un aspecto importante a valorar, pues si no prevé la asistencia de muchas personas una sala grande, aparte de resultar más cara, parecerá «fría» y será más difícil conectar con la audiencia.

   La situación de la sala dentro de la propia feria es muy importante; sobre todo en las ferias no especializadas. Debemos reservar siempre aquella sala de conferencias que esté más próxima al pabellón o área dedicado a nuestro sector ya que, de esta manera, conseguimos un doble objetivo: por una parte captamos al visitante profesional que no habiendo previsto asistir pasa por allí en el momento justo y, por otra parte, evitamos «deserciones» de última hora por estar la sala de conferencias muy alejada del pabellón de su interés (no hay que olvidar que hay muchas ferias con una superficie superior a los 50.000 m^2 y los desplazamientos entre pabellones, en estos casos, suponen un notable esfuerzo físico e inversión en tiempo que no todo el mundo esta dispuesto a soportar).

e) **Ponentes:** el renombre y prestigio en su área de conocimiento de alguno de los ponentes será, sin duda, un importante incentivo para asistir a la conferencia. No es necesario, por supuesto, contar con un premio Nobel en la materia; sino sencillamente de un profesional cualificado en esa área de investigación (catedráticos, directores de Institutos de investigación, autores de algún libro relacionado con la materia, etc.)

f) **Promoción previa e individualizada**: naturalmente si cumplimos con los anteriores requisitos pero no hemos anunciado adecuadamente la conferencia, resultará difícil contar una audiencia mínima. Dado que este tipo de seminarios y conferencias deben organizarse con bastante antelación (contratación de ponentes, reserva de la sala de conferencias, etc.) será, por tanto, viable que se incluyan las coordenadas del seminario (tema, ponentes, lugar, fecha y horario) en la promoción previa a la feria («mailings», folletos, publicidad, etc.).

g) **Rueda de prensa**: aprovéchese del seminario y convoque a los medios de comunicación locales o nacionales (prensa, radio y televisión). Sin duda la conferencia tendrá eco en los mismos y usted se beneficiará de ello en términos promocionales

2.8. Oficina o sala de prensa

Todas las buenas organizaciones feriales cuentan con una oficina de prensa a la que acuden las revistas y periódicos especializados para nutrirse de información. Es, por tanto, un medio muy eficaz y económico de difundir su mensaje promocional.

Su empresa como expositor en la feria puede hacer uso de esa oficina de prensa dejando en ella el tipo de información y documentación que le parezca oportuna y que puede consistir en lo siguiente:

- *Dossier de prensa:* información relativa a su empresa y productos o servicios (puede incluir algunas fotografías o diapositivas de apoyo al texto). No debe ser extenso (entre 12 y 20 páginas) y conviene resaltar las ideas básicas cuya difusión se pretende; dando predominancia a las novedades de producto (es preferible dedicar una página por producto).

  Incluya un calendario de actos (conferencias, demostraciones técnicas, etc.), si los tuviera previstos, a fin de que el periodista pueda planificar su agenda con antelación.

  No adjunte un catálogo, pues no debe olvidar que el periodista no es un comprador y no necesita una información tan exhaustiva acerca de sus productos o servicios.

  Tampoco deje en la sala de prensa todos sus dossieres el primer día; pues se arriesga a que desaparezcan. Dosifique las entregas diariamente y reponga nuevos dossieres cada vez que sea necesario.

- *Nota de prensa:* más breve y escueta que el dossier de prensa (no es aconsejable que pase de una página). Puede consistir en una sencilla multicopista en la que se informa de algún aspecto concreto y novedoso relativo a la empresa expositora *(p. Ej. «El día DD/MM/AA a las 10:00 horas, el Dr. X, catedrático de Ingeniería de la Universidad de X impartirá una conferencia sobre «El impacto medioambiental del reciclaje»; ó «La empresa X ha resultado ganadora del premio al mejor diseño de stands en la feria»,* etc.).

  Pueden dejarse notas de prensa distintas cada día. Trate de adaptar el texto a la línea editorial del periódico o revista pero nunca intente «editorializar»; esto es, redactarlo de tal manera que dé a entender que desea que sea publicada tal cual. Los periodistas conocen su profesión y no necesitan que les den el producto elaborado sino únicamente la materia prima. Si no tiene nada que decir es mejor no decir nada y no forzar «notas de prensa» innecesarias.

2.9. Reclamos publicitarios *(«giveaways»)* y escenificaciones

Un reclamo publicitario es un pequeño obsequio (bolsas, bolígrafos, insignias, mecheros, llaveros, etc.) que se entrega, más o menos indiscriminadamente, a los visitantes a la feria.

Los reclamos pueden entregarse desde el propio stand (a modo de agradecimiento por la visita) o desde fuera del mismo (incentivo para visitar nuestro stand). En este último caso, debemos contar con la preceptiva autorización de los organizadores de la feria para poder repartir los reclamos fuera del stand. Su eficacia, como vimos, es muy relativa

Una fórmula cada vez más extendida es la de incluir un servicio de cafetería o bar dentro del stand *(«open bar»)* desde el que se ofrece, generalmente de forma continuada, algún tipo de refrigerio y/o tapas a los visitantes. En ocasiones la cafetería suele abarcar más espacio y protagonismo que el stand propiamente dicho y, al igual que veremos con las rifas y sorteos, se corre el riesgo de que el visitante acuda a nuestro stand movido por nuestro excelente servicio de bar y no por el producto propiamente dicho.

Pueden asimismo entregarse a modo de reclamo el mismo producto que la empresa pretende comercializar (p. ej., un ejemplar de una revista de arte si es ese el producto que se expone).

Otra fórmula cada día más extendida de promoción es la representación (escénica, musical, etc.) de algún tipo de actividad que reclame la atención del viandante ferial hacia nuestro stand o empresa. Las escenificaciones pueden ser modestas (un mago, un mimo, etc.) o extremadamente elaboradas (compañías de teatro, intervención de actores o músicos populares, etc.). La «escenificación» siempre debería anunciar algún acontecimiento (sorteos, lanzamiento de nuevos productos, degustaciones, etc.) que motive al receptor a visitar nuestro stand.

Tenga presente que el visitante profesional no busca reclamos ni regalos. Recordará únicamente las buenas conversaciones con los vendedores no los regalos que le hicieron. Esto no significa que debamos eliminar los reclamos de nuestro programa. Simplemente los dosificaremos y entregaremos como reconocimiento al tiempo invertido con nuestra empresa.

2.10. Sorteos y rifas

Es necesario haberlos anunciado antes para incentivar la visita al stand. Pueden ser sorteos diarios o un único sorteo al final de la feria.

Es una fórmula más de fidelización ferial, teniendo en cuenta que el ciclo de vida de esa fidelidad abarcará los seis o siete días de duración de la feria.

Ahora bien, esta fórmula acarrea el riesgo de que las visitas a nuestro stand pueden estar únicamente motivadas por el sorteo y no por nuestro producto o servicio.

Para evitar esta poco deseable situación pueden emplearse sistemas mixtos entre lo lúdico y lo profesional de tal manera que el objeto del sorteo no sea ya una televisión o una videocámara sino un porcentaje de descuento en su primer pedido; o beneficiarse del servicio técnico de asistencia gratuitamente durante el primer año, etc. De esta manera se asegura que todo aquel que visite su stand para participar en el sorteo es, sin duda, un profesional que en última instancia va a adquirir algún producto de su empresa pues el premio va asociado a la compra.

2.11. Señalización

Por muy visible que esté nuestro stand y por clara que hayamos dejado su localización en nuestra promoción impresa, siempre es conveniente aprovecharse de los medios de señalización que ofrece la feria (paneles con el plano del pabellón, búsqueda informática, etc.) para incluir los datos de nuestra empresa.

Existe la posibilidad de contratar algún distintivo especial de mayor impacto visual (banderas, rótulos luminosos, postes de señalización, globos, etc.) que nos permitan ser vistos desde lejos. En ocasiones este tipo de señalizaciones cuelgan del techo del pabellón y, por tanto, es necesaria la autorización previa de la feria.

Ejemplo de stand con impactante señalización luminosa.

2.12. Otras fórmulas colaterales de promoción

El expositor suele considerar como único foro a efectos promocionales el propio parque de exposiciones y, a lo sumo, algún medio de comunicación y tiende a menudo a olvidar que existen otros campos de batalla en donde también se pueden captar nuevos visitantes a nuestro stand. Algunos ejemplos:

Publicidad de una feria alemana en la calle.
Fuente: Messe Frankfurt.

- **Aeropuertos de acceso a la ciudad,** en los que puede contratarse publicidad en vallas, posters, pancartas, etc.
- **Hoteles:** muchas ferias cuentan con uno o varios hoteles oficiales, generalmente de lujo y con fácil acceso a la feria, en los que van a estar alojados un número importante de los visitantes a la feria. ¿Por qué no contratar con el hotel la entrega en cada habitación de cierto material promocional (folleto, invitación, etc.)? ¿No sería igualmente posible organizar un seminario o conferencia en el mismo hotel (si cuenta con infraestructuras para ello) una vez terminada la feria? No desaproveche las infraestructuras del hotel a efectos promocionales (canal privado de televisión, etc.).
- **Publicidad en taxis, líneas de autobús y metro** de acceso a la feria.
- **Fiestas privadas, cenas de gala, homenajes**, etc.

3. PROMOCIÓN DESPUÉS DE LA FERIA

Si hemos planteado correctamente nuestra promoción antes y durante la feria y, gracias a ello (pues la calidad de nuestra empresa, producto o servicio se presume) hemos conseguido captar la atención y el interés de diversos profesionales, entonces ya nos encontramos más cerca de cerrar una o varias operaciones comerciales y, en consecuencia, de culminar con éxito una participación que ha sido preparada durante meses.

Pero es precisamente tras la relajación que sigue a la feria cuando suele cometerse un error que puede dar al traste con nuestras expectativas: la realización de un defectuoso **seguimiento** o, lo que es peor, la inexistencia del mismo.

El seguimiento no sólo es una elemental norma de cortesía para quien nos escogió a nosotros frente a una pléyade de expositores que había en la feria, sino también la forma de consolidar un vínculo todavía en estado embrionario.

Mediante el seguimiento confirmamos que nuestra empresa mantiene el mismo nivel de seriedad, puntualidad en la respuesta y eficacia que aseguramos durante nuestra entrevista en la feria.

3.1. Puntualidad

Puntualidad es un término relativo y no significa necesariamente que estemos forzados a dar una respuesta inmediata y precipitada. Sencillamente, debemos responder en los plazos en que nos comprometimos a hacerlo, pudiendo ser esos plazos todo lo dilatados que la respuesta en concreto exija.

En cualquier caso, debemos intentar que la respuesta sea *lo antes posible,* no siendo recomendable demorarla más de una o dos semanas después de haber finalizado la feria.

No debemos olvidar que nuestro visitante, al igual que nosotros, habrá anotado la fecha prevista para recibir una contestación (catálogos, listas de precios, descuentos, especificaciones técnicas de producto, etc.) y si no obtiene una respuesta en la fecha esperada o, en su defecto, una explicación justificando el retraso, toda la labor de imagen desarrollada por su equipo antes y durante la feria y la confianza que el potencial cliente ha depositado en su firma podrían resultar gravemente dañados.

No importa lo insignificante que le pueda parecer a usted la pregunta planteada: para el cliente puede resultar un elemento esencial a la hora de tomar una decisión; quizás sea la primera vez que trata con el producto que usted ofrece y desconozca ciertos detalles que a otros profesionales puedan resultarles elementales. Si usted se ha comprometido a dar una respuesta debe darla, ya que lo contrario supone un desplante en términos empresariales.

Recuerde que ese potencial cliente ha debido visitar otros stands durante la feria, probablemente con un producto o servicio escasamente diferenciado del suyo, y un factor que puede inclinar la balanza a su favor es, precisamente, una respuesta puntual.

3.2. Inmediatez

Otro aspecto que no debemos olvidar es la inmediatez en la respuesta, siempre que ello sea posible.

La inmediatez está muy vinculada a la puntualidad, pues, como hemos visto, no conviene demorar la respuesta más de una o dos semanas después de terminada la feria primordialmente por las siguientes razones:

a) *Imagen de seriedad y diligencia.* El cliente podría llegar a identificar la demora en recibir su contestación con futuros retrasos en la entrega de mercancías.

b) *Diferenciación frente a los competidores.* El visitante habrá acumulado durante su visita a la feria copiosa documentación que ahora deberá analizar con mayor detalle. Probablemente aquellas empresas de las que no vuelva tener noticias en las próximas semanas resulten eliminadas de su lista o pasen a una «segunda división»

c) *Posibilidad de negocio inmediato.* Entre otras razones, las ferias se visitan para hacer negocios, aunque no siempre se desvele durante la entrevista en feria. Aquel arquitecto chino que nos solicitó una determinada información técnica de nuestro producto pero que nada dijo acerca de importar quizás tenga en su mano la capacidad de prescribir a la constructora la aplicación de su producto en un importante proyecto de renovación de viviendas en Shanghai. Si no somos rápidos en la respuesta, otros con un producto igualmente adecuado ocuparán nuestro lugar.

d) *Sinergias de comunicación.* Su promoción después de la feria se verá reforzada por los recuerdos que el potencial cliente *todavía* conserva de su stand y de sus productos. Probablemente aún le recuerde personalmente a usted y esto es un valor añadido que su empresa tiene con respecto a otros competidores.

3.3. Eficacia

La respuesta debe ser coherente con lo solicitado. Debe ser eficaz; interpretando la eficacia desde el punto de vista del cliente. ¿Qué información espera y como debemos dársela?

No tiene sentido remitir un extenso dossier acerca de su empresa (es de presumir que ese dossier ya se lo entregó durante la feria), cuando lo que el cliente le solicitó fue únicamente conocer sus puntos de venta en una determinada ciudad.

Es evidente que, en la medida de lo posible, hay que contestar a todas aquellas cuestiones que se nos plantearon y si no tenemos una respuesta para alguna en concreto hacérselo saber en el acto, pero nunca silenciarla como si jamás nos la hubiera formulado. La técnica de «la callada por respuesta» solo debería emplearse excepcionalmente.

Las preguntas cuya respuesta preveamos difícil, poco aconsejable (por política comercial de la empresa, desconocimiento absoluto del tipo de cliente o sus intenciones, etc.) o incluso imposible deberían ser correctamente descartadas durante la entrevista en feria.

La sinceridad y honestidad en la respuesta, aunque implique precisamente decir que no se tiene una respuesta o no se está autorizado a darla, es algo que cualquier profesional debe entender sin menoscabo de una futura relación comercial. Si no se hace en ese momento el cliente esperará una contestación.

3.4. Agradecimientos

No siempre la visita a su stand implicará de su parte tener que enviar tras la feria una respuesta a cierta consulta o remitir una aclaración. Lo más probable es que tras la reunión mantenida con usted, el visitante haya recopilado documentos (catálogos, listas de precios, etc.) e información suficiente para poder tomar una decisión y no espere mayores aclaraciones.

Muy posiblemente, la decisión (favorable o desfavorable) se adopte en el acto; durante la visita a su stand.

En esos casos es evidente que no hay que contestar a ninguna consulta aunque sí deberemos mostrar nuestro agradecimiento por la visita y por el interés demostrado.

No importa que el cliente haya finalmente decidido no adquirir nuestros productos o no contratar nuestros servicios, ni tampoco, la mayor o menor relevancia que la empresa del visitante parezca tener.

Todas las visitas a nuestro stand, sin excepción, son dignas de agradecimiento y todas, como hemos visto, nos han servido para extraer conclusiones o informaciones de interés. Se trata de una sencilla y elemental norma de cortesía.

La carta de agradecimiento debería ser:

1. **Escueta**: no se trata de realizar un extenso escrito de agradecimiento, sino de hacer saber a nuestro receptor el valor que su visita y comentarios han tenido para nuestra empresa; quedando a su disposición para aclarar cualquier duda que pueda planteársele en el futuro. Para esto no son necesarias más que unas pocas líneas.

2. **Muy rápida**: aquí no hay excusa para una demora de varias semanas, pues no se trata de aclarar ciertas dudas más o menos dificultosas de dilucidar, sino de un simple escrito de agradecimiento. Debería ser una de las primeras tareas a acometer una vez se regresa a la empresa. Si tuviese que extender su viaje durante varias semanas más una vez terminada la feria (lo cual suele ser una práctica habitual en ferias celebradas en mercados alejados de Europa) es aconsejable hacer llegar a su oficina las tarjetas de visita recogidas durante la feria o la ficha elaborada de cada una de ellas (hoy en día es posible realizar este envío mediante fax o correo electrónico desde cualquier punto del planeta sin mayores complicaciones) a fin de que sus cola-

boradores en la empresa puedan gestionar en su nombre el envío de la carta de agradecimiento sin necesidad de esperar a su regreso.

3. **Inteligible**: Al igual que vimos con los «mailings» y catálogos la carta debe estar escrita, a ser posible, en el idioma del receptor. Aprovéchese de su estancia en la feria para confirmar ese idioma o dialecto si hubiere varios. Ante la duda emplee el inglés y, salvo que usted o alguno de sus colaboradores escriba con corrección ese idioma, haga uso de los servicios de un traductor especializado.

4. **Personal**: Aunque no se trata de una carta dirigida a un familiar o amigo y, por tanto, debemos huir de familiaridades improcedentes debemos igualmente evitar crearle al receptor la sensación de «ser un nombre más en la agenda electrónica».

   Encabezamientos del tipo *«A quien corresponda»*, *«Sr. Director de Compras»* o *«Muy señora/señor mía/o»* no hacen más que subrayar que se trata de un escrito impersonalizado cuando lo que se pretende es lo contrario pues *emisor y receptor ya se conocen.*

   La carta debería estar, pues, dirigida a la atención personal de aquella o aquellas personas que nos visitaron durante la feria. Si fuera posible, debería hacerse referencia al día en que se reunieron durante el certamen. De esta manera enfatizan el vínculo profesional que desde entonces existe entre Uds. Comprobamos ahora la importancia que tiene la **ficha de contactos**; así como de reseñar en ella cualquier dato que pueda resultarnos útil en el futuro, tal y como se verá con mayor detalle en el capítulo siguiente.

Capítulo 8

La atención del stand

«Como hablaba a todos, no hablaba a nadie.»

NIETZSCHE, *Así habló Zaratustra*

1. El equipo humano de atención del stand
   1.1. El director del programa ferial
   1.2. El responsable del stand: la imagen viva de la empresa
   1.3. Personal auxiliar
   1.4. El agente y distribuidor
2. Instrumentos de apoyo para el equipo humano en el stand
   2.1. Guía de participación en la feria
   2.2. Las tarjetas de visita
   2.3. La ficha de contactos
   2.4. Una disgresión: Tipos de visitantes
3. El «momento de la verdad»
   3.1. La actitud del equipo humano
   3.2. Técnicas de atención al visitante
   3.3. La comunicación

1. EL EQUIPO HUMANO DE ATENCIÓN DEL STAND

El factor humano, como en tantas actividades de nuestra vida, resulta especialmente importante para obtener los mejores resultados de nuestra participación en una feria.

Feria del Sector Azulejero en Polonia.

Puede que nuestro stand sea fastuoso, que nuestro producto resulte excepcional y que nuestra imagen esté sólidamente asentada en ese mercado pero solamente el personal presente en el stand puede vender nuestros productos, promocionar nuestra empresa o informarse acerca de la competencia y el mercado.

Del equipo humano depende el éxito o fracaso de nuestra participación en la feria. Es el fenómeno que en la literatura de marketing se conoce como la *«parábola de la toalla»* y que se trató en el capítulo dedicado a la decoración del stand.

Debe quedar muy claro, pues, que la clave del éxito en una feria está en la actuación del personal de atención en el stand. La decoración, las presentaciones en vivo, los reclamos y el diseño gráfico sirven solamente de apoyo al personal del stand, al factor humano de nuestra empresa, pero no pueden sustituirlo.

En primer lugar hay que tener bien claros los objetivos de nuestra participación (vender, captar nuevos clientes, investigar el mercado, lanzar nuevos productos, etc.) y conocer el perfil profesional del visitante a la feria y sus aspiraciones.

La superposición de nuestros objetivos con las necesidades del visitante sería la situación idónea para ambas partes aunque esto no es tan sencillo como a primera vista podría parecer; esencialmente por el factor tiempo y por el volumen de visitas, no todas interesantes para nosotros, que es previsible recibamos durante los días de feria

Aunque cada feria cuenta con un perfil específico de visitantes, una encuesta realizada en 1998 por la revista *«Exhibit Marketing Magazine»* determinó las razones por las cuales un visitante profesional asiste a una determinada feria, resultando las siguientes:

RAZONES PARA ASISTIR A UNA FERIA

- El 82% de los visitantes acuden buscando novedades.
- El 71% demanda información técnica detallada sobre nuevos productos.
- El 59% busca información técnica de productos que ya están usando.
- El 53% está interesado en establecer redes de cooperación con otros sectores de su industria.
- El 52% desea visitar a sus proveedores habituales.

Fuente: «Exhibit Marketing Magazine» (1998).

Aunque se trata de una encuesta realizada entre visitantes norteamericanos a ferias de su país los datos pueden ser extrapolables a ferias internacionales y de ellos se desprende que la mayoría de visitantes a una feria está esencialmente interesado por las novedades (82%) y, de esos, un porcentaje alto reclama información técnica (71%) sobre el nuevo producto.

Por tanto, el equipo humano de atención en el stand debería estar perfectamente informado no solamente de cuales de nuestros productos o servicios son nuevos; sino de por qué son novedosos. Lamentablemente, como veremos más adelante, esto no siempre es así.

La misma encuesta de «*Exhibit Marketing Magazine*» refleja los puntos débiles más habituales entre las empresas expositoras, desde el punto de vista del visitante:

- El 56% declara que le gustaría encontrar más información sobre el producto en el stand.
- El 55% indica que es habitual encontrar personal poco informado sobre los productos expuestos.
- El 64% no encontró a ninguna persona en el stand que pudiera aclarar las consultas técnicas planteadas.
- El 53% hubiera deseado un stand de mayores dimensiones o más personal de atención.
- El 25% desea personal de atención del stand atento con los visitantes

Contrastando esos resultados se llega a una conclusión inquietante: aunque la mayoría de profesionales (82%) visitan la feria con el objeto de conocer nuevos productos con detalle (información técnica) más de la mitad de ellos (55%) afirman sentir frustradas sus aspiraciones por la escasa preparación del personal de atención en el stand. El índice de frustración es todavía mayor cuanto más técnica sea la pregunta (64% que no encontraron a nadie en el stand que pudiera aclarar consultas técnicas planteadas).

La conclusión positiva de esa encuesta es que el equipo humano de atención del stand es un elemento clave para satisfacer las necesidades del visitante. La negativa es que, en gran medida, esas necesidades no se ven cubiertas.

La selección de las personas que atenderán el stand durante los pocos días de duración de la feria resulta, pues, una tarea crucial para la consecución de los objetivos.

Pero ¿quién debería ser la persona encargada de la selección?, ¿con qué criterios se debe efectuar esa selección tan sensible?, ¿qué personas atenderán el stand durante los días de feria?

1.1. El Director del Programa Ferial

Dependiendo del tamaño de la empresa y, sobretodo, del número de ferias en las que participe a lo largo del año, resultará aconsejable la figura del Director del Programa Ferial. No hay que olvidar que participar en una feria es un procedimiento complejo, que requiere una inversión importante en tiempo y dinero.

La persona encargada de planificar, coordinar, desarrollar y realizar el seguimiento de una participación en feria es el Director o Responsable del Programa Ferial. Sus funciones y responsabilidades son mucho más amplias que las del tradicional responsable del stand, pues dentro de sus competencias está la selección de la feria o ferias en que la empresa participará, negociación de precios y servicios con proveedores, definición de la campaña de comunicación, elaboración del presupuesto, selección y formación del personal de atención en el stand.

Aunque esta categoría profesional es prácticamente desconocida en España como figura independiente en el organigrama de la empresa[1], no hay duda que aquellas empresas que participan en varias ferias al año cuentan con una o varias personas que desarrollan las funciones que en otros países, en los que el marketing ferial está más desarrollado, son competencia exclusiva del Director del Programa Ferial.

Es precisamente la dispersión de competencias relativas al programa de marketing ferial de la empresa, así como la escasa coordinación entre las diferentes personas y departamentos implicados, lo que suele causar importantes problemas de coordinación que dificultan, encarecen y perjudican la participación en una feria.

1.1.1. Perfil profesional

Independientemente de que la empresa cuente o no con un Responsable del Programa Ferial, la persona que planifique, gestione y coordine la participación en una feria debe reunir las siguientes características:

- Experto en Marketing y comunicación
- Experiencia en Departamento de Exportación, Marketing o ventas
- Experiencia en ferias
- Gran conocimiento de producto o servicio que se expondrá en la feria, así como de los productos o servicios competitivos
- Idiomas
- Buen comunicador, dinámico, extrovertido, motivador, orientado al trabajo en equipo y ordenado.

1.1.2. Funciones

Por lo que respecta a las funciones del Responsable del Programa Ferial, aunque esencialmente son las que se recogen en este manual, pueden ser resumidas de la siguiente manera:

---

[1] En nuestro país el responsable de organizar y coordinar las participaciones en ferias de la empresa, cuando existe como personal especializado, suele ser una persona adscrita al Departamento de Marketing y Promoción o eventualmente al Departamento de Exportación o Comercial (ferias internacionales o nacionales respectivamente).

- Análisis de ferias existentes y selección de las más adecuadas
- Contratación del espacio y gestión del «papeleo» inherente
- Fijación del calendario (plazos)
- Establecer objetivos
- Selección de productos o servicios a exponer
- Definición de la promoción previa, durante y después de la feria
- Seguimiento de contactos
- Establecimiento de un presupuesto
- Negociación y contratación con proveedores (transportistas, decoradores, agencias de viaje, organización ferial, etc.)
- Supervisión de montaje y desmontaje del stand
- Selección y formación del personal de atención en el stand
- Elaboración de informes (resultados, etc.)
- Gestión de ayudas oficiales (internacionales, nacionales o autonómicas) por participación en ferias comerciales

El Director del Programa Ferial es un gestor y un coordinador de equipos, de ahí que sea altamente recomendable que se trate de un responsable único que se ocupe desde el inicio hasta el final de todo el proceso.

1.2. El responsable del stand: la imagen viva de la empresa

Es la cara visible de la empresa durante los días de exposición en la feria y generalmente suele ser la misma persona que desempeña las funciones de Director del Programa Ferial.

Las *funciones* principales desempeñadas por el responsable del stand son las siguientes:

1.2.1. Antes de la feria

- La selección del personal de atención del stand
- La formación del personal del stand. La mayoría de visitantes a un stand esperan que el personal de atención conozca el producto, pero hemos visto que en más de la mitad de los casos esas expectativas se ven frustradas. Es responsabilidad del responsable del stand que su equipo esté bien preparado.

  La participación en una feria es un trabajo duro y a menudo agotador que exige una adecuada formación del personal acerca de las técnicas existentes para trabajarde la forma más grata y mejorar la productividad. No se trata, por tanto, de enseñarles solamente a trabajar mejor sino de que lo hagan con más comodidad.

El programa de *formación* debe incluir los siguientes puntos:

✓ Razones de la empresa para exponer en esa feria.

✓ Objetivos. El 50% de los expositores no fija objetivos[2], por lo que en esos casos resultará muy difícil valorar los resultados de la feria y asignar tareas al personal de atención del stand. Hay que dejar claro desde el primer momento cuantos nuevos contactos hay que generar, cuantas entrevistas a distribuidores, cuantas demostraciones técnicas deben efectuarse, etc.

✓ Información detallada sobre los productos o servicios expuestos, siempre que sea necesario.

✓ Técnicas de atención al cliente y de comunicación.

1.2.2. Durante la feria

- Coordinación y dirección del equipo. El responsable del stand es el «gerente» del stand a todos los efectos (permisos de salida, turnos para comidas, planificación de tareas diarias, etc.). El stand siempre debe de estar asistido por una o dos personas como mínimo (el número depende de la superficie expositora).
- Vigilancia y mantenimiento del stand (contratación de servicios de vigilancia especializados, seguro de robo, etc.). Todos los miembros del equipo deben tener una lista de los servicios básicos de la feria (seguridad, averías, comisaria, médico, etc.) y proveedores contratados (empresa decoradora, transitario oficial, etc.) a los que pueda ser necesario contactar en un momento dado.
- Administración y control del material promocional (catálogos, folletos, muestras, etc.) y del *«merchandising»* de productos en el stand.
- Relaciones públicas en el stand.
- Supervisión de que las tareas encomendadas y objetivos fijados se van desarrollando según lo previsto. Convocatoria de reuniones (previas o posteriores a cada jornada de feria) para repaso de tareas realizadas e incidencias.

1.2.3. Después de la feria

Para el responsable del stand la feria no termina cuando el certamen queda clausurado. Al contrario, una vez finalizada la feria, será quien tiene que asumir

---

[2] Según datos de CEIR (1998).

las siguientes tareas, muchas de las cuales –por obvias que parezcan– a menudo tienden a olvidarse:

- Acordar con el transportista la fecha y hora de entrega de los embalajes vacíos y hora de recogida de mercancías.
- Inventariar las mercancías durante su embalaje. Debe hacerse siempre en presencia de los transportistas y firmarse el inventario por ambas partes. En caso contrario, si existe daño o robo de las mercancías, tendremos mayores dificultades para percibir la indemnización correspondiente.
- Cerrar la contabilidad de las ventas, guardar a buen recaudo las tarjetas de visita, fichas de los contactos realizados durante la feria y restantes documentos (facturas por servicios contratados, denuncias, recibos de pago, etcétera).
- Desconectar la electricidad del stand, teléfono, agua, etc. y cerrar el almacén con llave.
- Pagar al personal eventual contratado (intérpretes, azafatas, camareros, etc.) y exigir la entrega de factura o recibo correspondiente.
- Relaciones públicas «post-feria»; básicamente la despedida de nuestros principales interlocutores durante la feria, tales como los organizadores del certamen, proveedores, personal eventual contratado, prensa y una selección de nuestros principales contactos. La despedida no tiene por qué ser solamente un simple acto protocolario sino un avance de nuestra futura participación en esa feria (la despedida del director de la feria puede servirnos para negociar con él una mejora de nuestro emplazamiento durante el próximo año, por ejemplo). Las relaciones humanas son una pieza indispensable en la práctica profesional y el hecho de cultivarlas con nuestros interlocutores no solamente nos hará más grato el trabajo diario sino también más productivo.
- Elaboración de informe sobre la feria (interés de la feria, competencia, nuevos productos, presupuesto de gastos, etc.).
- Valoración de resultados.
- Seguimiento.

1.3. Personal auxiliar

Un stand es como una empresa a escala reducida. Es necesario, por tanto, contar con personal auxiliar que apoye, complemente y refuerce las funciones desarrolladas por el responsable del stand.

Esencialmente el personal auxiliar suele estar integrado por los siguientes grupos profesionales:

1.3.1. Equipo comercial

El equipo de vendedores debe reunir las siguientes características:

- Personal cualificado adscrito al departamento de exportación o comercial de la empresa.
- Responsables comerciales del mercado o mercados afectos por la feria.
- Mínima capacidad de decisión en las esferas acordadas con la gerencia o dirección de exportación.
- Conocimiento del producto y de las características del mercado; así como de los clientes actuales de la empresa y de sus competidores. Por su experiencia saben discernir con mayor facilidad los profesionales más interesantes para cumplir con los objetivos de la empresa. Existe el riesgo de que tiendan a dedicar más tiempo del estrictamente necesario a aquellos clientes habituales de la empresa en detrimento de los potenciales.
- Es muy importante que el equipo comercial desplazado a la feria cuente con experiencia. Debe evitarse la participación de vendedores debutantes, salvo que esa participación forme parte de su «entrenamiento» y vayan acompañados por un equipo de vendedores experimentados.

No obstante la experiencia en ventas, aunque importante, no es una garantía infalible para que el vendedor vaya a ser eficaz durante los días de feria.

En ocasiones sucede que magníficos vendedores obtienen resultados muy pobres durante una feria y ello porque, aunque la persona sea la misma, las reglas cambian. No es lo mismo vender en la calle que vender en el stand.

La venta en el stand implica tener en cuenta un elemento básico: *el ajuste temporal*. El equipo comercial «en el stand» no podrá emplear las mismas técnicas relacionales que utiliza habitualmente «en la calle», pues el tiempo durante las ferias es extremadamente limitado y hay que saber administrarlo bien. En el stand no será posible desarrollar todas las fases de acercamiento y comunicación de la venta tradicional (pensemos, por ejemplo, en las inevitables referencias en toda conversación comercial al clima, o a los deportes o al tráfico). Lo esencial es saber conectar con los visitantes cualificados en aras a desarrollar, una vez terminada la feria, una futura relación estable; y todo ello sabiendo ajustarse al limitado tiempo disponible.

Por lo que respecta al número de vendedores por stand, dependerá del tamaño del mismo. Tal y como se desarrolló en el capítulo 3, la regla básica indica que debe de haber un máximo de dos personas cada 9 m^2 o, lo que es lo mismo, *una persona cada 4,5* m^2.

1.3.2. Técnicos

Aunque el equipo comercial debe tener amplios conocimientos del producto o servicio que trata de vender o promocionar; en ocasiones, y dada la complejidad del producto (productos de ingeniería, telecomunicaciones, aparatos médicos de precisión, etc.), es necesario contar con un refuerzo técnico que se ocupe de asesorar al equipo comercial, informar con mayor detalle a los clientes e incluso realizar alguna demostración *in situ.*

1.3.3. Intérpretes y traductores

La asistencia de uno o varios intérpretes será necesaria siempre que el personal de atención del stand no domine el idioma del país.

No basta con tener unos conocimientos básicos o rudimentarios de ese idioma. Hay que dominarlo o de lo contrario pueden darse infinidad de malentendidos y equívocos que podrían dar al traste con todos los esfuerzos realizados para organizar la participación.

Generalmente la organización ferial incluye en el Manual del Expositor un impreso para la contratación de intérpretes cualificados (cotización por horas o jornadas).

La red de Oficinas Comerciales de España en el extranjero es otra buena fuente de información para poder acceder a intérpretes cualificados, con la ventaja añadida de que muy probablemente hablarán español además del idioma o idiomas cuya interpretación se demanda.

Si contamos con un representante o distribuidor de confianza en el país podemos solicitarle que contrate en nuestro nombre los servicios de interpretación con algún especialista.

Hay que tener siempre en cuenta el nivel de complicación (técnica, comercial, jurídica, etc.) que van a tener las reuniones previstas durante la feria y en función del mayor o menor rigor necesario deberemos contar con la ayuda de un intérprete más o menos cualificado. Siempre que sea necesaria una interpretación exacta y veraz de lo hablado se hará muy recomendable contar con la asistencia de un intérprete o traductor jurado. Lo traducido o interpretado por esta categoría profesional se considera fidedigna a todos los efectos (incluso jurídicos).

Para facilitarle el trabajo y obtener una óptima interpretación conviene dejar al intérprete con la antelación necesaria todos aquellos documentos (catálogos, contratos, etc.) que le permitan familiarizarse con la empresa y el ámbito de negociación (precios, acuerdos de distribución, desarrollo de producto, etc.). No olvide que por muy buen intérprete que sea siempre necesitará conocer con mayor detalle todos aquellos aspectos singulares de la empresa (producto, servicio, etc.).

1.3.4. Azafatas

En muchas ocasiones tienden a confundirse azafatas e intérpretes, pues no es extraño que las azafatas dominen dos o más idiomas, pero se trata de figuras diferentes.

La función de las azafatas es básicamente auxiliar del resto del equipo de atención en el stand: recepción, filtrado de visitantes, entrega de material promocional, realización de pequeños encargos fuera del stand (fotocopias, etc.) y labores de protocolo y relaciones públicas en primera instancia.

1.3.5. Otro personal auxiliar

Existe una variadísima gama de personal especializado que puede cooperar con nosotros durante los días previos a la feria o durante su celebración, tales como fotógrafos, camareros, periodistas, recepcionistas, servicios de seguridad, limpieza, jardineros, floristas, músicos, animadores, etc. Muchas de esas empresas de servicios pueden ser localizadas en el «Exhibitor Manual».

1.4. El agente y el distribuidor

El agente o distribuidor del expositor, si contamos con él en el momento de participar en una feria, es una pieza clave dentro del equipo de atención del stand por dos razones primordiales:

- Probablemente será nativo del país, lo que significa que dominará la lengua y las costumbres locales (horarios laborales, prácticas comerciales, etc.).
- Se trata de profesionales de la mediación comercial y, por consiguiente, deben de conocer el mercado y saber cuales son los clientes o profesionales más interesantes para su representada.

El agente o el distribuidor son siempre una de las fuentes de información más fiables a la hora de organizar y planificar una participación en la feria desde el inicio hasta el final, informándonos acerca de cuál es la más adecuada a nuestros intereses u orientándonos acerca del tipo de promoción más oportuna en ese mercado.

2. INSTRUMENTOS DE APOYO PARA EL EQUIPO HUMANO EN EL STAND

Aparte del material de oficina básico (papel, cuadernos de notas, grapadora, etc.) es recomendable que el personal de atención en el stand cuente con los siguientes instrumentos que apoyarán y reforzarán su actividad diaria:

2.1. Guía de participación en la feria

Hemos visto que una de las funciones del responsable del stand era la formación del equipo de atención en el stand. Para ello, la elaboración de una Guía de Participación en la feria resulta altamente recomendable.

Esta Guía será un documento que incluirá información práctica, técnica y estratégica acerca de nuestra participación en la feria.

Algunos de los elementos que debe recoger esa Guía son los siguientes:

- Coordenadas de la feria: lugar, fechas, horario, dirección, teléfonos de contacto, etc.
- Coordenadas del stand: plano general de feria y situación del stand.
- Datos generales del país: costumbres, hábitos comerciales, protocolo, etc.
- Objetivos concretos de la participación: venta, análisis de la competencia, investigación de mercado, lanzamiento de nuevo producto, test de producto, etc.
- Información sobre productos o servicios: catálogos, características, precios, etc.
- Asignación de tareas y responsabilidades: concreción de objetivos individuales.
- Calendario de reuniones diarias: lugar, hora, etc.
- Técnicas de actuación en el stand: protocolo, recepción y acogida de visitantes, técnicas de venta o prospección, relaciones con la prensa, etc.
- Servicios contratados: datos completos de los proveedores y delimitación de sus responsabilidades.

La Guía debe distribuirse entre el personal con la suficiente antelación al inicio de la feria para permitirles asimilar toda la información que contiene.

2.2. Las tarjetas de visita

Todo profesional que visite una feria debería llevar una tarjeta de visita en la que consten como mínimo los siguientes datos:

- Nombre y razón social de la empresa.
- Nombre y apellidos.
- Puesto o cargo.
- Dirección completa, teléfono, fax, correo electrónico y página web.

Desgraciadamente ni todos los visitantes a feria llevan tarjetas de visita (las ferias son auténticas «devoradoras de tarjetas» y es probable que un profesional que visite nuestro stand a última hora de la tarde se encuentre ya desabastecido) ni todas las tarjetas son iguales, ni incluyen la misma información.

Confiar exclusivamente en las tarjetas de visita es un arma de doble filo ya que nos pueden transmitir la errónea sensación de que contienen toda la información que necesitamos y eso generalmente no es así.

Algunas son extremadamente minuciosas, otras acentúan el diseño y colorido en detrimento de la información; la mayoría incluye datos necesarios (dirección, etc.) pero no suficientes para conocer el auténtico perfil del profesional que nos ha visitado.

El personal de atención en el stand debe procesar todas las tarjetas recibidas y clasificarlas según los criterios preestablecidos con el responsable del stand o con el Director del Programa Ferial. Ésta es una rutina que debe seguirse cada vez que se reciba una nueva tarjeta.

Un error común en el proceso de clasificación es marcar las tarjetas con signos, números o letras (p. ej., «Clase A» para clientes importantes) sin especificar nada más. Hay que explicar siempre las razones para una determinada clasificación, pues en caso contrario pasado un tiempo no sabremos las razones por las que una determinada empresa fue clasificada de esa manera.

Por otra parte no siempre resulta posible realizar anotaciones sobre las tarjetas de visita. Existen razones tanto espaciales (falta de espacios en blanco, tarjetas impresas por ambas caras, etc.) como culturales que en ocasiones impiden o desaconsejan escribir sobre la tarjeta de visita. En muchos países (Japón, China, etc.) la tarjeta de visita es prácticamente una prolongación de la personalidad de su titular y el hecho de escribir sobre ella puede resultar ofensivo o desconsiderado[3].

Es conveniente la revisión diaria de las tarjetas con el personal del stand (puede hacerse unos 30 o 45 minutos antes del inicio de la feria en el propio stand, o terminada la jornada en el hotel). La revisión de las tarjetas nos servirá como factor de motivación y de control (cumplimiento de objetivos, etc.).

2.3. La Ficha de Contactos

La Ficha de Contactos es una magnífica herramienta, complementaria a la tarjeta de visita, que nos permitirá recoger toda la información necesaria para elaborar el informe posterior a feria y realizar el seguimiento.

---

[3] El tratamiento especial que debe darse a las tarjetas de visita en algunos países es un factor importante a menudo poco considerado, pero no debe olvidarse que en muchas culturas (asiática, por ejemplo) existe un «ritual» (entrega y recepción de la tarjeta sosteniéndola con el pulgar e índice de ambas manos en sentido de su lectura; dejar transcurrir unos segundos en esa posición leyendo el contenido de la tarjeta antes de guardarla respetuosamente, no escribir nada sobre ella, etc.) cuya observancia puede predisponer a nuestro favor al interlocutor que en ese momento tengamos.

MODELO FICHA DE CONTACTOS

FECHA ENTREVISTA ....

NOMBRE DE LA FERIA ....
CIUDAD .... FECHAS ....

DATOS BÁSICOS:

NOMBRE Y APELLIDOS:
....
....
CARGO ....
....
EMPRESA ....
....

Espacio en blanco para adjuntar tarjeta de visitas (si se dispone de ella)

DIRECCIÓN ....
CIUDAD .... PAÍS ....
TEL... FAX..
E-MAIL .... PAG. WEB ....

DATOS COMPLEMENTARIOS:

AÑO FUNDACIÓN .... FACTURACIÓN ....
CLIENTES ACTUALES ....
AUTORIDAD DE COMPRA ....
CAPACIDAD FINANCIERA ....
CALENDARIO DE COMPRAS ("Timing") ....

OBSERVACIONES:

LIMITACIONES OPERACIONALES ....
....
NECESIDADES ....
....
SERVICIO/PRODUCTO OFRECIDO ....
....
COMPROMISOS ADQUIRIDOS ....
OTROS COMENTARIOS ....
....
....
....

Se trata de un simple guión de referencia en donde lo importante es identificar claramente las oportunidades añadiendo todas aquellas notas que sean necesarias a la ficha.

En la ficha deben consignarse incluso las observaciones o reparos que planteó el visitante durante la entrevista. Al igual que sucedía con las tarjetas debe evitarse la elaboración de fichas incompletas.

Los elementos más importantes que debe de reflejar la Ficha de Contactos son los siguientes:

✓ Datos básicos del visitante:

  - Nombre o razón social de la empresa, dirección, teléfono, fax, e-mail, cargo desempeñado, etc. La mayoría de estos datos se recogen habitualmente en la tarjeta de visita y bastará, por tanto, con adjuntar la tarjeta a la propia Ficha de Contactos (pude ser conveniente dejar un rectángulo en blanco para grapar o pegar la tarjeta con mayor facilidad).
  - Categoría profesional (importador, agente, prescriptor, fabricante, organismo oficial, periodista, etc.).
  - Año de fundación de la empresa.
  - Proveedores actuales (gamas, precios, etc.).
  - Infraestructuras (almacenes, «showrooms», delegaciones, etc.).
  - Facturación, etc.

✓ Necesidades del visitante: ¿Qué buscaba? ¿Qué nos demandó en primera instancia?

✓ Intereses del visitante: ¿Qué llamó su atención?

✓ Requisitos exigidos por el visitante, bien sea de carácter técnico o comercial (fechas de entrega, descuentos por volumen, forma de pago, etc.).

✓ Expectativas del visitante con respecto al representante o comercial de la empresa: ¿Espera visitas semanales, mensuales,...? ¿Busca asesoramiento técnico? ¿Actualizar información?

✓ Fecha en que debe retomarse el contacto con el visitante.

2.4. Una digresión: Tipos de visitantes

Algunas fuentes anglosajonas[4] revelan que casi un cuarto (29%) de los visitantes a ferias comerciales son directivos «*senior*» con un elevado poder de decisión, mientras que un 50% son mandos intermedios. En total resulta que aproxi-

[4] Encuesta de la Exhibition Industry Federation, citada en «*Making the most of Trade Exhibitions*» (Gillian Cartwright, Reed Exhibitions Companies-UK).

madamente un 80% de los visitantes a una feria tienen capacidad de compra o pueden influir en la misma.

Es, por tanto, muy importante tener presente con qué tipo de visitante vamos a encontrarnos durante los días de feria y cuales son sus notas distintivas más comunes.

Feria del Sector Azulejero en Polonia.

Básicamente, los visitantes a ferias comerciales pueden clasificarse en los siguientes grupos:

a) *Compradores:* se trata de profesionales, habitualmente *«senior»*, con capacidad y autoridad suficiente para tomar la decisión de comprar. Los títulos ostentados en sus tarjetas de visita varían enormemente en función del tamaño de la empresa: desde «director general», pasando por toda la cadena tradicional de distribución (representante, importador, distribuidor, minorista, etc.) o, en ocasiones, hasta un escueto y claro «comprador» (*«buyer»*). Sus consultas se centran en aspectos técnicos y comerciales (fechas de entrega, precio, condiciones de contratación, etc.) y suelen sentirse más cómodos tratando con directivos de su propio nivel (*«senior»*).

b) *Prescriptores:* en algunos sectores (materiales de construcción[5], médico-sanitario, etc.) son tan importantes como los propios compradores ya que sus

[5] En Alemania, por ejemplo, el colocador de baldosas cerámicas («Maestro Colocador») tiene un altísimo poder prescriptor.

opiniones desempeñan un papel decisivo a la hora de seleccionar un producto o proveedor. El prescriptor no compra pero aconseja o desaconseja la compra a quien tiene esa capacidad adquisitiva. Cuanto más tecnificado o caro es un producto mayor protagonismo tiene el prescriptor. El prescriptor es muy difícil de identificar (nadie indica en su tarjeta que es «prescriptor» pues no es un cargo sino una capacidad potencial) pero suelen ser visitantes asiduos de las ferias, sobretodo en aquellas con un carácter más técnico.

c) *Usuarios:* se trata de aquellas personas que emplean a diario nuestros productos. No tienen autoridad de compra y visitan la feria básicamente para «ponerse al día». Se trata de una figura importante porque, aunque cuando nos visiten no tengan capacidad de compra, pueden actuar como prescriptores (son usuarios de nuestros productos y conocen sus virtudes o defectos) y en el futuro podrían llegar a ser compradores.

d) *Equipos de compra:* en determinados sectores industriales es muy común la visita a feria de un equipo de compra que integre verticalmente a todos los departamentos de la empresa implicados por esa potencial adquisición (por ejemplo, I+D, Diseño, Producción, Compras, Marketing, etc.) de tal forma que puedan analizar, previamente a la compra, todos los potenciales problemas que de ella puedan derivarse. Desde el punto de vista del expositor los equipos de compra son extremadamente valiosos pues permiten hacerse una idea fidedigna de las necesidades de todos los miembros de la empresa con capacidad de compra o prescriptora.

e) *Fabricantes:* puede tratarse de fabricantes de nuestro mismo sector y, en ese caso, se trata de claros competidores; o de fabricantes de otros sectores no competitivos o complementarios. En este último caso, es posible el intercambio de información acerca del mercado (evolución de precios, consumo, etc.) o probablemente la negociación de algún tipo de contrato de colaboración (*«Piggy-Back»*, etc.). Hay que tener mucha precaución y tacto durante las ferias para saber distinguir al «fabricante-competidor» del «fabricante-colaborador».

f) *Periodistas:* generalmente van claramente identificados. El periodista es una magnífica oportunidad de promocionar nuestra empresa ya que raramente tendremos la ocasión de acceder simultáneamente a tantos medios informativos. Conviene distinguir al periodista propiamente dicho (conoce el sector y redacta el artículo) del vendedor de publicidad, aunque en muchas ocasiones ambas figuras coinciden en la misma persona. No siempre tras la identificación de *«periodista»* hay un auténtico periodista y, en ocasiones, esa figura es aprovechada para obtener informaciones (técnicas, comerciales, penetración de mercado, etc.) que de otra manera serían difíciles de conseguir. Ante la duda pregunte para que revista o periódico trabaja, solicítele unos ejemplares y hágale algunas preguntas acerca del medio informativo (tirada, perfil de lectores, sede, etc.) que usted pueda comprobar fácilmente en la propia revista. No actúe como si se tratara de un interrogatorio (¡el entrevistado tendría que ser usted!), muéstrese sencillamente interesado en conocer mejor la revista para la que supuestamente trabaja el periodista. Si no queda clara su «autenticidad» decline con cortesía realizar la entrevista (no dispone de la información adecuada, por ejemplo) o limítese a dar unos vagos datos generales. Recuerde que todo lo que usted transmita al periodista es susceptible de aparecer en los medios. Por tanto lo que no desee ver publicado no lo mencione durante la entrevista.

g) *Estudiantes:* Generalmente son fácilmente identificables pues suelen ir en grupo en visitas organizadas por su Universidad o Centro de Estudios. No tiene capacidad de compra pero las organizaciones feriales tienden a facilitarles la entrada porque los estudiantes de hoy son los compradores o prescriptores de mañana.

h) *Otros:* el abanico es tan extenso como uno se proponga y variable según sectores y tipos de ferias; básicamente se trata de organismos e instituciones oficiales (Cámaras de Comercio, Confederaciones empresariales, etc.), Laboratorios y centros de investigación, comerciales de otros sectores (transportistas, revistas, decoradoras, otras ferias, etc.), bancos, aseguradoras, etc.

3. EL «MOMENTO DE LA VERDAD»

Ya tenemos decidido el equipo humano que atenderá el stand, han sido debidamente informados acerca de sus respectivas funciones, responsabilidades y objetivos y cuentan con las herramientas necesarias para ello; es entonces cuando cada uno de los integrantes del equipo tendrá que afrontar lo que, en marketing de servicios, se conoce como el *«momento de la verdad»* o aquella situación crucial que solo puede ser tratada, gestionada o solucionada por la persona o personas ante quienes se presenta y de cuya actuación, adecuada o inadecuada, dependerá el resultado final de nuestra participación en la feria.

Durante la feria el «momento de la verdad» es, básicamente, la atención del visitante al stand. Todo lo que, hasta ese momento, hemos realizado puede tener la consistencia del papel mojado si nuestro equipo falla al atender a los visitantes.

No existe una receta mágica que nos dé las claves para un correcto desempeño de nuestras funciones en el stand, pero deben tenerse en cuenta ciertas normas básicas que, a menudo, tienden a ser olvidadas:

3.1. La actitud del equipo humano

La actitud del personal de atención del stand puede ser una de las principales barreras de acceso a nuestro stand.

Evite llevar a la práctica el viejo aforismo árabe que reza *«quien entre aquí me hará el honor, quien no lo haga me proporcionara un placer»,* pues usted expone en la feria para que visiten su stand.

Las ferias son extremadamente agotadoras y la fatiga acumulada puede dar origen a ciertas actitudes o comportamientos negativos que desincentivarían al visitante más predispuesto. Conociéndolos con antelación resultará más fácil atajarlos antes de que se consoliden y extiendan al equipo humano de atención del stand.

Algunas actitudes que deben evitarse son las siguientes:

- *Sensación de cansancio.* Es evidente que tras varios días de feria usted y su equipo estarán cansados pero deben evitar parecerlo. Ningún visitante deseará agotarnos más. También los patinadores artísticos acusan el esfuerzo físico y, aún así, sonríen al público en cada cabriola ejecutada.
- *Sensación de aburrimiento* (bostezos, somnolencia, etc.). Si su equipo humano parece aburrido lo lógico es pensar que su producto es igualmente aburrido, que no tienen nada interesante que ofrecer. Nadie querrá aburrirse con nosotros.
- *Sensación de preocupación:* un stand plagado de rostros circunspectos y serios es una clara invitación para pasar de largo. Ningún visitante querrá interrumpir las serias meditaciones que nuestro equipo pueda estar desarrollando.
- *Sensación de despreocupación:* a veces se tiene la impresión de que ciertos equipos están en el stand como por casualidad. Están allí, pero igualmente podrían estar una merienda campestre o en una tertulia de amigos. Su actitud es claramente absentista y poco profesional: animadas tertulias alrededor de la mesa, aperitivos copiosos, partidas de cartas, etc. Ningún visitante se sentiría cómodo interrumpiendo tan cálida fraternidad y, por tanto, pasará de largo.
- *Exceso de solemnidad:* La profesionalidad no pasa por poner «cara de póker» en la entrada del stand. Evite parecer el guardia de seguridad del stand. Los brazos cruzados pueden parecer intimidatorios; en los bolsillos transmiten sensación de indiferencia y desinterés.

Lo que no debe hacerse

- Fumar.
- Permanecer sentado mucho tiempo.
- Comer o beber en el stand.
- «Tertulias» con sus compañeros. Los visitantes preferirán no interrumpir.
- Leer.
- Abandonar el stand. Si no tiene más remedio que hacerlo, hágalo por poco tiempo y deje a un sustituto.
- Criticar a los competidores.

Lo que debe hacerse

- Conozca los productos o servicios.
- Conozca el stand.
- Conozca la feria.
- Vista de acuerdo con las costumbres del país.
- Mantenga siempre limpio y ordenado el stand. Tenga en cuenta que el desgaste diario será importante.
- Trate con idéntica corrección a todos los visitantes.

3.2. Técnicas de atención al visitante

Existen algunas técnicas que «relajarán» un poco la inevitable tensión y artificiosidad que supone el tener que estar de pie durante varias horas en una superficie reducida. Las siguientes recomendaciones no solamente facilitarán su trabajo sino que, al mismo tiempo, lc ayudarán a transmitir una imagen de mayor profesionalidad:

- Tenga un papel entre sus manos. Evitará que las cruce o guarde en los bolsillos y le hará parecer más accesible.
- En stands pequeños no se sitúe en el centro y manténgase en una esquina de la entrada principal. De esa manera dejará espacio libre para que el visitante recorra el stand sin «obstáculos».
- No mire directamente al pasillo o a los transeúntes (todos los mamíferos –y los visitantes a ferias comerciales lo son– perciben la mirada directa como una amenaza) y oriéntese en un ángulo de 45° de tal manera que pueda ver a los visitantes periféricamente, sin mirarlos directamente. El pasillo es percibido por el visitante a ferias como una «zona de seguridad» en la que estará a salvo de los embites de los vendedores más agresivos.
- Evite la «visión de radar»: no escrute directamente, y antes de iniciar la conversación, la tarjeta de identificación prendida en las ropas de los visitantes cuando entren a su stand pues los hará sentir incómodos. Averigüe quién es de la manera tradicional: *«Hola, mi nombre es Anne Banning; ¿y usted es…?»*.
- *Modo de vestir*: Si quiere que lo tomen en serio, vista con seriedad[6]. La ropa debe de ser formal pero sin excesos que lo hagan parecer artificial y fuera de contexto. No importa lo calurosas que sean ciertas zonas (por ejemplo, Sudamérica); el traje de chaqueta es imprescindible. Vigile siempre los detalles: por ejemplo, en algunas zonas de Asia (Japón) es probable que le toque descalzarse al ir a cenar; por tanto sus calcetines deben estar en perfecto estado.
- *Usos «sociales» y «empresariales» del país*: el equipo humano debe conocer las normas básicas de etiqueta del país anfitrión. Aunque pueda parecer sencillo, ésta es una de las principales causas de errores o malentendidos al entablar relaciones con un visitante extranjero. Es necesario, por tanto, recabar información previa sobre esos usos y costumbres sociales y empresariales en el país que se va a visitar[7]. Aunque algunas prácticas son universales (puntualidad, corrección en el vestir, etc.) tenga en cuenta que en algunos países pueden resultar mucho más trascendentes que en otros (una falta de

[6] Naturalmente, las costumbres son más o menos formalistas según sectores. Informática y moda, por ejemplo, son sectores muy «liberales» en cuanto al modo de vestir .

[7] Vimos anteriormente que las Oficinas Comerciales de España en el extranjero, las Embajadas o el propio ICEX son una magnifica fuente de información.

puntualidad puede resultar más grave en Alemania que en Angola, por poner un ejemplo). Algunos ejemplos, de los muchos que hay, son los siguientes:

- El «ritual» de intercambio de tarjetas de visita en Asia (Japón, China, etc.). Nunca las entregue despreocupadamente, a la manera occidental. La tarjeta debe entregarse en el sentido de su lectura y cogida por sus extremos con los dedos pulgar e índice de ambas manos. Al recibir la tarjeta debemos leerla detenidamente (o aparentar que lo hacemos si está escrita en una lengua incomprensible). Nunca debemos anotar nada en la tarjeta recibida, pues ésta se percibe como una extensión de la personalidad del propietario y resultaría poco educado hacerlo.
- Los saludos en Asia: se trata de sociedades muy jerarquizadas en lo social y profesional, por tanto el saludo es una costumbre que suele ir acorde a esa jerarquización. Cuanto mayor sea una persona o cuanto más elevado sea su cargo en la empresa más respeto «formal» nos debe merecer (mayor número de inclinaciones y más acusadas, en Japón). El apretón de manos es una práctica cada día más extendida, sobretodo entre las generaciones más jóvenes. Diríjase a su interlocutor por su título («señor Presidente», por ejemplo), nunca por su nombre.
- La «familiaridad» en Sudamérica: el visitante hispanoamericano es muy formal en sus relaciones empresariales (borre de su mente la imagen arquetípica de «salsa» y «boleros»), lo que no impide que sea más cálido y amistoso en sus relaciones profesionales. No desentonará si se interesa cortésmente por su familia. Tampoco debe extrañarle que, tras varias entrevistas, le inviten a visitar su casa.

• La *empatía*: consiste en saberse poner en el lugar del otro; en este caso, en el lugar de nuestro visitante. ¿Qué es lo que realmente desea de nosotros? Si conseguimos dilucidarlo ya tenemos una parte importante del camino recorrida.

¿Qué desea el visitante en nuestro stand?

- Quiere saber rápidamente quiénes somos.
- Quiere saber qué novedades tenemos: recuerde que entre el 80 y 90% de visitantes a una feria buscan novedades.
- Quieren hablar con alguien que pueda ayudarles y que sepa preguntarles en qué se les puede asesorar.
- No quieren ser presionados. Concédales un tiempo antes de atenderles.
- Quieren un mínimo de intimidad para negociar.
- Quieren que se les ecuche.
- Quieren educación y respeto.
- Quieren que se mantengan las promesas.

3.3. La comunicación

Una vez sabemos que es lo que busca nuestro visitante nos debería resultar más fácil una estrategia de comunicación, para ello deben de tenerse en cuenta las siguientes reglas:

3.3.1. La primera toma de contacto

El visitante ya está dentro de nuestro stand y nos enfrentamos ahora con el «momento de la verdad» que nos permitirá una comunicación posterior y probablemente el inicio de relaciones comerciales.

Inicie la conversación de forma amistosa, con pocas preguntas y breves que le orienten acerca de sus necesidades y que faciliten el dialogo. Rompa el hielo.

Evite fórmulas tradicionales de apertura del tipo *«¿Puedo ayudarle en algo?»* pues con ellas no hace más que facilitar una respuesta del estilo *«No, gracias, sólo estaba mirando»*.

Las tomas de contacto más eficaces son aquellas que plantean preguntas abiertas, del tipo: *«Gracias por visitar nuestro stand. ¿Qué le ha llamado la atención de nuestros productos?»*, o bien, *¿Suele tener muchos problemas con sus máquinas clasificadoras? ¿Cuánto tiempo dedica a importar sus ficheros de un ordenador a otro?, ¿Qué le parece la feria?,* etc.

Deben buscarse fórmulas que inciten a mantener una conversación no a terminar con ella con un *«No»* o con un *«gracias, sólo estoy mirando»*.

3.3.2. La calidad de las preguntas

El 60% de las entrevistas exitosas se fundan en preguntas adecuadas que nos permitan conocer las necesidades reales del visitante. Esa adecuación no sólo consiste en preguntar lo pertinente, sino en hacerlo en el momento más conveniente.

Uno de los errores más comunes es «ir directamente al grano» con preguntas que transmiten al visitante la impresión de que se está confeccionando, a su costa, una lista pura y dura. Ya tendrá ocasión de plantearlas al término de la entrevista.

Evite, por tanto, al iniciar la conversación preguntas directas del tipo:

- Nombre y dirección de la empresa.
- Capacidad de compra.
- Presupuesto disponible, etc.

Resulta mucho mejor preguntar acerca de las necesidades. Además un visitante que sepa definir claramente sus necesidades es muy probablemente un comprador más cualificado que aquel que no sabe concretarlas.

Haga preguntas abiertas. El uso de adverbios de tiempo, modo y lugar (¿quién, cómo, qué, cuándo, dónde?) las facilitará.

Las buenas preguntas no solamente nos sirven para conservar al visitante y potencial comprador sino para discernir rápidamente si se trata de un visitante cualificado o no.

3.3.3. La capacidad de escucha

Escuchar es una tarea habitualmente dificultosa, sobretodo para aquellos equipos comerciales que pueden tener la errónea creencia de que su función básica es hablar incesantemente.

La realidad es que el visitante necesita que se le escuche y se dé respuesta a sus consultas.

Fuentes norteamericanas[8] indican que el 40% de los visitantes a un stand, lo abandonan con la sensación de que el vendedor no se ha tomado el tiempo suficiente para escucharles y entender sus necesidades.

El 73% de los visitantes a stands en ferias consideran que las presentaciones de los vendedores son demasiado largas[9]. No hable más del 50% del tiempo de conversación y trate de ser claro y conciso.

Por supuesto esta norma no significa que sus respuestas deban ser telegráficas, pero deben evitarse siempre la perorata aburrida y la redundancia innecesaria.

3.3.4. La gestión del tiempo en ferias

El tiempo es oro; sobretodo en las ferias donde se trata de un recurso especialmente escaso.

Como promedio un visitante profesional dedica algo más de 7 horas[10] a la visita de una feria. Eso significa que valorará la rapidez con la que se le atienda y

[8] «The Power of Exhibit Marketing» (Barry Siskind, Self-Counsel Press, 1997).

[9] Fuente: Incomm Research (1998) según datos publicados en Internet (http://www.tradeshowresearch.com).

[10] Según datos de *«Bright Ideas, Inc.»* (1997) referidos a visitantes a ferias norteamericanas, que habitualmente duran menos días y tienen horarios de apertura más reducidos que las ferias europeas.

la concisión y brevedad de su presentación pues lo lógico es que tenga la intención de visitar otros stands.

Una presentación eficaz debería oscilar entre los 5 y los 7 minutos. Si excediera ese tiempo debe fijarse una entrevista una vez terminada la feria.

La mayoría de visitantes a nuestro stand (58%) quieren que se les atienda rápidamente y no esperarán más de un minuto a que alguien lo haga. Eso significa que debemos ser muy rápidos en nuestra capacidad de respuesta. Al menos de algún tipo de respuesta.

TIEMPO DE ESPERA EN UN STAND
(% de visitantes cualificados)

No esperarán más de un minuto	58%
Esperarán 3 minutos	28%
Esperarán 5 minutos	14%

Fuente: Incomm Center for Trade Show Research and Sales Training (publicado en Internet: http://www.tradeshowreasearch.com).

La realidad de las ferias demuestra que no es posible (tampoco sería correcto) atender simultáneamente a varios visitantes, pero lo normal –si hemos organizado bien nuestra participación y promoción– será que contemos con varios de ellos en el stand al mismo tiempo. ¿Cómo afrontar esa situación si 6 de cada 10 no están dispuestos a esperar más de un minuto?

En esos casos de visitas múltiples hágales entender que les ha visto y «pida ayuda» a su interlocutor actual *(«¿me permite un minuto para que informe a esos señores de que estaré con ellos en cuanto Ud. y yo terminemos?»)*. Eso es algo que ni siquiera el interlocutor más recalcitrante le negaría.

En la mayoría de los casos una simple sonrisa o un claro contacto visual son suficientes para que no perdamos ese 58% de visitantes a nuestro stand que no esperarían más de un minuto.

De todas maneras no olvide que una cosa es conseguir que el visitante espere más de un minuto a que usted le atienda y otra, bien distinta, es que esté dispuesto a esperar media hora. Si cree que la conversación que está desarrollando se va a prolongar más de lo razonable, debe hacérselo saber al visitante en espera y concertar con él una entrevista en otro momento. Si la entrevista posterior no fuera posible, ofrézcase para contactar con ellos una vez terminada la feria (intercambio de tarjetas, etc.).

No obstante la gestión del tiempo dependerá siempre de diversos factores, tales como la cualificación del visitante, el volumen de tráfico o el tiempo disponible en ese momento.

3.3.5. La cualificación de visitantes

«Cualificar» debe entenderse, en este caso, como sinónimo de «calificar» o de «etiquetar». La cualificación es importante pues nos debe permitir obtener rápidamente el perfil profesional del visitante y, por ende, de si forma parte de nuestro público objetivo o no.

Una de las notas distintivas de las ferias es el gran número de personas con las que entablaremos contacto y el escaso tiempo disponible para cada una de ellas. Con algunos visitantes estará justificado invertir varias horas, con otros todo minuto dedicado será tiempo que habremos perdido y que le habremos hecho perder al visitante (también él dispone de escaso tiempo).

El manual citado de Barry Siskind[11], recoge el acróstico *«ACTION»* que corresponde a las iniciales de los principales elementos sobre los que debe fundarse toda cualificación y que deberemos aclarar en las primeras fases de toma de contacto. Esos factores «cualificadores» son los siguientes:

a) *Autoridad:* hay que dilucidar la autoridad de compra o prescripción que tiene nuestro interlocutor. Cuanta mayor sea, más provechosa será la entrevista.

b) *Capacidad:* intelectiva y económica. No siempre quien tiene la autoridad está capacitado para comprender determinadas explicaciones técnicas o tiene la capacidad financiera para comprar determinados productos o servicios.

c) *Tiempo:* al terminar la feria debe darse prioridad a aquellos visitantes que vayan a necesitar nuestro producto o servicio con mayor urgencia. Dejaremos para el final aquellos que no cuenten con plazos o que estos sean más dilatados.

d) *Identidad:* el visitante debe de estar claramente identificado. Las tarjetas de visita cumplen con esa función esencial pero, como vimos, no siempre contienen toda la información necesaria. Si es necesario, complételas con la Ficha de Contactos.

e) *Obstáculos:* puede que el visitante esté predispuesto a comprar sus productos pero eso no siempre va a ser posible pues pueden concurrir ciertos obstáculos que impidan la transacción (distancia geográfica, plazos de entrega, embargos económicos al país, aranceles elevados, normativas técnicas muy estrictas, etc.). La existencia o no de obstáculos nos dará, por tanto, un grado de cualificación del visitante.

f) *Necesidades:* es el factor más importante. Una vez detectadas las necesidades del visitante, la cualificación, la mayor o menor importancia del contacto, se presentará con claridad. Como hemos visto, la forma y momento en que se hagan las preguntas y la capacidad de escucha son cruciales para identificar esas necesidades.

---

[11] «The Power of Exhibit Marketing» (Barry Siskind, Self-Counsel Press, 1997).

3.3.6. La despedida

Si tras la fase de cualificación llegamos a la conclusión de que el visitante no integra nuestro grupo objetivo o bien si, aún integrándolo, ya le hemos explicado todo lo necesario, debemos dar por terminada la conversación de forma cordial y educada. Pero *la despedida,* en ocasiones, no resulta tan sencilla y conviene tener en cuenta los siguientes normas:

- *Prontitud.* Una vez ya se han dicho todo lo que tenían que decirse cuanto antes se despidan tanto mejor para ambos.
- *Profesionalidad.* Su tiempo y el de su visitante son escasos durante la feria y usted debe saber gestionarlo con eficacia.
- *Propiedad.* Aunque se trate de una norma de elemental cortesía, la despedida nunca debe ser ruda o grosera. Sea siempre cordial y educado sin considerar el mayor o menor interés que el visitante pueda ofrecerle.

Algunas técnicas para facilitar la despedida

- Cambio de tema de conversación hacia asuntos que indiquen que se aproxima el final *(«ha sido un placer tener la oportunidad de hablar con usted...», «espero haberle explicado con claridad la forma en que...»).*
- Anuncio de la despedida con frases del estilo *«antes de que se retire usted, me gustaría hacerle entrega de este pequeño regalo...».*
- Ofrecimiento para que visite con libertad el stand, mientras usted atiende a otros visitantes.
- Contacto visual con otros visitantes o verbal con frases del estilo *«estaré con ustedes en un minuto».* Nuestro interlocutor actual entenderá que la conversación está a punto de terminar.

En todas las fases analizadas hay que tener siempre en cuenta la importancia del *mensaje no verbal,* cuyo impacto puede ser crucial en nuestro visitante.

De hecho, algunas estadísticas estiman que el lenguaje oral solamente supone un 7% de la impresión personal que el vendedor transmite a su receptor. El resto de imagen transmitida se basa en lo que se conoce como lenguaje paraverbal (38%), tales como tono, timbre de voz, etc. o en los mensajes no verbales (55%) del tipo de posturas, gestos, miradas, etc.

En total el lenguaje no verbal representa el 93% de la impresión que el vendedor causa al visitante lo que nos da una idea de la importancia del mismo.

Capítulo 9

Los costes de participación en una feria

«No acaban de comprender los hombres cuan grande cosa es la economía.»

CICERÓN, *Paradoxa*

1. La identificación y la estimación de los costes
   1.1. El coste de alquiler del espacio
   1.2. El coste de diseño y decoración del stand
   1.3. Rehabilitación, equipamiento y modificaciones del stand
   1.4. Servicios feriales
   1.5. Transporte de mercancías
   1.6. Promoción y personal auxiliar
   1.7. Otros gastos e imprevistos
   1.8. Los gastos de viajes y desplazamiento
2. La tabla de control de gastos
3. Fuentes de financiación de la participación en una feria
   3.1. Apoyo financiero interno
   3.2. Apoyo financiero externo

Exponer en una feria es una inversión importante no solamente en tiempo sino, sobretodo, en dinero.

Durante las dos últimas décadas los costes de participación feriales han aumentado un 500% y no parece que la tendencia vaya a la baja. La globalización y la gran competitividad existente en los mercados internacionales convierten a las ferias en herramientas fundamentales para la consolidación o introducción en los mercados.

A modo de ejemplo, en el año 2000 participar en una feria en la Unión Europea con un stand de 24 m^2 y contratando una decoración básica (modular) ronda aproximadamente los cuatro millones de pesetas y ello suponiendo unos objetivos muy modestos y una escasa promoción. Por tanto, en la actualidad exponer en una feria resulta caro y exige una elaboración detallada del presupuesto de gastos así como su control riguroso.

Una de las principales funciones del Director del Programa Ferial será la de confeccionar y controlar el presupuesto de gastos en la feria. Esta tarea resultará más o menos compleja en función del número de ferias en las que participe la empresa, la imagen que pretenda trasmitir o los objetivos fijados.

La preparación del presupuesto debe hacerse con suficiente antelación, a ser posible una vez seleccionada la feria, y durante la fase inicial de fijación de objetivos.

Disponer de un presupuesto de gastos anticipado, nos ofrece varias ventajas:

- Visión global del programa que permita aplicar estrategias de marketing ferial.
- Mayor control.
- Posibilidad de realizar cambios, si incurrir en gastos extraordinarios (penalizaciones, multas, etc.).
- Los servicios pueden ser contratados con suficiente antelación y ello nos permitirá beneficiarnos de descuentos u otras condiciones favorables; así como una mejor negociación con los diferentes proveedores.

La clave a la hora de fijar un presupuesto es gastar todo el dinero que sea necesario para conseguir los objetivos, *pero no más del necesario*. Puede parecer una afirmación perogrullesca pero las ferias tienen una capacidad infinita de captación de recursos de todo tipo –económicos entre otros– y por tanto, para contener los costes es esencial la preparación de un presupuesto detallado y un control exhaustivo del mismo. De esta manera, no solamente controlaremos los costes, sino que seremos capaces al término de la feria de saber en dónde invertimos el dinero y si esa inversión fue provechosa o no.

Aunque no existe una fórmula mágica que nos permita saber exactamente cuánto dinero debemos gastarnos para rentabilizar nuestra participación en una feria, si que es posible seguir unas pautas de orientación para la preparación del presupuesto.

1. LA IDENTIFICACIÓN Y LA ESTIMACIÓN DE LOS COSTES

Cuando se ha participado en otras ferias anteriormente, lo razonable es comprobar en los libros contables de la empresa el gasto exacto soportado en el pasado e incrementarlo añadiendo el porcentaje de inflación correspondiente. Naturalmente, el sistema es adecuado si en la participación del año anterior se invirtió correctamente el dinero. Si no fue así, la fórmula no haría más que reproducir los errores del pasado.

El problema surge cuando se trata de una primera participación en feria y no se tienen puntos de referencia para estimar los costes.

En esos casos, debe consultarse en primera instancia con el propio organizador ferial pues nos suministrará algunos datos precisos sobre costes y presupuestos.

Partiendo de la base de estudios realizados por entidades solventes y especializadas (CEIR, etc.), podemos desglosar los costes de participación en una feria en ocho grandes categorías que se desarrollan a continuación.

1.1. El coste del alquiler del espacio

Para la mayoría de estudiosos de la materia, el coste de alquiler del espacio representa el **20%** del coste total de exposición en una feria.

Así, si multiplicamos por 5 el coste del alquiler del espacio tendremos de una manera bastante fiable el presupuesto total estimado de gastos.

No obstante ese porcentaje debe ser matizado siempre en función de diversos factores que pueden hacer aumentar o disminuir su peso específico en el conjunto de gastos de participación en la feria. Algunos de esos elementos reguladores son los siguientes:

- En función de quien sea el organizador ferial (organizadores privados, públicos o asociaciones sectoriales[1]) variarán significativamente los costes de alquiler del espacio. Los organizadores públicos (ayuntamientos, etc.) tradicionalmente han sido más económicos pues han sacrificado los beneficios directos de la feria en detrimento de los indirectos (atracción de visitantes a la ciudad, generación de empleo indirecto, activación del turismo de negocios, etc.).
- Los costes pueden variar mucho en función de la «popularidad» de la feria o su dimensión, resultando más caro el espacio de las exposiciones más consagradas o de aquellas de mayor tamaño.
- La escasez de espacio ferial es una razón que explica el coste elevado del alquiler del espacio. En Vietnam, un mercado de 60 millones de habitantes, existen dos recintos feriales, mientras que en Francia –con la misma población– existen 540 parques de exposiciones.
- En función del país de celebración de la feria. En mercados desarrollados la demanda suele ser menor (saturación), mientras que en nuevos mercados (Europa del Este, etc.) resultan más caras no sólo por las posibilidades de negocio que ofrecen sino también por la inexperiencia y falta de recursos e infraestructuras del organizador. Por ejemplo: El alquiler del espacio en una feria en Estados Unidos puede oscilar entre los 100 o 250 US$ por m^2, mientras que en un mercado emergente como Vietnam o Rusia oscilara entre los 300 y los 800 US$ por m^2.
- El tipo de stand contratado. Cuantos más lados abiertos tenga el stand más caro resultará el alquiler. Lo mismo puede decirse por lo que respecta a las dimensiones del stand: cuanto mayor sea, mayor número de servicios y complementos exigirá. La dimensión del stand, marcará igualmente el número de personas que deben atenderlo (una persona por cada 4,5 m^2, como promedio).

1.2. El coste del diseño y decoración del stand

Suele estimarse que el diseño del stand, así como el montaje y desmontaje de su estructura y el coste de los materiales, representan otro **20%** del coste total cuando se trata de una decoración básica (tipo *«shell scheme»*).

Al igual que sucedía con el alquiler del espacio, el porcentaje señalado puede variar al alza o a la baja según concurran determinadas circunstancias, tales como:

- Los costes varían en función de que se trate de una decoración básica modular (*«schell scheme»*) o de una decoración propia, más sofisticada y compleja. En este último caso el porcentaje puede alcanzar el 40% del coste

[1] En EE.UU. es muy común que las asociaciones sectoriales gestionen su propia feria especializada.

total (en este caso se reduciría sustancialmente el porcentaje de la partida «rehabilitación, equipamiento y modificaciones del stand» pues es de prever que un stand nuevo no requiera muchas modificaciones).

– Mayor o menor facilidad de almacenaje.

– Si se trata de un stand de decoración propia, el número de ferias en las que va a emplearse (amortización) es un factor que afectará a los costes pues cuanto mayor sea el número de ferias en que se utilice, menor será el coste de esa decoración por exposición.

1.3. Rehabilitación, equipamiento y modificaciones del stand

Se estima que la rehabilitación, equipamiento (mobiliario, complementos, etc.) y modificaciones en la decoración del stand representan un **12%** del gasto total.

Ese 12% será mayor si la empresa no ha contratado un stand nuevo ese año. En otras palabras, cuanto más antiguo sea el stand mayores modificaciones y adaptaciones requerirá y, por tanto, el porcentaje de este capítulo será mayor.

Piénsese, por ejemplo, que la superficie contratada puede haber cambiado de un año al otro, lo que obligará a hacer ajustes en la estructura del stand para adaptarla a los nuevos m^2; o bien que el grafismo o la imagen corporativa de la empresa puede haber evolucionado lo que quizás suponga tener que cambiar los colores o los rótulos del stand, etc.

Todo el mobiliario o complementos (sillas, mesas, muebles expositores, electricidad, flores y plantas, etc.) contratados directamente con la feria no deben incluirse en esta partida, pues habitualmente se incorporan a la de «Servicios feriales».

1.4. Servicios feriales

Los manuales y estudios norteamericanos[2] estiman este coste en un 20% del total, cantidad que a nosotros nos parece muy elevada si la aplicamos a ferias celebradas fuera de Estados Unidos en las que el capítulo de «servicios feriales» nunca suele superar el 10% del coste total.

La diferencia estriba en que en los Estados Unidos se incluyen en esta partida el coste de manipulación de mercancías dentro del recinto ferial (*«drayage»*), el almacenaje y el equipamiento de stands contratados con feria. Por otra parte, la

[2] La mayoría de las publicaciones especializadas en marketing ferial provienen de los Estados Unidos, siendo muy escasas en nuestro país, con las loables excepciones de las obras– citadas en la bibliografía de este manual– de Fernando Le Monnier o de Jose Luis Latorre, entre otros.

obligatoria contratación de personal sindicado (*«trade unions»*) en este país, es también un factor que encarece el capítulo de servicios feriales.

En todo caso, los servicios feriales más habituales son, entre otros, los siguientes:

- Derechos de secretaría y gastos de admisión.
- Inserción obligatoria en el catálogo de la feria y prorrata de gastos de promoción del evento.
- Conexión y consumo eléctrico.
- Conexión y consumo de agua.
- Alquiler de mobiliario (mesas, sillas, etc.) y complementos de decoración[3] (plantas, flores, rotulación, etc.).
- Alquiler de equipo audiovisual.
- Comunicaciones: teléfono, fax, internet, etc.
- Parking.
- Fotografía.
- *Catering.*

Algunos de esos servicios pueden estar incluidos en el alquiler del espacio o en la decoración del stand (si la hemos contratado con la propia feria o con una empresa vinculada) y, en consecuencia, deberían aplicarse a esas partidas específicas en vez de a «Servicios feriales».

Por tanto, y para concluir, en ferias celebradas fuera de los Estados Unidos el capítulo de «Servicios feriales» representa aproximadamente un **8-10 %** del gasto total en la feria.

Si se trata de una feria norteamericana ese porcentaje debe aumentarse al 20% (inclusión del *«drayage»*, etc.), aunque ese aumento en «servicios feriales» irá acompañado de una disminución proporcional en el correspondiente a «transporte de mercancías» (exclusión del *«drayage»*, etc.), por lo que el presupuesto total no se verá afectado aunque sí su desglose en las partidas de gasto consideradas.

1.5. Transporte de mercancías

Los estudios norteamericanos estiman ese coste en un 13% del gasto total, pero no hay que olvidar que en ese porcentaje *no están incluidos* los importantes costes de manipulación (*«drayage»*) y almacenaje de mercancías dentro del recinto ferial.

---

[3] No incluidos en la partida de decoración.

Creemos que el coste de *«drayage»* y almacenaje, al menos en ferias celebradas fuera de los Estados Unidos, debe incluirse en la partida de «Transporte de mercancías» lo que supone un aumento sustancial sobre el porcentaje estimado por la literatura norteamericana.

En nuestra opinión, y con las salvedades que se citan a continuación, debe estimarse el coste de transporte (y manipulación) de mercancías entre un **20%** y un **25%** del gasto total.

La partida de gastos de transporte es *una de las más variables* de todas las derivadas de la participación en una feria y existen multitud de factores que pueden aumentar o disminuir el porcentaje indicado en varios puntos.

Algunos elementos que debemos considerar al estimar este gasto son los siguientes. En función del número de factores «negativos» que detectemos en nuestro caso específico el porcentaje de gasto estará más próximo al 25% que al 20%.

- Distancia geográfica. No es lo mismo para un expositor español exponer en París que hacerlo en Japón.
- Según el tipo de producto transportado, su tamaño, peso o la complejidad de su manipulación los costes pueden variar sustancialmente. Por ejemplo, si tenemos previsto exponer maquinaria industrial pesada el coste será superior a la media. Lo mismo sucede si se trata de producto frágil o sensible, pues requerirá un embalaje especial así como seguros extraordinarios, etc. Sucederá lo contrario si lo que vamos a transportar son camisetas.
- Accesibilidad del mercado (aranceles, impuestos, barreras burocráticas, etc.). No es lo mismo exponer en una feria en Singapur (puerto franco, sin sujeción a aranceles) que hacerlo en otra feria celebrada en Brasil (país con impuestos «en cascada» y con un engorroso sistema de desduanamiento).
- Medio de transporte empleado. No resulta igual de caro transportar la mercancía por barco que por avión.
- Decoración del stand propia o alquilada. Si se cuenta con una decoración propia lo razonable es pensar que habrá que transportarla hasta el país de celebración de la feria y eso supone un mayor volumen y peso a transportar y, por tanto, un mayor coste de este capítulo.

1.6. Promoción y personal auxiliar

Esta partida incluye gastos de azafatas, intérpretes, reclamos publicitarios, etc.

No se incluyen los gastos de personal desplazado de la empresa, que se computan como gastos indirectos de participación en la feria y que estudiaremos en otro apartado.

Se estima en un **7%** del coste total, siendo un porcentaje muy variable en función de los objetivos que cada empresa pueda haberse fijado.

1.7. Otros gastos imprevistos

Finalmente resta un remanente del **8%** para otros gastos imprevistos que eventualmente puedan surgir con ocasión de la feria (penalizaciones por contrataciones fuera de plazo, trabajo durante horas extra, etc.).

Por desgracia la experiencia indica que no importa lo bien que hayamos planificado la feria, pues siempre nos encontraremos con algún contratiempo o imprevisto que nos obligará echar mano de esta partida. Un buen Director del Programa Ferial debe intentar que ese porcentaje sea lo más reducido posible, pero sería muy poco realista pensar en erradicarlo.

1.8. Los gastos de viaje y desplazamiento

En estas siete grandes partidas de gasto no están incluidos los gastos del personal desplazado a la feria (viaje, estancia y dietas). Como orientación podemos estimar esos gastos entre un **20%** y un **35%** de la cantidad estimada como gasto total.

El porcentaje es muy variable pues dependerá de la carestía y alejamiento geográfico del país de celebración de la feria (no cuesta lo mismo lo mismo alojarse en Tokyo o Viena que en Varsovia o en Kiev; como tampoco es equiparable un billete de avión a Sydney que otro a Lisboa). El número de personas desplazas es un factor que debe tenerse en cuenta a la hora de estimar un porcentaje.

Si, por ejemplo, sabemos que el alquiler del espacio es de 500.000 pesetas, podemos estimar un gasto total en feria de 2.500.000 pesetas, excluidos los gastos de viaje y alojamiento del personal de atención del stand. Dichos gastos, según hemos visto, supondrán el 20% (supongamos un destino próximo y barato) del 2.500.000 pesetas; o sea, podemos estimar los gastos de viaje y desplazamiento en 500.000 pesetas.

En ese porcentaje no se ha recogido la parte proporcional del salario del personal desplazado.

REPARTO PORCENTUAL GASTOS PARTICIPACIÓN EN FERIA

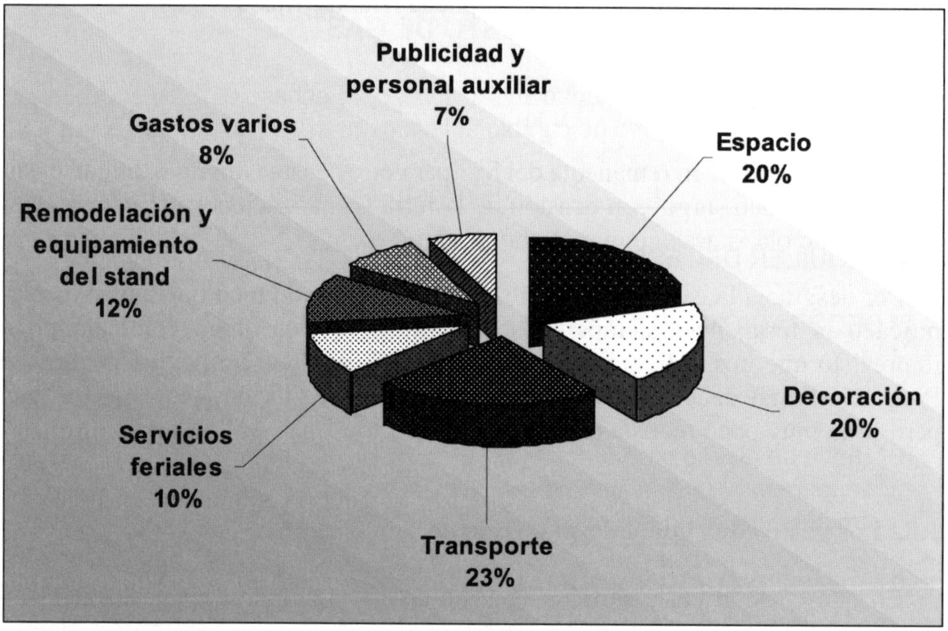

Fuente: Elaboración propia.

2. LA TABLA DE CONTROL DE GASTOS

Partiendo de la base de las siete categorías presupuestarias analizadas, el Director del Programa Ferial debe elaborar un presupuesto de gastos y controlar su correcta ejecución, así como las eventuales desviaciones.

Un buen sistema es partir de la base de una tabla de control, en la que se desglosen cada uno de los gastos previstos.

En dicha tabla debería indicarse el presupuesto estimado y el gasto real, de tal manera que al término de la feria pueda tenerse un control de las desviaciones existentes.

PRESUPUESTO DE GASTOS

FERIA ....Ciudad ....Fechas ....
Moneda .... Tipo de cambio aplicado ....

CONCEPTO	Previsto	Real	Diferencia
1) ALQUILER DEL ESPACIO	....	....	....
2) DECORACIÓN DEL STAND			
A. Stand modular (schell scheme)	....	....	....
B. Stand de diseño propio:			
- Diseño, montaje y desmontaje	....	....	....
- Estructura del stand	....	....	....
3) REHABILITACIÓN Y EQUIPAMIENTO DEL STAND			
- Mobiliario extra	....	....	....
- Rotulación	....	....	....
- Decoración floral, plantas	....	....	....
- Moqueta, pavimento	....	....	....
- Muestras de productos	....	....	....
4) SERVICIOS FERIALES			
- Derechos obligatorios de Inscripción y secretaría	....	....	....
- Inscripción catálogo feria	....	....	....
- Teléfono y fax	....	....	....
- Conexión y consumo (agua y electricidad)	....	....	....
- Reportaje fotográfico	....	....	....
- Limpieza	....	....	....
- Vigilancia	....	....	....

PRESUPUESTO DE GASTOS

CONCEPTO	Previsto	Real	Diferencia
5) TRANSPORTE DE MERCANCÍAS			
- Transporte (ida o ida/vuelta)	....	....	....
- Desduanamiento (aranceles, Impuestos, etc.)	....	....	....
- Almacenaje y manipulación de mercancías hasta feria	....	....	....
- Manipulación mercancías en feria ("*drayage*")	....	....	....
- Seguro de mercancías	....	....	....
6) PERSONAL AUXILIAR Y PROMOCIÓN			
- Intérpretes	....	....	....
- Azafatas	....	....	....
- Otro personal auxiliar	....	....	....
- Mailing	....	....	....
- Telemarketing	....	....	....
- Publicidad en revistas	....	....	....
- Publicidad estática en recinto	....	....	....
- Publicidad en catálogo oficial	....	....	....
- Traducciones	....	....	....
- Catálogos, folletos, etc.	....	....	....
- Dossier de prensa	....	....	....
- Reclamos y obsequios	....	....	....
- Atención a clientes (cenas, etc.)	....	....	....
- Alquiler salas conferencias, etc.	....	....	....
7) OTROS GASTOS			
-	....	....	....
8) PERSONAL DESPLAZADO			
- Viajes y desplazamientos	....	....	....
- Alojamiento (hotel)	....	....	....
- Dietas (comidas y cenas)	....	....	....
TOTAL	....	....	....

Naturalmente, esta tabla es una simple referencia y cada expositor podrá añadir o suprimir todos aquellos conceptos que le parezca oportuno en función de la feria, sector o circunstancias especiales que le afecten directamente.

3. FUENTES DE FINANCIACIÓN DE LA PARTICIPACIÓN EN UNA FERIA

Como hemos visto las ferias suponen costes, pero es posible obtener apoyo financiero que permita recuperar una parte de la inversión realizada.

La empresa expositora puede conseguir apoyo financiero interno o externo a la propia empresa.

En todos aquellos casos en los que exista algún tipo de ayuda, interna o externa a la propia empresa expositora, los gastos deben de reducirse proporcionalmente a la ayuda o financiación obtenida.

3.1. Apoyo financiero interno

En algunos casos ciertos costes de marketing ferial están ya incluidos –en ocasiones de forma muy vaga– en los presupuestos de otros departamentos de la empresa (comercial, marketing, comunicación, recursos humanos, etc.) o por alguna filial en el país de celebración de la feria. Conviene, por tanto, identificar esas partidas y reflejar en el presupuesto de gastos qué Departamento las tiene ya asumidas.

Algunos de esos costes feriales que pueden estar presupuestados por otros departamentos de la empresa son los siguientes:

- Publicidad
- Literatura (catálogos, folletos, etc.)
- Mailings
- Reclamos
- Contacto con la prensa
- Acciones de relaciones públicas, hospitalidad, etc.
- Formación equipo humano de atención del stand
- Ponentes en seminarios, mesas redondas, etc.

3.2. Apoyo financiero externo

3.2.1. El apoyo del distribuidor o del agente

En función del grado de cooperación y vinculación existente (acuerdos de exclusividad, etc.) entre los socios comerciales (básicamente entre fabricante y distribuidor o importador), así como del tipo de feria, la participación económica del distribuidor será de mayor o menor entidad.

Generalmente la participación en una feria es una acción de promoción que beneficia tanto al fabricante como a su distribuidor. Al fin y al cabo un porcentaje importante de visitantes al stand van a ser clientes del distribuidor (esa porción equivaldrá al 100% si se trata de una distribución en exclusiva).

La participación económica del distribuidor en las acciones de promoción del proveedor en «su» mercado o territorio suele estar previamente establecida en el contrato de distribución. Si no estuviera concretada esa intervención en el contrato se haría necesario negociar con el distribuidor o el importador cuál será su esfera de intervención.

Esa intervención dependerá de factores como:

- El grado de vinculación de los socios (exclusividad, etc.). Cuanto mayor sea el compromiso mutuo existente, mayor debería ser el «protagonismo» del distribuidor.
- El ámbito geográfico de la feria: cuanto más próxima esté al territorio del distribuidor mayor debería ser su implicación.
- El volumen de ventas.

Los modos de participación del socio comercial en el país de celebración de la feria pueden revestir diversas modalidades, de entre las que destacamos las siguientes:

- Aportación económica de una cantidad equivalente a un porcentaje de los gastos previstos. En los casos de mayor cooperación entre fabricante y distribuidor lo habitual es emplear la formula «*fifty-fifty*» y que cada parte asuma aproximadamente la mitad de los costes.
- Contratación de las actividades de promoción (previas o simultáneas a la feria) acordadas con su principal, tales como publicidad en prensa especializada, mailing, telemarketing, inserción en catálogo de la feria, señalización estática dentro del recinto ferial, etc.
- Contratación de las acciones de relaciones públicas y comunicación (presentación de producto, seminarios técnicos, etc.) acordadas con su principal.
- Contratación de personal auxiliar (intérpretes, azafatas, camareros, vigilancia, servicios de limpieza, etc.)
- Gestión y pago de otros servicios complementarios: *catering*, comidas y cenas del personal desplazado, hoteles, etc.

3.2.2. El apoyo de los organismos públicos

Aunque ya ha pasado la época de las grandes ayudas oficiales para la participación en ferias, todavía es posible obtener sustanciales apoyos si se sabe como detectarlos.

Básicamente existen, a principios del año 2001, tres tipos de ayudas públicas:

3.2.2.1. Ayudas públicas de la Unión Europea

Este tipo de ayudas se canalizan esencialmente vía condiciones de participación en los pabellones oficiales de la U.E. en ferias internacionales.

La ayuda consiste en un importante descuento en el precio del alquiler del espacio y decoración uniforme.

Las convocatorias son efectuadas con antelación y publicidad suficientes por la delegación de la feria en España, por el ICEX, por las Cámaras de Comercio o por las asociaciones sectoriales correspondientes.

3.2.2.2. Ayudas públicas de ámbito nacional: el ICEX

Mayoritariamente gestionadas por el ICEX, puede ser beneficiaria de ellas cualquier empresa exportadora española (quedan excluidos sus socios extranjeros) que cumpla los requisitos especificados en cada convocatoria.

Las ayudas concedidas por el ICEX son de tres tipos:

a) *Ferias de Pabellón Oficial:*

Se trata de ferias multisectoriales o especializadas consideradas por el ICEX de importancia para el sector o sectores afectos y en las que dicho organismo se encarga de organizar y coordinar la participación conjunta de las empresas españolas, así como de la promoción y animación del Pabellón Español. Son ferias en las que prima la imagen de país.

La ayuda se recibe *a priori* –en el momento de contratar el espacio– pues en la cuota por m^2 que ICEX factura a los expositores ya se ha descontado el importe correspondiente a la ayuda[4].

Hasta el momento, la participación en un Pabellón Oficial del ICEX supone la concesión de una ayuda suplementaria para gastos de viaje y estancia («bolsa de viaje[5]») del expositor, exceptuándose las ferias celebradas en Europa que no cuentan con bolsa de viaje.

---

[4] El porcentaje de ayuda es muy variable según ferias, y se aplica normalmente a los gastos de alquiler del espacio, decoración básica, transporte y promoción conjunta del pabellón.

[5] El importe de la «bolsa de viaje» es variable en función del país y sólo se autoriza una «bolsa de viaje» por empresa expositora sin considerarse el número de personas desplazadas a la feria en cuestión.

Pero además de las ayudas económicas indicadas, participar en un pabellón oficial de ICEX supone otro tipo de ventajas difícilmente cuantificables en términos económicos: consideremos simplemente el ahorro en tiempo y preocupaciones que supone.

Dado que la gestión y coordinación del Pabellón Oficial es responsabilidad del ICEX, el expositor se verá dispensado de una gran cantidad de gestiones y papeleos que, en caso contrario, le absorberían mucho tiempo y energía (reserva de espacio, decoración del stand, transporte de mercancías, etc.).

Básicamente la responsabilidad del expositor en un Pabellón Oficial será la de seguir las instrucciones y plazos indicados por el correspondiente departamento del ICEX.

b) *Ferias de participación agrupada:*

Muy similares en su espíritu a los Pabellones Oficiales (imagen de país-sector), con dos diferencias básicas:

- No son gestionadas ni coordinadas por el ICEX. Esa gestión habitualmente se encomienda a las asociaciones sectoriales correspondientes (siempre que hayan contemplado esa feria agrupada dentro de sus respectivos Planes de Promoción Sectorial) o a las Cámaras de Comercio.
- La ayuda oficial se percibe *a posteriori*; esto es, una vez terminada la feria y tras haber justificado documentalmente el gasto (según el procedimiento marcado por el ICEX y dentro de los plazos estipulados).

La ayuda oficial del ICEX es muy variable pues depende del Plan de Promoción Sectorial (de la asociación o Cámara de Comercio respectiva) en el que se haya contemplado esa feria agrupada.

No obstante, y como simple orientación, puede estimarse que la ayuda económica se suele aplicar a una parte de los costes del espacio, de la decoración uniforme (las decoraciones propias quedan excluidas de este tipo de incentivos), del transporte de mercancías y de los gastos de promoción conjunta (se suelen excluir los gastos de promoción marquista de los expositores).

c) *Ferias de participación individual:*

Aquellas ferias en las que no hay Pabellón Oficial ni participación agrupada pero en las que un expositor decide participar a título individual.

Aunque normalmente no existe ayuda del ICEX para este tipo de participaciones, en algunos Planes de Empresa es posible incluir, en circunstancias muy determinadas, la participación de la empresa en alguna feria.

La ayuda económica es difícilmente cuantificable ya que cubrirá de forma global un determinado proyecto de internacionalización, en el marco del cual, la participación individual de la empresa en la feria será sólo una pequeña parte.

3.2.2.3. Ayudas públicas de organismos de las Comunidades Autónomas

La transferencia a las Comunidades Autónomas de las competencias relativas a Comercio ha supuesto que muchos de los organismos competentes (Consejerías de Comercio e Industria de la Generalitat Valenciana, Gobierno Vasco, Generalitat de Catalunya, etc.) regulen la concesión de ayudas a la promoción comercial de aquellas empresas radicadas en territorio de su respectiva Comunidad Autónoma.

La Generalitat Valenciana, por ejemplo, cuenta con un programa anual de ayuda a la promoción comercial de Pymes valencianas que, entre otros conceptos, incluye un ayuda oficial para la participación en ferias en el extranjero.

3.2.3. Desgravación fiscal

La empresa que haya expuesto en una feria podrá deducir de la cuota íntegra del Impuesto de Sociedades hasta el 25% de los gastos de asistencia; tal y como se establece en el artículo 34, apartado 1-b de la Ley 43/95 del Impuesto de Sociedades de 27 de diciembre de1995.

3.2.4. Recuperación del IVA intracomunitario

En ferias y exposiciones celebradas en la Unión Europea el expositor podrá recuperar el IVA soportado con ocasión de su participación en esa feria.

El IVA soportado en ferias europeas oscila, según los estados miembros, entre el 16% y el 22% del coste total y, habitualmente, afecta a las siguientes partidas:

a) Alquiler del espacio.

b) Decoración del stand contratada con la feria o con una empresa del estado miembro en que se celebra la feria.

c) Manipulación y almacenaje de mercancías en feria.

d) Promoción contratada con la feria (catálogo oficial de expositores, publicidad estática, etc.).

e) Gastos de hotel, restaurantes, cafetería, etc.

Los requisitos para poder recuperar el IVA soportado son los siguientes:

- Ser sujeto pasivo el impuesto en alguno de los estados miembros de la Unión Europea. La sujeción al impuesto debe acreditarse mediante certificación oficial de la Hacienda Pública correspondiente.
- Solicitar la devolución dentro de los plazos fijados legalmente.
- Justificar documentalmente (facturas originales), ante la Hacienda Pública del país en que se celebra la feria, que la empresa expositora ha soportado el IVA en ese país.

Técnicamente el procedimiento de recuperación del IVA es sencillo y más o menos automático, aunque las legislaciones de algunos estados miembros (Francia y Reino Unido por ejemplo) son más rigurosas en lo referente a la justificación documental.

La recuperación del IVA puede ser gestionada directamente por la propia empresa expositora o bien por una gestoría especializada contratada al efecto. Normalmente este tipo de empresas constan en el Manual del Expositor y sus tarifas consisten en un porcentaje sobre el importe recuperado (el porcentaje será menor cuanto mayor sea la cantidad a recuperar).

Capítulo 10

La valoración de resultados

«Lo que merece ser hecho, merece que se haga bien.»

LORD CHESTERFIELD, *Letters, 1746*

1. LA VALORACIÓN DE RESULTADOS COMO EVALUACIÓN DE LA RENTABILIDAD DE LA PARTICIPACIÓN EN UNA FERIA

Uno de los aspectos más difíciles del programa de participación ferial es la medición de los resultados.

La evaluación de los resultados nos diagnosticará si la participación en una feria ha sido rentable o no y, en cualquiera de ambos casos, cuales son las razones que la han hecho rentable o no.

Al tratar la fijación de los objetivos (capítulo 1) vimos la importancia que tenía el que fuesen mensurables y realistas. Unos objetivos genéricos que no pudieran ser cuantificados ni, por tanto, medidos eran la fórmula más fácil para impedir la evaluación de la rentabilidad de una feria.

La rentabilidad de la inversión ferial no solamente se mide en términos monetarios ya que, según vimos, los objetivos que el expositor se fijó pudieron haber sido distintos a la obtención de un determinado volumen de ventas. Vender es uno de los posibles objetivos al participar en una feria, pero no necesariamente el único.

Entre otros, algunos objetivos que pueden ser medidos y valorados son los siguientes:

1. Número de contactos que requieren seguimiento.
2. Número de pedidos.
3. Número de peticiones de mayor información (literatura, etc.).
4. Número de muestras o material promocional distribuido en el stand.
5. Rentabilidad (ingresos menos costes) derivada de pedidos en el stand (corto plazo) o de futuros pedidos (largo plazo).

La medición de los resultados permite a la empresa lo siguiente:

- Evaluar los objetivos fijados.
- Determinar la rentabilidad de la feria.
- Justificar la conveniencia de su participación o no en la próxima edición.

La técnica más habitual para valorar la rentabilidad de la inversión ferial o **ROI** (en sus siglas inglesas para *«Return on Investment»*[1]) suele tener una dimensión a *corto plazo*, que toma en consideración el número de contactos establecidos y las ventas generadas durante la feria o pocas semanas después.

Rendimiento (ROI), corto plazo = Volumen ventas/coste feria

No obstante, también puede medirse la rentabilidad de una feria a *largo plazo* haciendo uso de la siguiente fórmula:

ROI, largo plazo = Volumen ventas derivadas de feria/(coste feria + + coste seguimiento y visitas comerciales)

Está claro que el volumen de ventas o contactos cualificados en feria (corto plazo) o derivadas de la feria (largo plazo) es un indicador necesario para determinar la rentabilidad de un certamen, pero hay que tener en cuenta que esa valoración de rentabilidad pasa por identificar las diferentes fases del *ciclo de venta del producto o servicio*, así como la duración aproximada de cada una de ellas.

Una vez dispongamos de esa «radiografía» de las fases de venta de un producto, podremos comprobar si la participación en una feria ha tenido el efecto acelerador de la venta que se esperaba. Supongamos una empresa cuyo ciclo de venta de producto esta promediado en 250 días y tras participar en una feria ese ciclo se reduce a 150 días. En este caso, no hay duda de que la feria ha supuesto un recorte del de 100 días en el proceso de venta con el ahorro que eso supone en tiempo y gestiones de toda índole (llamadas telefónicas, correspondencia, visitas directas al cliente, etc.).

La valoración de la eficacia de una feria para productos con un *ciclo de venta largo* (productos industriales, etc.) es más compleja. En esos casos, el proceso de venta *se inicia durante la feria* pero no se concreta en una venta hasta transcurrido un largo lapso de tiempo. Generalmente los productos con un ciclo de venta largo no suelen generar muchas ventas durante la feria o poco tiempo después de terminada. En esos casos el expositor centra sus esfuerzos en la adquisición de nuevos contactos o en el mantenimiento o fidelización de los ya existentes.

En cualquiera de los casos es necesario puntualizar que los escasos contactos o las pocas ventas derivadas de participar en una feria determinada no son necesariamente un síntoma de la mala calidad del salón y es posible que esa

[1] Término financiero que puede ser traducido como «rendimiento», «rentabilidad de la inversión» o «rendimiento de capital invertido».

baja rentabilidad sea achacable a una inadecuada estrategia de marketing ferial del expositor (escasa o pobre promoción previa a la feria, decoración del stand poco atractiva, superficie expositora muy reducida, mala presentación de producto, etc.).

De la misma manera, tampoco debe considerarse una feria como rentable si el stand ha sido muy visitado durante los días de feria, pues debemos discernir si esos visitantes son cualificados para nuestra empresa o no.

El proceso de valoración de resultados pasa por las siguientes fases:

1. Conocer el potencial de la audiencia a la feria
2. Fijar los objetivos de participación, tal y como se indicó en el capítulo 1.
3. Identificar y cualificar los visitantes del stand. Recoger la información en la ficha de contactos
4. Seguimiento de los contactos
5. Relacionar el ciclo de venta de los productos y evaluar la influencia que la feria ejerce sobre él
6. Finalmente, la comparación de los objetivos fijados con los resultados obtenidos nos dará el nivel de efectividad del programa ferial.

Los resultados pueden ser medidos inmediatamente después de la feria pero también posteriormente, y a intervalos de tiempo determinados (después de 6 u 8 meses, por ejemplo).

Es importante no perder de vista el hecho de que no todos los beneficios de participar en una feria pueden ser medidos. Existen factores tales como la fidelización de clientes, la demostración de compromiso de la empresa con sus clientes, el intercambio de experiencias y puntos de vista, la creación de espíritu de equipo, etc. que difícilmente podrían ser evaluados en términos económicos y que, sin duda, concurren en muchas ferias.

1.1. El proceso de evaluación de resultados

Medir los resultados en una feria es una cosa. Analizar esos resultados y señalar las causas del éxito o fracaso de un programa ferial con el objeto de mejorarlo para una eventual participación futura, es otra bien distinta.

La correcta evaluación de resultados es vital si lo que se desea es aprender de la experiencia vivida en la feria y extraer consecuencias positivas.

Toda evaluación de resultados pasa por las siguientes fases:

1.1.1. Reunión post-feria

Una vez terminada la feria, y cuando los acontecimientos aún están recientes, es muy importante reunir a todo el equipo de atención en el stand y analizar con ellos cuales han sido los puntos fuertes y débiles de la participación en esa feria concreta.

Cuando el personal de atención del stand proviene de diversas poblaciones y es improbable poder reunirlos a todos en varias semanas es recomendable organizar la reunión el mismo día de finalización de la feria, antes de la dispersión del grupo. Si esa reunión tampoco fuera posible, deberá entregarse un cuestionario de evaluación a cada miembro del equipo para que cada uno pueda aportar todas aquellas observaciones que le parezcan oportunas.

Algunos de los puntos que habitualmente se tratan en esa reunión (o, en su caso, que son recogidos en el cuestionario) son los siguientes:

- Rendimiento general en relación con los objetivos fijados.
- Posibles modificaciones de nuestra actuación en futuras ediciones para mejorar los resultados.
- Imprevistos surgidos.
- Identificación de los puntos débiles en la organización y participación en la feria.
- Conveniencia de participar en la feria en futuras ediciones.
- Efectividad de la promoción (presentaciones, nivel de respuesta a mailings, etc.), localización y decoración del stand.
- Identificación de productos y servicios expuestos en el stand con mayor y menor éxito.
- Concreción del responsable de cada acción de seguimiento.
- Método empleado para clasificar los contactos en feria.
- Calidad de los visitantes.
- Análisis de la estrategia de marketing ferial empleada por la competencia en la feria.

Al terminar la reunión debe redactarse un acta que sirva de referencia para futuras participaciones.

1.1.2. Análisis de resultados a corto plazo y comparación con los objetivos

Los objetivos a corto plazo más comunes son la generación de ventas en el stand y la obtención de nuevos contactos. Veamos como proceder en cada caso:

a) *Valoración de la rentabilidad de una feria según las ventas efectuadas en el stand:* lo primero que debe hacerse es contabilizar las ventas derivadas de la feria. Aunque este tipo de valoración puede parecer sencilla, en muchas ocasiones no lo es tanto, pues las acciones de marketing de la empresa están estrechamente interrelacionadas y puede resultar muy difícil discernir si una determinada venta realizada un mes después de la feria ha sido ocasionada gracias a la participación ferial, a una determinada campaña de promoción (publicidad, anuncios, etc.) o a las gestiones del equipo de ventas.

El coste por venta efectuada en stand se calcula de la siguiente manera:

Coste por venta efectuada = Coste feria/Nº ventas generadas

La acción inmediata de seguimiento debe ser despachar los pedidos sin mayor demora, aprovechando la euforia post-ferial (más de 30 días puede suponer perder la venta). Si no fuera posible una venta rápida, debe confirmarse el pedido al cliente e informarle de la fecha de envío de la mercancía.

b) Cuando el objetivo primordial ha sido *conseguir nuevos contactos,* al finalizar la feria debe de hacerse un recuento de fichas de contacto, tarjetas, etc. (en función del método de control por el que hayamos optado).

El coste por contacto cualificado se calcula de la siguiente manera:

Coste contacto cualificado = Coste feria/Nº contactos cualificados

Como hemos visto, no todos los contactos son igual de relevantes o cualificados, razón por la cual deberían desglosarse en categorías que puedan ser contrastables con aquellas concretadas en los objetivos[2].

Algunas de las categorías más comunes de contactos cualificados son las siguientes:

- Aquellos que solicitan material promocional (catálogos, etc.)
- Aquellos que solicitan asistencia técnica
- Comprador inmediato

---

[2] En el capítulo I se incluye una tabla de «Fijación de objetivos» que debería servir de base para la valoración de la rentabilidad.

– Comprador a medio plazo
– Comprador a largo plazo

La rentabilidad o no de la feria se determinará una vez comparados los resultados obtenidos en feria con los objetivos fijados. ¿Hemos alcanzado el número de nuevos contactos cualificados previsto en nuestros objetivos? Una vez más se constata la importancia de que los objetivos sean mensurables y claros.

1.1.3. Análisis de costes y resultados a largo plazo. Comparación con objetivos

Algunas semanas o meses después de terminada la feria (el plazo depende del ciclo de venta del producto) deben analizarse los costes totales de la participación en la feria y los resultados globales derivados de nuestra exposición en la misma.

Es importante poder comparar el gasto por contacto o venta achacable a la feria con el gasto promedio derivado de otras herramientas de marketing (venta directa, publicidad, etc.). De esta manera podremos tener una buena referencia acerca de la rentabilidad de la feria y más argumentos para justificar nuestra participación en ediciones futuras.

RENTABILIDAD COMPARATIVA FERIA Y OTRAS HERRAMIENTAS DE MARKETING

Feria	Otras acciones de marketing
Nº de llamadas necesarias para cerrar una venta con un contacto captado en feria	Nº llamadas necesarias para cerrar una venta directa
Coste por nuevo contacto en feria	Coste por nuevo contacto a través de publicidad, mailings, etc.
Coste por venta en feria	Coste por venta ordinaria

La tabla de la página siguiente recoge los datos comparativos del coste por venta en feria y del coste por venta directa, elaborados por el *Trade Show Bureau* (actualmente el CEIR).

En ella, es muy significativo comprobar que, en 1989, el coste promedio por contacto cualificado en una feria se estimaba en 142 US$ frente a 259 US$ que costaba obtener el mismo contacto a través de venta directa. Aunque las cifras varían ligeramente según la fuente consultada, obtener un contacto cualificado en una feria representa, por regla general, casi un 50% menos que hacerlo visitando al potencial cliente. Y eso lleva siendo así más de 30 años si consideramos los anteriores datos del CEIR.

Año	Coste por contacto en venta directa (en US $)	Coste por contacto en feria (en US $)	Ratio coste contacto feria/venta directa (%)
1969	49	23	47%
1971	58	31	53%
1973	67	27	40%
1975	71	25	35%
1977	97	39	40%
1979	137	57	42%
1981	178	68	38%
1983	205	90	44%
1985	230	107	47%
1987	252	133	53%
1989	259	142	55%
1991	–	185	–
1992	292	–	–

Fuente: CEIR.

1.1.4. Informe sobre la feria y sugerencias para futuras participaciones

El informe de la feria debe recoger toda la información recabada (observaciones, estadísticas, rentabilidad, etc.).

La formalización en un documento escrito servirá como pauta para futuras participaciones (decisión de participar o no, forma de hacerlo, fijación de objetivos, promoción a desarrollar, etc.).

El informe final debe de incluir, como mínimo, los siguientes aspectos:

- Fortalezas y debilidades, fundadas en la reacción de clientes y personal del stand. Deben concretarse todo tipo de recomendaciones para mejorar los resultados
- Comparación de gastos presupuestados con gastos reales
- Comparación de resultados reales con los objetivos fijados.

INFORME FINAL

Feria ______________________________

Fechas ______________ Población ______________

Comentarios	**Fortalezas**	**Debilidades**
Clientes	______________	______________
Personal stand	______________	______________
Otros	______________	______________
Recomendaciones	______________	______________

Costes	**Real**	**Presupuestado**	**Variación (+,-)**
Alquiler espacio	________	____________	____________
Decoración	________	____________	____________
Transporte	________	____________	____________
Serv. Feriales	________	____________	____________
Promoción	________	____________	____________
Viaje/manutención	________	____________	____________
Varios	________	____________	____________

Objetivos:

Descripción	Resultados	Comentarios
1____________	______________	______________
2____________	______________	______________
3____________	______________	______________
4____________	______________	______________

1.2. Métodos de evaluación

La regla esencial para evaluar la rentabilidad de una feria es partir de la base de un *índice*, sea éste del tipo que sea (monetario o no). Los índices lo que hacen es comparar datos que sean medibles en términos de coste, tiempo o cualquier otro denominador común.

Por ejemplo, puede fijarse un índice basado en «coste por contacto», «coste por muestra entregada», «coste por consulta» o bien en «contactos por hora» o «contactos por m^2».

El tipo de índice seleccionado no es lo importante sino su durabilidad a lo largo del tiempo, de tal manera que pueda ser empleado en todas las ferias en las que participemos. Sólo de esa manera podremos comparar el índice obtenido en una feria con el conseguido en nuestra anterior participación. Se trata de comparar índices idénticos, pues si comparamos valores heterogéneos nunca podremos llegar a conclusiones consistentes.

Una vez elegido el índice ya tenemos la base que nos servirá para la valoración comparativa con anteriores ferias.

Existen dos vías de emplear el índice de valoración de la rentabilidad: cuando se emplean unidades monetarias o de otro tipo.

a) *Indice basado en unidades monetarias:*

Ya conocemos algunas de las fórmulas anteriormente expuestas; por ejemplo:

– *Coste total feria/n.º de contactos*

– *Coste total feria/n.º ventas*

En estos casos si, por ejemplo, el coste total del programa ferial es de 2.000.000 pesetas y hemos obtenido 50 contactos cualificados, resulta un coste por contacto cualificado de 40.000 pesetas.

La expresión en unidades monetarias (pesetas en el ejemplo) del coste por contacto es un arma de doble filo pues aunque el responsable del programa ferial conoce perfectamente qué conceptos se incluyen en la partida «coste total de feria» y, por tanto, sabrá calibrar bien si dicho coste es excesivo o no, es muy probable que otros directivos de la empresa no tengan idea de esos conceptos y malinterpreten (en sentido positivo o negativo) el coste medio por contacto o venta. Sin meditar demasiado y desconociendo que gastos incluye el programa ferial, más de uno podría llegar a pensar que 40.000 pesetas por contacto cualificado en feria son demasiadas pesetas[3].

Por tanto y para evitar malas interpretaciones, el valor monetario pude ser indexado a otra escala que, sin impedirnos la comparación en sucesivas participaciones, evite la presentación «cruda» del coste promedio. En el supuesto del ejemplo podría reducirse de millares a decenas, o sea, las 40.000 pesetas se «transformarían» en 40,0. Si el coste por contacto en la siguiente edición fuera de 43.500 pesetas, la cifra de comparación sería 43,5. Con una u otra cifra será posible la medición de la rentabilidad de una feria y su comparación con ediciones anteriores, pero en el segundo caso se evita la presentación pura y dura del coste real por contacto.

b) *Índice basado en unidades no monetarias:*

Como hemos visto la rentabilidad de una feria no solamente puede fundarse en el coste. Existen diversas alternativas al factor coste tales como «contacto por hora» o «contacto por m^2» por poner solamente dos ejemplos.

[3] Los costes medios por contacto útil en feria varían sustancialmente según países, ferias y estudios. Como ejemplo, un reciente estudio francés sobre rentabilidad de ferias, estima el coste por contacto útil entre los 1.500 y los 3.000 FF (entre 40.000 y 80.000 pesetas).

En estos casos se opera de una forma similar a la descrita en el apartado anterior a la hora de indexar. Si, por ejemplo, tenemos un stand de 25 m^2 durante 15 horas y hemos obtenido 130 contactos durante la feria nos resultaría una cifra de 0,0128. Para hacerla más comprensible a efectos de comparación dicha cifra podría ser reconvertida a 1,28.

Lo importante es seguir el rastro de esas cifras y poder analizar tendencias o fluctuaciones que nos permitan investigar las razones de las mismas y mejorar nuestra futura planificación.

1.3. El ratio coste-beneficio

Una de las formulas de medir la rentabilidad de la inversión es conocida como el *ratio Coste-Beneficio*. Se trata de una herramienta muy sencilla y de uso muy extendido.

Este *ratio* establece una relación que compara lo invertido o gastado en una feria (identificado siempre con la unidad) con el beneficio obtenido.

Por ejemplo, si la inversión en una feria asciende a 1.000.000 pesetas y obtenemos unos ingresos de 2.000.000 pesetas el ratio coste-beneficio sería de 1:2, lo que se interpreta como que la rentabilidad de la inversión es de dos a uno, o lo que es lo mismo que por cada peseta gastada hemos ingresado 2. Si en nuestra próxima participación la inversión se incrementara a 1.700.000 pesetas y los ingresos se mantuvieran en 2.000.000 pesetas el ratio coste-beneficio sería de 1:1,17. Comparando los ratios de ambas participaciones (1:2 frente a 1:1,17) es fácil comprobar que la última feria ha sido menos rentable que la anterior.

Podemos emplear tantos ratios como alcance nuestra imaginación, por ejemplo, el referido a la productividad del equipo de ventas en el stand:

Productividad del equipo comercial = Visitantes/(nº comerciales en el stand x días de feria)

2. EL CALENDARIO DE ACTUACIÓN

A lo largo de estás páginas hemos ido viendo las diferentes fases por las que pasa la organización de un programa ferial.

Se trata de infinidad de tareas desarrolladas a lo largo de varios meses (o años), muchas de las cuales están sujetas a plazos estrictos fijados por la propia organización ferial (reserva de espacio, entrada/salida de mercancías en la feria, etc.) o bien por los proveedores con los que vayamos a trabajar (fecha de transporte de las mercancías, reserva de publicidad, etc.).

En muchos supuestos los plazos van a venir impuestos por nuestra propia rutina de trabajo y experiencia, pero de lo que no hay ninguna duda es que la organización de una feria es una actividad sujeta a un calendario muy estricto.

El incumplimiento de alguno de esos plazos puede tener una trascendencia y gravedad tal, que podría afectar al conjunto de la participación ferial (pensemos, por ejemplo, en una mercancía que no llega a la feria a tiempo por haberse embarcado fuera del plazo previsto por el transportista), de ahí la importancia de contar con un calendario exhaustivo, realista y detallado de todas y cada una de las actividades a desarrollar.

Como orientación puede seguirse la siguiente tabla con unos plazos genéricos adecuados a cada actividad de marketing ferial:

<table>
<tr><th>Plazo de antelación</th><th>Espacio y decoración</th><th>Productos</th><th>Logística</th><th>Promoción</th></tr>
<tr><td>12 meses</td><td colspan="2">Elección de la feria</td><td></td><td></td></tr>
<tr><td rowspan="2">8 meses</td><td>Reserva de espacio</td><td colspan="2" rowspan="2">Preparar los materiales especiales a exponer</td><td rowspan="2">Búsqueda e identificación de potenciales clientes</td></tr>
<tr><td>Diseño del stand</td></tr>
<tr><td>6 meses</td><td colspan="2">Búsqueda de empresa decoración</td><td>Reserva de hotel</td><td></td></tr>
<tr><td>5 meses</td><td>Selección de decoradora</td><td></td><td>Elección del transporte</td><td>Selección de clientes a invitar</td></tr>
<tr><td>4 meses</td><td colspan="2">Reserva de suministros (agua, luz, teléfono, etc.)</td><td>Comprobación de pasaportes y visados</td><td>Preparación material publicitario</td></tr>
<tr><td rowspan="2">3 meses</td><td>Revisión de proyecto de decoración del stand</td><td rowspan="2">Preparar los productos a exponer</td><td rowspan="2">Contratación transporte</td><td>Reserva publicidad catálogo oficial de feria y revistas especializadas</td></tr>
<tr><td>Recepción del «Exhibitor Manual»</td><td>Elaboración de catálogos, tarjetas de visita, etc.</td></tr>
<tr><td rowspan="2">2 meses</td><td rowspan="2">Preparación del stand</td><td rowspan="2"></td><td rowspan="2">Transporte de mercancías (destinos lejanos o dificultosos)</td><td>Solicitud de invitaciones y entradas de feria</td></tr>
<tr><td>Envío cartas a clientes Vip</td></tr>
<tr><td rowspan="2">1 mes</td><td rowspan="2"></td><td rowspan="2"></td><td rowspan="2">Transporte de mercancías (destinos próximos)</td><td>Publicación publicidad pre-feria</td></tr>
<tr><td>Envío de 1º mailing</td></tr>
<tr><td rowspan="2">1 semana</td><td rowspan="2">Montaje del stand</td><td rowspan="2">Verificación de máquinas y productos</td><td>Viaje del personal de atención del stand</td><td>Llamadas telefónicas a clientes importantes</td></tr>
<tr><td colspan="2">Recepción de mercancías en el stand</td></tr>
</table>

El calendario, por tanto, debe de ser nuestra guía, nuestra referencia básica, siempre que tengamos la responsabilidad de organizar una feria.

Contar con un calendario es necesario pero no suficiente.

No basta con saber qué cosas hay que hacer y en qué plazos, sino que además debe hacerse un seguimiento del cumplimiento de los mismos; y para ello nada mejor que una **tabla de control** que sea revisada y actualizada permanentemente.

La tabla de control debe seguir la pauta que más clarificadora sea para el responsable del programa ferial y su equipo de colaboradores. Lo importante no es cómo sea o qué forma revista, sino qué información contiene y qué datos nos suministra acerca del estado en que se encuentra la organización de la feria.

De entre los innumerables modelos de tablas de control que pueden emplearse, a continuación se incluye una propuesta a modo de referencia:

EJEMPLO TABLA DE CONTROL CALENDARIO DE ACCIONES

FERIA: **Fechas:** **Lugar:**	**PROYECTO:**				**Responsable:**
		Seguimiento calendario			
Acción	**Fecha inicio**	Estado	**Fecha término (prev.)**	Estado	**Notas**
1.					
2.					
3.					
4.					
...					

Glosario de términos

A

Acreditaciones (de entrada): Entry passes.

Almacén (u oficina) dentro del stand con cerradura: Lock-up storeroom.

Almacén de mercancías (del transitario oficial): Boneyard, Warehouse.

Anteproyecto (plano a escala del stand): Blueprint.

B

Bajo voltaje (menos de 24 voltios): Low Voltage.

Bandera, pancarta, estandarte, etc: Banner.

C

CAD/CAM: Computer-Aided Design/Computer-Aided Manufacturing.

Calendario, programa, etc.: Schedule.

Carga completa (de mercancías): Consolidate.

Carga máxima que el suelo del recinto puede soportar: Floor Load.

Cartel, panel o pancarta colgante: Banner.

Carretilla elevadora: Forklift, Forktruck, Lift truck y Tow Motor. Cuando es de pequeñas dimensiones y accionada manualmente se conoce como «Hand Truck».

Catálogo oficial de feria: Show Directory, Official Catalogue. Se denomina «Entry» a la información que de un expositor aparece publicada en el catálogo.

Centro de negocios: Business center.

Certificado de Asistentes a feria (resultado de una auditoría): Certificate of Attendance.

Certificado de inspección de la mercancía (previo al embarque): Certificate of Inspection; Certificate of Pre-shipment Inspection

Cinta adhesiva de moqueta (para fijación del borde de la moqueta al suelo): Carpet tape

Columna: Column, Pillar.

Conocimiento de embarque aéreo: Air Waybill.

Conocimiento de embarque marítimo: Bill of Lading (B/L).

Consignación de la mercancía: Consignment

Consignador de la mercancía (generalmente el exportador): Consignor.

Consignatario: Consignee.

Contratación: Booking, order.

Contratación en feria: On-site order.

Contratista (de servicios feriales): Contractor. Cuando se trata del contratista oficial de feria se le denomina «Official Contractor», «Exhibitor Appointed Contractor» (EAC) ó «Exclusive Contractor». Cuando se trata de un contratista independiente se conoce como «Independent Contractor».

Coste del espacio (precio del alquiler): Space rate.

Cubicaje (capacidad en m^3 de la mercancía; alto x ancho x largo): Cubic Content; Cubic Measurement.

D

Decoración básica del stand: Shell Scheme, Package Stand.

Decorador; empresa decoradora del stand: Decorator, Decorating Company. En ocasiones se la denomina «Exhibit Designer/Producer» o, cuando es la designada por la organización ferial, «Show decorator». Denominan «I & D Company» a la empresa contratada para montar y desmontar el stand.

Demarcación de stands (sobre el pavimento del recinto ferial, antes de la construcción): Floor Marking.

Depósito ferial (en donde se almacenan todas las mercancías que entran y salen de la feria): Freight Desk.

Descuento por reserva anticipada: Discount for early bookings. Las tarifas aplicables son «Advance rates».

Desduanamiento (de mercancías): Custom Clearance.

Desmontaje (del stand): Dismantle, Take-down, Teardown. El periodo fijado por el organizador para desarrollar tareas de desmontaje se denomina «Move-out» o «Show break».

Director de la feria: Exposition Manager, Show Manager.

Directorio de Feria: Exhibit Directory. Lista alfabéticamente todos los expositores en la feria, incorporando una breve descripción de producto y datos de la empresa.

Dossier de prensa: Press Kit.

E

Elevación del stand (diseño en alzada): Elevations.

Embalaje: Packing case, Shipping case, Shipping crate. Cuando se trata de embalajes vacíos es «Empty crate».

Empresa expositora: Exhibiting company, Exhibitor.

Empresa transportista: Carrier, Transport/Shipping company.

Enchufe: Socket, Plug. Cuando se trata de un «Enchufe ladrón» se denomina «Multiple plug». Cuando se trata de un adaptador es un «Adaptor».

Espacio: Space. La expresiones «Space only» o «Raw space» hacen referencia al alquiler de espacio sin decoración.

F

Factura comercial: Commercial invoice.

Fecha limite: Deadline.

Feria: Trade Fair, Trade Show, Exposition, Exhibition.

Ferias recíprocas o inversas: Reverse trade shows.

FHC: Siglas que corresponden a las palabras inglesas «Fire Hose Cabinets». Suelen aparecer en el plano del recinto ferial indicando los emplazamientos de las bocas de riego (contra incendios).

Flete aéreo: Air Freight.

Flujo de visitantes: Traffic flow.

Frontal del stand: Fascia, Header, Name Board.

G

Gráficos: Graphics.

I

Impreso de solicitud de un servicio determinado: Application Form, Booking Form.

Inauguración oficial de la feria: Official opening.

Indice de Interés del Visitante: Audience Interest Factor (A.I.F.).

Ignífugo (material a prueba de incendios): Fire Proof. Cuando no es a prueba de incendios sino que simplemente va impregnado en una sustancia que retarda la combustión se denomina «Floor Retardant».

Infracción (por ocupación de más espacio que el contratado): Infringement.

Informe de daños (tras la manipulación de las mercancías): Damage Report.

Instrucciones para montaje del stand: Set-up drawing, construction drawing, detail drawing, working drawing. Al Alzado se le llama Elevation.

Iluminación: Lighting.

L

Lanzamiento (de producto): Launching.

Limpieza del stand: Stand cleaning.

Lista de embalaje: Packing-List; Crating List.

Luz direccional (foco orientable): Spotlight.

Logotipo: Logo.

M

Manipulación de mercancías: Handling. Cuando se trata de manipulación realizada dentro del recinto ferial se denomina «Drayage».

Manual del Expositor (incluye las normas, regulaciones y servicios ofrecidos por la organización ferial): Exhibitor Kit, Exhibitor's Manual, Service Kit.

Marketing ferial: Exhibit Marketing.

Mobiliario: Furniture.

Montaje (del stand): Assembly, Installation, Set Up. El periodo fijado por el organizador para desarrollar las tareas de montaje se denomina «Move-in».

Mostrador: Counter.

Mueble expositor: Display, Exhibit.

Muelle de carga y descarga de mercancías (en feria): Dock, Dock area, Loading Dock, Terminal.

N

Normas y regulaciones (de la organización ferial): Display Rules & Regulations, Show rules.

Nota de prensa: Press Release.

O

Oficina de dirección de feria: Show Office.

Oficina de contratación de operarios: Labor Desk. El impreso empleado para contratar personal se conoce como «Labor Form»

Oficina de prensa: Press Office, Press Center.

Oficina de servicios feriales (al expositor): Service Desk.

Operarios especializados: Craftsperson, Labor, Manpower, Laborer.

Organizador ferial (empresa u organización): Trade show organizer, Show producer. La persona concreta que dirige una feria es el «Show Manager».

P

Pabellón (de exposición en recinto ferial): Pavilion, Hall.

Pabellón Nacional u Oficial (de un país): National Pavilion.

Pallet (embalaje de transporte): Pallet, Skid.

Pancarta: Ver «Bandera».

Paneles laterales (del stand): Side panels, return panels. Cuando se trata de paneles de media altura se denominan «Side rails».

Pared o muro posterior del stand: Backwall.

Pases de entrada: Ver «Acreditaciones».

Pasillo (corredor): Aisle, Gangway, Corridor.

Patrocinio, mecenazgo: Sponsoring.

Periódico de feria: Show Dailys, Show Newsletter, Show Journal.

Personal del stand: Stand staff.

Plástico retráctil (sistema de protección del embalaje que envuelve el bulto con un plástico adherente mediante un proceso térmico): Shrink wrap.

Plataforma elevadora: Riser, Scissor lift.

Plano del recinto ferial: Floor Plan.

Poste para señalizaciones (rotulaciones, publicidad, banderas, signos distintivos, etc.): Stanchion.

Prensa especializada, número especial de feria en: Preview issue. El número que se distribuye durante la feria se conoce como «Show issue». El número posterior a la feria es «Review issue».

R

Recinto Ferial: Exhibit Hall, Fair Ground, Show venue.

Reclamos publicitarios: Giveaways.

Rehabilitación del stand (reparaciones necesarias para prolongar su vida útil): Refurbishment.

Registro (de entrada): Registration.

Reglamento ferial: Exposition Rules, Show Regulations.

Reserva anticipada (de espacio, decoración, etc.): Advance order, priority order.

Responsable del stand (y del programa de marketing ferial): Exhibit Manager. Se trata de una categoría profesional muy común en empresas norteamericanas (en el sentido de director del programa de marketing ferial) pero todavía poco asentada en la cultura empresarial europea.

Retirada de mercancías, Impreso para: Release Form.

Retirada de basuras y residuos: Waste removal.

Retroiluminación: Back-light, rear illumination.

Retroproyección (para vídeo, televisión, etc.): Rear projection.

Rótulo: Sign. Cuando está iluminado «Illuminated sign».

S

Signo distintivo de cabecera (sobresale en altura al stand): Header.

Sindicatos: Trade Unions. En general en EE.UU. es exigida la pertenencia a un sindicato para trabajar legalmente. Aquellos Estados en los que no existe dicha exigencia se conocen como «Right to Work States». El representante sindical se denomina «Union Steward».

Stand: Stand o Booth (booth area, booth number, booth personnel, booth size, etc.). En Europa y Sudamérica es más común «stand» que «booth»; mientras que en Estados Unidos y Asia predomina el término «booth».

Stand alquilado: rental stand, rental booth.

Stand de bolsillo: Portable stand.

Stand de dos pisos: Double-decker, Multiple Story Exhibit.

Stand en cabeza de isla (abierto por tres lados): End Cap ó End Stand/Booth, Peninsula exhibit.

Stand en esquina (abierto por dos lados): Corner stand/booth

Stand al aire libre: Outdoor stand. Cuando se trata de stand en el interior de feria son «Indoor stands» aunque como esto es lo habitual no suele emplearse ese término.

Stand en isla (abierto por cuatro lados): Island exhibit, Free Form Exhibit.

Stand longitudinal (abierto a un solo pasillo): In-line stand, Linear Display. Si la pared trasera, en lugar de dar a otro stand da a la pared del recinto, se le conoce como Perimeter Stand o Backwall Stand.

Stand modular: Modular exhibit. Las siglas M.I.S. (Modular Interlocking Systems) hacen referencia de forma genérica a los sistemas de construcción modular de stands que utilizan marcas como: Flex, Octanorm, Microform, etc.

Stand prefabricado: Prefab.

Superficie neta alquilada: Net Square footage/metrage.

T

Tabla de control: Checklist.

Tarjeta de identificación: Identification tag, Tag.

Torito, toro mecánico: Ver «Carretilla elevadora».

Trabajo en horas extraordinarias (nocturno, etc.): Overtime Labor (O.T. Labor) o Double Time Labour (D.T. Labour). El trabajo realizado en horario normal se denomina «Straight Time Labour (S.T.Labour)».

Transitario oficial: Official Freight Forwarder. Suele ser el contratista oficial para la manipulación de mercancías en feria (Drayage Contractor).

Transporte consolidado: Consolidate transport.

V

Valor declarado (de las mercancías a efectos de aduana): Declared Value.

Velcro (marca comercial de un sistema de fijación): Velcro.

Visitantes: Attendees, Visitors, Audience. Cuando se trata de un visitante objetivo se conoce como «Prospect». Se llama «Qualified visitors» a los visitantes profesionales de un determinado nivel. En ocasiones también se denominan «Leads».

Vitrina: Showcase, Glass case.

Z

Zona de hospitalidad: Hospitality area.

Zona para demostraciones (de producto, técnicas, etc.): Staging area.

Contactos de interés

ORGANISMOS PÚBLICOS Y PRIVADOS (ESPAÑA)

ICEX
Instituto Español de Comercio Exterior
Castellana, 14-16
Madrid 28046
Tel. 91.349 61 00
Fax. 91.349 61 28
E-mail: icex@icex.es
Http://www.icex.es

OFICINAS COMERCIALES DE ESPAÑA EN EL EXTRANJERO

La Red de Oficinas Económicas y Comerciales de las Embajadas de España en el Extranjero se compone de más de 85 oficinas.

Para más información consultar la página web del ICEX.

CÁMARAS DE COMERCIO

La mayoría de las Cámaras de comercio llevan a cabo actividades de promoción exterior o prestan servicios de apoyo al exportador. Para informarse sobre estas actividades acuda a la Cámara de Comercio de su localidad, en la que todas las empresas están obligatoriamente inscritas.

La red de Cámaras de Comercio abarca todo el territorio nacional y está coordinada por el Consejo Superior de Cámaras.

Completa información disponible sobre las actividades camerales en la página web de Camerdata: www.camerdata.es

CEOE
Diego de León, 50
28006 Madrid
Tel. 91.566 34 00

Fax. 91.564 01 35
E-mail: antena@ceoe.es
Http://www.ceoe.es

ASOCIACIÓN DE FERIAS ESPAÑOLAS (AFE)
C/ General Pardiñas, 112 bis, 1.° C
28006 Madrid
Tel. 91.562 1022
Fax. 91.564 4273
E-mail: afe@afe.es
Http://www.afe.es

Información disponible en la web:

- Listado de organizaciones y recintos feriales españoles (miembros de AFE). Incluye: datos de contacto; descripción y características de los recintos.
- Base de datos de ferias que se celebran en España. Clasificadas por tipo de feria (general, monográfica, otros) y sectores de interés.
- Estadísticas de la evolución de la actividad ferial en España.
- Vínculo a la página web de la UFI (Unión de Ferias Internacionales).

ASOCIACIÓN ESPAÑOLA DE MARKETING FERIAL (AIMFE)
Paseo de la Castellana, 210, 8.° - 1
28046 Madrid
Tel. 91.359 66 86
Fax. 91.359 12 38
E-mail: informacion@aimfe.com
Http://www.aimfe.com

FEDERACIÓN ESPAÑOLA DE TRANSITARIOS, EXPEDIDORES INTERNACIONALES Y ASIMILADOS (FETEIA)
Via Laietana, 32-34, 2.° piso
08003 Barcelona
Tel. 93.315 09 03
Fax. 93.310 62 47
E-mail: feteia@feteia.org
Http://www.feteia.org

ORGANISMOS PÚBLICOS Y PRIVADOS INTERNACIONALES

CENTER FOR EXHIBITION INDUSTRY RESEARCH (CEIR)
Anteriormente *Trade Show Bureau*
2301 South Lake Shore Dr., Suite E1002
Chicago, IL 00010
ESTADOS UNIDOS
Tel. + 1 312 8082347
Fax: + 1 312 9493472
E-mail: ceir@ceir.org
Http://www.ceir.org/

EUROPEAN MAJOR EXHIBITION CENTRES ASSOCIATION (EMECA)
ASOCIACIÓN EUROPEA DE RECINTOS FERIALES
c/o Parc d' expositions de PARIS-NORD Villepinte
BP 60004
95970 ROISSY CDG Cedex
FRANCIA
Tel. + 33 1 48 63 30 12 / 30 94
Fax. + 33 1 48 63 31 28
E-mail: emeca@expoparisnord.com
Http://www.emeca.com

EXHIBIT DESIGNERS & PRODUCERS ASSOCIATION (EDPA)
5775-G Peachtree-Dunwoody Rd., Suite 500
Atlanta, GA 30342
ESTADOS UNIDOS
Tel. +1 404 303-7310,
Fax. +1 404 252-0774
E-mail: edpa@assnhq.com
Http://www.edpa.com

EXPOSITION SERVICE CONTRACTORS ASSOCIATION (ESCA)
400 S. Houston Street, Suite 210
Dallas, TX 75202
ESTADOS UNIDOS
Tel. +1 214 742-9217,
Fax. +1 214 741-2519
Associate Director: Ed Simmons
Http://www.esca.org

INTERNATIONAL ASSOCIATION FOR EXPOSITION MANAGEMENT (IAEM)
P.O. Box 802425
Dallas, TX 75380
ESTADOS UNIDOS
Tel. + 1 972 4588002
Fax. + 1 972 4588119
E-mail: shacker@iaem.org
Http://www.iaem.org

INTERNATIONAL EXHIBITION LOGISTICS ASSOCIATION (IELA)
C/o TWI Global Logistics
2725 East Desert Inn Road, Suite #230
Las Vegas, NV 89121
ESTADOS UNIDOS
Tel. +1 702 691-9000,
Fax. +1 702 691-9095
Http://www.iela.org

Asociación internacional de empresas de transporte especializadas en ferias. En la página web se puede encontrar:

- Listado alfabético y por países de sus asociados
- Procedimientos y Documentos de Aduanas necesarios para cada país
- Modelos de Documentos de transporte y aduanas disponibles para ser descargados de internet

SOCIETY FOR THE VOLUNTARY CONTROL OF TRADE FAIR AND EXHIBITION STATISTICS (FKM)
Http://www.fkm.de

TRADE SHOW EXHIBITORS ASSOCIATION (TSEA)
5501 Backlick Rd., Suite 105
Springfield, VA 22151
ESTADOS UNIDOS
Tel. + 1 703 9413725
Fax. + 1 703 9418275
E-mail: tsea@tsea.org
Http://www.tsea.org

UNIÓN DE FERIAS INTERNACIONALES (UFI)
Union des Foires Internationales
35bis, rue Jouffroy-d'Abbans
F-75017 París
FRANCIA
Tel. + 33 1 42 67 99 12
Fax. + 33 1 42 27 19 29
E-mail: info@ufinet.org
Http//:www.ufinet.org

Información disponible en la web:

- Lista de miembros: organizadoras feriales, recintos feriales y 30 asociaciones de ambos.
- Base de datos de eventos
- Biblioteca

DELEGACIONES Y REPRESENTACIONES EN ESPAÑA DE ORGANIZADORAS FERIALES INTERNACIONALES

EUROPEA REPRESENTACIÓN DE SALONES INTERNACIONALES (ERSI)
C/ Duque de Sesto, 17 - 10.º A
28009 Madrid
Tel. 91.577 75 63
Fax. 91.577 75 03
E-mail: ersi@redestb.es
Http://www.ersi.es (en construcción)
Contacto: D.ª Betty Morido

Páginas web de las organizadoras feriales a las que representan:
REED EXHIBITIONS: Http://www.reedexpo.com
Http://www.jaarbeursutrecht.nl
Http://www.rai.nl
Http://www.freshrm.co.uk

FRANKFURT MESSE
Delegación MF, S.L.
C/ Guzmán el Bueno, 98 - Entreplanta D

28003 Madrid
Tel. 91.533 76 45
Fax. 91.553 83 93
E-mail: info@spain.messefrankfurt.com
Http://www.messefrankfurt.com
Contacto: D.ª Christine Michels de Echániz

I.T.E.
International Trade & Exhibitions Ltd
Pza. Descubridor Diego de Ordás, 1, Escalera, 2 - Planta 2D,
28003 Madrid
Tel. 91.441 62 66
Fax. 91.441 65 49
E-mail: jvillarreal@luisandrade.com
Http://www.ite-exhibitions.com
Http://www.gima.de

LEIPZIG MESSE
Delegación en España
Plaza Duque de Medinaceli, 4
E-08002 Barcelona
Tel. 93.302 05 23
Fax. 93.302 40 60
E-mail: a.mamarbachi@retemail.es
Http://www.leipziger-messe.de
Contacto: D.ª Ana Mamarbachi

MILLER FREEMAN
GPE
Avda. Paral.lel, 180 entlo 1.ª
08015 Barcelona, Spain
Tel. 93.424 40 00
Fax. 93.424 37 48
E-mail: gpe@mx3.redestb.es
Http://www.millerfreeman.com
Contacto: D.ª Olga Pons

MESSE BERLIN
Representante en España: BRIFER SERVICES, S.L.
C/ Arturo Soria, 320

E-28033 Madrid
Tel. 91.767 27 67
Fax. 91.766 99 32
E-mail: brifer@attglobal.net
Http://www.messe-berlin.de
Contacto: D.ª Brita Seligmann

MUNCHEN MESSE
FIRAMUNICH, S.L.
Edificio Palacio Elcano
Paseo de Gracia, 60, 2.ª pl.-local A
08007 Barcelona
Tel. 93.488 17 20 / 487 45 69
Fax. 93.488 15 83
E-mail: firamunich@logiccontrol.es
Http://www.messe-muenchen.de
Contacto: D.ª Martina Claus

OVERSEAS EXHIBITIONS (GRUPO MONTGOMERY EXHIBITIONS)
Representante en España: Natalia Bárzano
Tel. 93.418 94 00
Fax. 93.418 93 67
E-mail: n.barzano@mx4.redestb.es
Http://www.montnet.com
Http://www.montex.co.uk

TRANSPORTISTAS ESPECIALIZADOS EN TRANSPORTE A FERIAS

ABX-LOGISTICS ESPAÑA
C/ De L'Antartic, 102-110
08040 Barcelona
Tel. 93.298 23 00
Fax. 93.298 24 59 / 93.298 27 04

A. HARTDROT ESPAÑA, S.A.
C/ Cervantes, 2.ª - 7.ª
Valencia 46007
Tel. 96.394 17 46
Fax. 96.351 86 17

DANZAS, S.A.
Antartic, 12-20
08040 Barcelona
Tel. 93.223 00 11
Fax. 93.223 33 40

ERHARDT & CIA, S.A.
C/ Ercilla, 19 E
48009 Vizcaya
Tel. 94.424 62 00
Fax. 94.424 59 88

EUROEXPRESS, S.A.
Gran Vía, 61
Madrid 28013
Tel. 91.559 65 27 / 91.548 11 37
Fax. 91.559 22 35 / 91.542 09 67
E-mail: euroexp@arrakis.es

EURO PLUS CARGO, S.A.
C/ Alcarria, 1 - Pl. Coslada
Coslada 28820 (Madrid)
Tel. 91.671 08 89
Fax. 91.674 00 88

EXPOTRANSIT, S.L.
C/ Sepúlveda, 101 - Entresuelo 2.ª
08015 Barcelona
Tel. 93.454 35 33
Fax. 93.453 14 18
E-mail: expotransit@expotransit.com

GEOLOGISTICS
Joaquín Bau, 2
28036 Madrid
Tel. 91.343 21 00
Fax. 91.343 21 09
Contacto: Dpto. de Ferias

HAMMAN OVERSEAS, S.A.
Carrer 100, n.º 20
Pl. Pratense
08820 EL Prat de Llobregat (Barcelona)
Tel. 93.479 89 00 / 93.479 89 64
Fax. 93.479 89 64 / 93.479 89 54

KÜHNE & NAGEL
José Aguirre, 40
46011 Valencia
Tel. 96.324 16 50
Fax. 96.367 71 73

OVERSEAS LOGISTIC, S.L.
C/ Castrobarto, 10 - 4.º
28042 Madrid
Tel. 91.748 21 10
Fax. 91.748 21 12

SCHENKER-BTL, S.A.
Avda. Sant Ferrán, n.º 44
08940 Cornellá (Barcelona)
Tel. 93.482 01 68
Fax. 93.377 67 54 / 93.482 01 73
Contacto: Dpto. de Ferias

TRANSNATUR, S.A.
Mar Roja, 61-69
Zona Actividades Logísticas
08040 Barcelona
Tel. 93.480 45 00
Fax. 93.480 45 01
Contacto: Dpto. de Ferias

TRANSPORTES MAPA, S.A.
Ronda de San Pedro, 28-30
08010 Barcelona
Tel. 93.268 09 54 / 93.268 13 32
Fax. 93.268 15 63
Contacto: Dpto. de Ferias

EMPRESAS DEDICADAS AL DISEÑO, DECORACIÓN Y MONTAJE DE STANDS FERIALES

2003, S.A. DISEÑO Y MONTAJES DE STAND
Pol. Ind. Las Salinas C. Valencia s/n
08830 Sant Boi de Llobregat (BARCELONA)
Tel. 93.654 25 54
Fax. 93.654 29 61

AMEF, S.A.
Condes de Bell-Lloch, 74-78
08014 BARCELONA
Fax. 93.490 98 48 / 93.490 52 77

ARISTA
Diputación, 4 Bis, 3.º B
48009 BILBAO
Tel. 94.423 95 93
Fax. 94.424 29 76

ARQUIFER, S.A.
c/ Palencia, 15 - 1.º A
28020 MADRID
Tel. 91.553 45 99
Fax. 91.553 08 63

ARQUITECTOS ARANGUREN/GALLEGOS
c/ La Maso, 2 p. 6
28034 MADRID
Tel. 91.734 19 01
Fax. 91.734 19 01

ARQUITECTOS C. BURGAROLAS MARTÍNEZ / FCO. SOLA SÁNCHEZ
Avda. Río Segura 1, 8.º A
30002 MURCIA
Tel. 96.835 50 02
Fax. 96.835 51 23

ARQUITECTURA MODULAR Y DISEÑO MONTORO J.M.
Villa de Madrid, 58
Pol. Ind. Fuente del Jarro
Paterna (VALENCIA)
Tel. 96.132 39 01
Fax. 96.132 32 61

AZA, S.A. MEDITERRÁNEO
Castaños, 32
03001 ALICANTE
Tel. 96.521 07 99
Tel. 96.598 10 87
E-mail: aza@ctv.es

BOLAÑOS PROYECTOS Y REALIZACIONES
Capitán Francisco Sánchez, n.º 4 - 1.º 2
28100 Alcobendas (MADRID)
Tel. 91.653 66 11
Fax. 91.653 27 95

B.D.N., S.A.
C/ Pintor Agrasot, 6
03001 ALICANTE
Tel. 96.520 18 89
Fax. 96.520 60 43

BUILD INTERIORES, S.L.
General Álvarez de Castro, 41
28010 MADRID
Tel. 91.447 31 02
Fax. 91.447 30 0

CABALLO DE TROYA
Avda. San José Artesano, 7
46025 VALENCIA
Tel. 96.348 61 28
Fax. 96.348 61 03

C.A.I.S.D.E.
Lluis Castells, 45 Bajos
08830 Sant Boi del Llobregat (BARCELONA)
Tel. 93.630 03 05
Fax. 93.630 03 65

CAYFT, S.A.
Sierra Nevada, 14 (Pol. Ind. El Olivar)
28500 Arganda del Rey (MADRID)
Tel. 91.871 91 92
Fax. 91.871 94 91 / 91.871 91 54
Http://www.cayftsa.com (en construcción)

CENTRAL DE PRODUCCIÓN S.A.
c/ Guadalquivir, 22 - Bajo
28002 MADRID
Tel. 91.561 27 26
Fax. 91.561 09 61

CIALSA INSTALACIONES FERIALES
Pol. Matagallegos Ctra. Toledo, Km. 19
C/ Gavilán, n.º 17
28940 Fuenlabrada (MADRID)
Tel. 91.642 30 78
Fax. 91.642 26 82

CIDRE SYSTEM
Pol. Ind. «El Salmuero»
c/ Los Labajos, 1
28978 Cubas de la Sagra (MADRID)
Tel. 91.814 21 71
Fax. 91.814 24 20

COSERSA, S.A.
Polígono Industrial Almeda Avda. de la Fama, 96 - 98
08940 Cornella de Llobregat (BARCELONA)
Tel. 93.480 08 22
Fax. 93.474 12 20

DASÍ CONSTRUCCIONES Y MONTAJES, S.L.
c/ Dos Hermanas, 3
28012 MADRID
Tel. 91.527 69 09
Fax. 91.527 69 09

DECOESTUDIO, S.A.
José Silva, 3 - 3.º B
28043 MADRID
Tel. 91.413 00 95
Fax. 91.415 90 00

DECOEXPO, S.L.
Aptdo. Correos, 20
08786 CAPELLADES
Ctra. Igualada-Vilafranca, km. 7,2 Camí
Torre Baixa (BARCELONA)
08789 LA TORRE DE CLARAMUNT
Tel. 93.801 19 80 / 93.801 198 1
Fax. 93.801 38 81
E-mail: decoexpo@futurnet.es

DECORACIÓN Y PAISAJE, S.A. - DYPSA
Cardenal Cisneros, 66 - 1.º Dcha.
28010 MADRID
Tel. 91.447 19 31
Fax. 91.447 05 64

DECORACIÓN Y SISTEMAS, S.A.
Ctra. de Igualada a Sitges, Km. 7,200
c/ Principal, s/n.
Camino Torre Baixa
08786 BARCELONA
Tel. 93.801 34 29
Fax. 93.801 38 81

DECORACIONES M-6, S.L.
Pol. Ind. n.º 1 - calle H3
28938 Móstoles (MADRID)
Tel. 91.647 35 42
Fax. 91.647 35 42

DEXTRUM
Pol. Ind. Las Salinas, c/ Valencia, s/n.
08830 Sant Boi de Llobregat (BARCELONA)
Tel. 93.654 25 54
Fax. 93.654 29 61

ESTUDIOS ARRIAGA
Ctra. Santa Creu de Calafell, 36, km. 9,2
Pol. Ind. Salas
08830 Sant Boi de Llobregat (BARCELONA)
Tel. 93.630 55 11
Fax. 93.630 56 00

ESTUDIO ATRIUM, S.A.L.
Arenal, 21 - 1.º izqda.
28013 MADRID
Tel. 91.559 97 07
Fax. 91.758 01 15
E-mail: e.atrium@mad.servicom.es

ESTUDIOS DE ARQUITECTURA: NACHO SÁEZ ARRIAGA & ASOC.
J. Avda. Madariaga, 7, 1.º A, exterior dcha.
48014 BILBAO
Tel. 94.475 53 41

EXPODEC, S.A.
Pastora Imperio, 1 - 1.º C
28036 MADRID
Tel. 91.767 20 29
Fax. 91.767 28 99

EYE - ESCENOGRAFÍA Y EXPOSICIONES, S.L.
Av. del Olivar, 14
Pol. Ind. «la Postura»
28340 Valdemoro (MADRID)
Tel. 91.895 42 55
Fax. 91.895 49 06
E-mail: eyexpo@teleline.es

FERLISHIP
P.º de San Francisco de Sales, 8
28003 MADRID
Tel. 91.441 41 38 / 91.441 40 96
Fax. 91.441 41 38

FORNIELES, S.A.
La Laguna, 1-3. Pol. Ind. Urtinsa
28925 Alcorcón (MADRID)
Tel. 91.641 41 95 / 91.641 40 11
Fax. 91.641 17 82
E-mail: fornieles@skios.es

FRANZ GUZMÁN
Sagunto, 16
28010 MADRID
Tel. 91.593 25 40
Fax. 91.446 00 40

GARCÍA DE PAREDES AMOROS
Cañas, 13
28043 MADRID
Tel. 91.413 63 38
Fax. 91.519 28 38

GENERAL DE PRODUCCIONES Y DISEÑO, S.A.
Avda. de la Borbolla, 57
41013 SEVILLA
Tel. 95.423 85 95
Fax. 95.423 67 07

GRUPO 1
Corregidor Diego de Valderrábano, 72 (local derecho)
28030 MADRID
Tel. 91.430 42 61
Fax. 91.439 05 83

GRUPO INK - TRES TINTAS, S.L.
Miguel Yuste, 32
28037 MADRID
Tel. 91.440 27 00
Fax. 91.754 45 64
E-mail: ink@grupo-ink.com

GRUPO TOK
Velázquez, 46 - 2.º Dcha.
28001 MADRID
Tel. 91.576 62 77
Fax. 91.577 58 34

IDEA - INVESTIGACIONES Y DISEÑO DE ESPACIOS
Martillo, 31. Pol. Ind. Santa Ana
28529 Rivas (MADRID)
Tel. 91.666 84 14
Fax. 91.666 84 54

INFEX - INICIATIVAS PARA FERIAS Y EXP. ANDALUCÍA
Pol. Ind. El Pino, Parcela 8 E. Nave 15
41016 SEVILLA
Tel. 95.425 39 00
Fax. 95.425 21 18

INGENIA, S.A.
Calle San Laureano, n.º 2 - 1
41002 SEVILLA
Tel. 95.490 45 10
Fax. 95.490 30 83

INGENIO Y DISEÑO
Benigno Soto, 12-14
28002 MADRID
Tel. 91.519 22 22
Fax. 91.416 10 14

INTEGRAL DE OBRAS, S.L.
Polígono Indusrial Fuente del Jarro
c/ Ciudad de Onda, 18
46988 Paterna (VALENCIA)
Tel. 96.132 38 48
Fax. 96.132 51 75

IRIS 4, S.A. DECORACIÓN
Antonio de Cabezón, 79
28034 MADRID
Tel. 91.358 41 84 / 91.358 40 88
Fax. 91.358 41 03

J. BÁRZANO, S.A.
Pol. Ind. Gran Vía Sur,
Primero de Mayo, 2-12
08908 - Hospitalet de Llobregat (BARCELONA)
Tel. 93.264 95 95
Fax. 93.264 95 99

J.L. DECORACIÓN
Virgen del Sagrario, 25
28027 MADRID
Tel. 91.404 14 49 / 91.404 30 49
Fax. 91.405 03 62

JEMA CONSTRUCCIONES CINEMATOGRÁFICAS, S.L.
D.ª María Gracini, 6
Ctra. Paracuellos a Belvis Km. 2.200
28860 Paracuellos del Jarama (MADRID)
Tel. 91.658 25 06
Fax. 91.658 25 06

JF STANDS
Paseo Sant Joan, 164, principal 1.º
080037 BARCELONA
Tel. 93.458 75 02
Fax. 93.329 25 34
E-mail: jf.stands@retemail.es

JUAN L. SANZ, S.L.
Avda. Músico Maestro Rodrigo, 26, Pta. 20
46015 VALENCIA
Tel. 96.349 33 99
Fax. 96.349 34 53
E-mail: jsanz1@nsi.es

LUDIC SERVICE, S.L.
C/ Coll i Pujol, 71
08915 Badalona
Tel. 93.383 39 59
Fax. 93.398 13 26

LUNATUS
C/Doctor Velázquez, 12
28224 Pozuelo de Alarcón (MADRID)
Tel. 91.352 07 73
Fax. 91.351 39 49
E-mail: av@lunatus.com

VARA DE REY, S.A. MARVA
Gabasti, 17
28027 MADRID
Tel. 91.367 54 28
Fax. 91.367 19 76

MARCOFAIR EXPOSICIONES, S.L.
CL Ribadesella, 8, 1 D
28037 MADRID
Tel. 91.320 23 72
Fax. 91.320 23 72

MACUA & GARCÍA - RAMOS EQUIPO DISEÑO, S.A.
Javier Ferrero, 4
28002 MADRID
Tel. 91.413 09 87
Fax. 91.519 09 53

MASSA CREACIÓN DE ESPACIOS
Platino, 4 Pol. Ind. Sur
28770 Colmenar Viejo
Tel. 91.845 66 63
Fax. 91.846 22 57

MAXI ART, S.L.
Vizconde de Uzqueta, 19
28042 MADRID
Tel./Fax. 91.320 23 78

MEDIA PARK
C/ Almagro, n.º 3 - 6.º izqda.
28010 MADRID
Tel. 91.702 77 90
Fax. 91.310 50 55
E-mail: mpevents@c1313.es

MODISEÑO, S.L./URFELUX
Pol. Ind. «Las Avenidas»
Avda. Principal, n.º 28
28991 Torrejón de la Calzada (MADRID)
Tel. 91.816 90 34 / 91.816 91 70
Fax. 91.816 90 02

MOFER MONTAJES, S.L.
Pol. Ind. Valdonaire
c/ Murcia, n.º 2 A
28970 Humanes (MADRID)
Tel. 91.606 12 44 / 91.606 44 36
Fax. 91.690 51 36

MONTAGGIO
Aribau, 245, entresuelo 4.ª
08021 BARCELONA
Tel. 93.200 57 66
Fax. 93.201 77 89

MULTIBANNER GAUDI
Solá, 19
08014 BARCELONA
Tel. 93.439 33 51
Fax. 93.321 70 36

ODICE
Diego de León, 39 - 5.º A
28006 MADRID
Tel. 91.561 30 02
Fax. 91.561 00 76

ONIC
Miguel Ángel, 22
28010 MADRID
Tel. 91.310 26 44
Fax. 91.310 26 44

PLATÓ
Travesía Ctra. De Nules, Nave 15
Aptdo. 129 - 12530 Burriana (CASTELLÓN)
Tel. 964.51 89 50
Fax. 964.51 89 51
E-mail: plato@platofac.com

POLYGONE ESPAÑA, S.A.
Pol. Miralcampo - Parcela 4
Aptdo. 77 - 19200 Alcalá de Henares (GUADALAJARA)
Tel. 949.262 101
Fax. 949.262 135

PRODISEÑO
Jesús Aprendiz, 7, Estudio 322
28007 MADRID
Tel. 91.409 37 31
Fax. 91.409 58 64

PROYESTÁN
Pol. Ind. Valdonaire, nave 314
Fuenlabrada (MADRID)
Tel. 91.690 42 64 / 91.690 41 75
Fax. 91.609 73 36

RELLUC
Bilbao, 12
08202 Sabadell (BARCELONA)
Tel. 93.727 59 57
Fax. 93.727 71 27

ROSSOL
Avda. Río de Janeiro, 67
08016 BARCELONA
Tel. 93.359 74 47
Fax. 93.359 76 56

SERVIS COMPLET (SERVIS FERIAL)
Méjico, 28-32
08004 BARCELONA
Tel. 93.423 31 07
Fax. 93.425 15 39

SISTEMAS HELIAR
Pol. Ind. s/n.
31191 Beriain (NAVARRA)
Tel. 94.831 03 31
Fax. 94.831 76 36

SPACIO 2000, S.A.
Montera, 24
28013 MADRID
Tel. 91.521 13 32 / 91.521 13 45
Fax. 91.521 13 45

STAND FEJ, S.A.
Pol. Ind. Juan Andrés - Naves 17 y 18
28960 Humanes (MADRID)
Tel. 91.697 32 05 / 91.697 33 02
Fax. 91.609 70 13

TALLER DE IDEAS, S.L.
Sagunto, 16
28010 MADRID
Tel. 91.593 25 40
Fax. 91.446 00 40

TEC 4
c/ Alfonso Gómez, 23
28037 MADRID
Tel. 91.304 22 21 / 91.304 99 70
Fax. 91.304 27 19

TIERRAS DE DISEÑO, S.L.
C/ Santiago, 14 - 1.º
47001 VALLADOLID
Tel. 983.371 417
Fax. 983.356 952

BUSCADORES DE FERIAS EN INTERNET

www.afe.es
www.ufinet.org
www.emeca.com
www.exhibitornet.com
www.cybercentre.com
www.iaem.org
www.tscentral.com
www.tsnn.com

Bibliografía

Libros

AUMA(1991): *Das Messewessen in E.G. Binnenmarket*. Joh. Heider Verlag.

CARTWRIGHT, Gillian (1995): *Making the Most of Trade Exhibitions*. Butterworth-Heinemann/Reed Exhibitions Co., Oxford, 1.ª edición.

CHAPMAN; Edward (1987): *Exhibit Marketing: A Survival Guide for Managers.* McGraw-Hill, N.Y.

CHRISTMAN, Christine (1991): *The Complete Handbook of Profitable Trade Show Exhibiting.* Prentice Hall, New Jersey.

FRIEDMANN, Susan A. (1992): *Exhibiting at Trade Shows.* Fifty Minute Series, Crisp Pubns.

GROTH, C.; ROST, D.; *et alt.* (1983)*: Messen als Marketing Instrument.* Deutsche Werbewissenschaftliche Gesellschaft, Bonn,.

LATORRE LAMA, José Luis (1990): *Ferias y Exposiciones en el Exterior: Manual Práctico.* Instituto Español de Comercio Exterior, Madrid.

LE MONNIER FRAMIS, Fernando (1994): *Marketing Ferial: Cómo gestionar y rentabilizar la participación en salones profesionales.* Ediciones Gestión 2000, Barcelona.

LEVINSON, Jay C.; SMITH MARK, S.A.; WILSON, Orvel R. (1997): *Guerrilla Trade Show Selling: New Unconventional Weapons and Tactics to Meet More People, Get More Leads, and Close More Sales.* John Wiley & Sons.

LYNN, Jim (1998): *Trade Show Gymnastics... Jumping Trough Hoops Without Getting Hurt.* Fairview Studios Publications.

MAITLAND, Iain (1997): *How to Plan Exhibitions (Advertiser's Guide).* Cassell Academic.

MILLER, Steve A. (1996): *How to get the most out of Trade Shows.* NTC Business Books.

MILLER; STEVE; BOWDEN, Charmel (1997): *Over 88 Tips & Ideas to Supercharge Your Exhibit Sales.* Hikelly Productions.

RONEY, Michael (1996): *Guerrilla Guide to High-Tech Trade Shows The Underground Resource for Saving Your Time, Money, and Sanity.* John Wiley & Sons.

SISKIND, Barry (1197): *The Power of Exhibit Marketing.* Self-counsel Press, 4.ª edición.

UNRUH, Betty (1988): *Effective Exhibiting: A Practical Guide.* Natl. Federation of Abstracting.

WALFORD, C. (1968): *Fairs Past and Present: A Chapter in the History of Commerce.* Reimpresión de Economics Classics, N.Y.; Eugene M. Kelley Publishers.

WEISGAL, Margit B. (1996): *Show and Sell: 133 Business Building Ways to Promote Your Trade Show Exhibit.* AMACOM.

Artículos y Estudios

BANTING, Peter M. y BLENKHORN, David L. (1974): «The Role of Industrial Trade Shows», *Industrial Marketing Management* 3: 285-295.

BONOMA, Thomas V. (1983): «Get More Out of Your Trade Shows», *Harvard Business Review* 61 (January- February): 75-83.

HOSHEN, Nathan (1989): «Meeting with the Right Visitors on Your Stand», *International Trade Forum* 25 (July- September): 14-17, 33-34.

KONOPACKI, Allen (1990): «CEOs Attend Trade Shows to Grab Power Buyers», *Marketing News* (October 15): 5-6.

ROSSON, Philip J. y SERINGHAUS, F. H. Rolf (1995): «Visitor and Exhibitor Interaction at Industrial Trade Fairs», *Journal of Business Research* 32 (January): 81-90.

ROSSON, Philip J. y SERINGHAUS, F. H. Rolf (1994): «International Trade Fairs and Foreign Involvement», *International Business Review* 3 (3): 311-329.

WITT, Jerome y RAO, C.P. (1989): «Trade Fairs as an Industrial Promotion Tool», *Proceedings, Academy of Marketing Science Conference* 12: 392-396.

YUNG, Marilyn: «Selling Smart: How to Turn Your Trade Show Exhibit into a Megaseller», *Independent Business Magazine.*

Revistas Especializadas

Exhibit Marketing Magazine (Eaton Hall Publishing: 256 Columbia Turnpike, Florham Park, New Jersey 07932, U.S.A. /Tel. +1.973.514 5900 / Fax. +1.973.514 5977)

Exhibitors' Magazine (Tel. +1.507.289 6556/ Fax.+1.507.289 5253 / www.exhibitornet.com)

Tradeshow Week, publicación semanal (Tel. +1.310.826 5696 / Fax. +1.310.826 2039 / www.tradeshowweek.com)

Tradeshow & Exhibit Manager Magazine, periodicidad: bimensual (Tel. +1.310.828 1309 / Fax.+1.310.829 1169)

Exhibitor Times Magazine, publicación mensual (Tel. +1.602.990 1101 / Fax. +1.602.990 0819)

Revista de Ferias, Congresos y Jornadas: Editada por CESINE (c/ Alcalde Sáinz de Baranda 57, Madrid 28009, España / Tel. +34.91.574 5209 /Fax. +34.91.574 3813)

Exhibit Builder Magazine: Dirigida a diseñadores y constructores de stands (Tel. +1 (818) 225-0100 /(800)356-4451 / Fax: +1(818) 225-0138 / E-mail: jillb@exhibitbuilder.net /http://www.exhibitbuilder.net)

EXPO Magazine: (Tel 913.469.1185 /Fax 913.469.0806 /www.expoweb.com)